U0567315

中华国学

张荣明 / 著

名师讲堂 MASTER'S LECTURES

06

商务印书馆
The Commercial Press

图书在版编目(CIP)数据

中华国学 / 张荣明著. —北京：商务印书馆，2014（2018.11 重印）
（名师讲堂）
ISBN 978-7-100-10380-0

Ⅰ.①中… Ⅱ.①张… Ⅲ.①国学—通俗读物
Ⅳ.① Z126-49

中国版本图书馆 CIP 数据核字（2013）第 254745 号

权利保留，侵权必究。

中　华　国　学
张荣明　著

商 务 印 书 馆 出 版
（北京王府井大街36号　邮政编码 100710）
商 务 印 书 馆 发 行
北 京 冠 中 印 刷 厂 印 刷
ISBN 978-7-100-10380-0

2014 年 4 月第 1 版　　　开本 710×1000　1/16
2018 年 11 月北京第 2 次印刷　印张 21½
定价：59.00 元

目 录

弁言 001

导论 004

第一编　天人之学

第一讲　《易经》与易学 021
第二讲　阴阳五行学说 039

第二编　诸子之学

第三讲　兵家之学 059
第四讲　法家之学 079
第五讲　人物学 094
第六讲　家训学 112

第三编　儒家之学

第七讲　先秦儒学 131
第八讲　儒学与子学 147
第九讲　汉代经学 163

第四编　道家之学

第十讲　老子道学 185
第十一讲　庄子道学 201
第十二讲　道教之学 219

第五编　佛家之学

第十三讲　佛教禅学 243
第十四讲　佛教唯识学 263

第六编　三教融合

第十五讲　魏晋玄学 287
第十六讲　宋明理学 312

跋 338

弁言

本书是我在南开大学讲授"中华国学"课程的讲义,共16讲,34学时。该课程是"南开大学文化素质教育核心课程",讲授之后,学生反响热烈,并应约到天津大学讲授。

"国学"是指一个国家的传统学术。从理论上说,每个国家都可以有自己的国学,日本人有自己的国学,埃及人有自己的国学,我们中华民族当然也有自己的国学。为示区别,我们把中华民族自己的国学称为"中华国学",简称"国学"。

中华民族有五千年文明史,有着辉煌灿烂的文化。西方传教士初临东土,他们曾对高度发达的中华文明发出由衷的赞叹。近代社会转型,由于清代政府实施闭关锁国政策,导致中华民族错失与西方国家俱进之契机,中华民族逐渐落后并饱受屈辱。为了民族自强,处于危境之中的先贤曾激愤地告诫学子弃古求今——为了图存,先贤曾经一度否定自己民族的过去。一个世纪过去了,经过不懈的努力,终于迎来了中华民族的伟大复兴,国学思潮应运而起,中华民族重新唤起了自尊与自信。

当前的国学思潮轰轰烈烈,亦难免鱼龙混杂。就整体性、知识性的国学著作而言，略有三途。一类以传统的四部之学为框架，章炳麟的《国学讲演录》是代表作；一类兼顾传统的四部之学与现代学术分科，曹伯韩的《国学常识》是代表作；一类以社会思潮为线索，具有学术史特色，钱穆的《国学概论》是代表作。三者体裁形式不同，内容各有侧重，其于述古无异。

述古对中华民族固有不可或缺之意义。但是，泥古而不达今，为学无益。在中华文化复兴的今天，我们不但应该了解"过去的"文化，更要探索其中蕴涵的道理，从传统文化中获得具有永恒价值和现实意义的真理。基于这样的学术诉求，我把本书的宗旨确定为：探索中华传统知识，为现实生活提供借鉴。简言之，通古达今。

知识有两种形态：一种是具体知识，比如在特定时空条件下发生了怎样的事件；另一种是抽象知识，它近似于人们通常所说的"放之四海而皆准的真理"。举个简单的例子，据说17世纪的某一天，一个苹果落在英国土地上。牛顿说：这是万有引力的作用。苹果在某时某地落下，这是具体知识；苹果落地隐含着万有引力的道理，这是抽象知识。有人说：这是自然知识，不是社会知识，社会知识与自然知识不同。我们认为，知识的具体内容有别，但其真理属性无异。《荀子·劝学篇》说："蓬生麻中，不扶而直；白沙在涅，与之俱黑。"后人把这话概括为"近朱者赤，近墨者黑"。这虽是社会知识，但也是真理，人们屡试不爽。科学研究的意义，不仅在于告诉人们过去曾经发生过怎样的事件，而且在于从特定事件中悟出深邃的道理。也只有在后者的意义上，才能达到为现实生活提供借鉴的目的，传统学术才能不断焕发出新的勃勃生机。因此，本书关注的，首先在于传统知识的内容，不在传统知识的形式，故对文学、史学形式置而不论；其次在于探索抽象知识，讲述传统知识内容只是达到这一目标的手段。立足知识，着眼过去，服务当下——这是本书的诉求，也是本书在国学知识谱系中的定位。世上之事，有似是而非者，立足今日评判过去者是也；有似非而是者，立足知识评判当前者是也。诸君时贤，可不思欤！

除"导论"外，本书共十六讲，分为六编：天人之学两讲，诸子之学四讲，儒家之学三讲，道家之学三讲，佛家之学两讲，三教融合两讲。就内容而言，覆盖传统的自然观、社会观、家庭观、宗教观诸方面；就时代而言，纵贯自商周到明清的整个古代。当然，条件所限，多有未及，本书所述仅是中国传统文化知识的梗概。

人生贵真知。如果本书能从中华国学宝库中提供给读者点滴有用的生活知识，并对读者的事业和人生有所裨益，本书也就没有枉费读者的宝贵时间。言不尽意，识者鉴焉。

2013 年 3 月

张荣明识于天津南开园

导论

在16世纪欧洲的殖民运动中,西班牙人为了达到灭绝玛雅文化的目的,几乎烧毁了全部玛雅文树皮书,强迫玛雅文化的守护者学习西班牙文,凡是使用玛雅文字的人都会被虐杀、烧死。在殖民者的笔下,玛雅文化被说成是趋于没落的史前文明,没有存在的价值和意义。一种古老的文化,就是这样被毁灭。由此我们可以说,一个民族要自立于世界民族之林,必有自己民族的文化。中华文化存则中华民族存,中华文化亡则中华民族亡。中华国学,就是中华文化的精髓。

中华民族有着五千年的古老文明,是人类文明的摇篮之一。明清时期的闭关锁国政策,使中华民族丧失了与时俱进的契机。五四新文化时期,先贤高扬西学的旗帜,对与世界潮流格格不入的旧文化痛加鞭笞,促进了中华民族的觉醒。半个多世纪过去了,随着中华民族经济上的日渐富强,自立、自强、自尊、自信成为中国和海外炎黄子孙的共同心声。中华民族将重新屹立于世界东方,21世纪将见证中华民族伟大复兴的宏伟事业。值此重要时刻,全面反思和梳理中华国学,应该具有重要的现实意义。

中华国学之定义

《辞海》上说，国学是"指本国固有的学术文化"。据此，每个有独自学术传统的国度都应该有国学。据说，日本学者最早使用"国学"一词，用以指称日本民族的国学。中华民族有着悠久的学术传统，中华民族自然有中华国学。中华国学就是中华民族的传统学术。

"中华"一词主要是文化概念，种族内涵居于次要地位。中华民族有五千年的悠久文明，这期间，中华民族像滚雪球般由小到大，由单一的"炎黄"部族逐渐发展成由许多部族甚至许多种族融合而成的复合型民族，地域上由黄河中下游扩展到广袤的东亚地区。春秋文献中所说的"蛮夷戎狄"，两晋文献中所说的"五胡"，甚至晚清话语中的"鞑虏"，早已融入中华民族躯体的基因之中。中华文化以炎黄文化为内核，不断吸收各种外来文化，成为一种复合型文化。当今我们生活中的某些习俗和用语，究其根源，往往来自于原本不同民族的文化。因此，"中华"这一概念是动态的，中华民族、中华文化仍处于发展进程当中。

"学术"一词是纯粹的文化概念，指系统性的知识和学问。学术本身具有摆脱不掉的时空属性，不同时代的学术往往不同，占卜、观星是古代文化的重要学术，预测学、天文学是现代文化的重要学术，彼此之间既同也异。不同地域的学术也有差异，玛雅人有玛雅人的学术，希腊人有希腊人的学术。后人否定前人的学术，一个民族否定其他民族的学术，背后往往隐藏着妄自尊大的文化沙文主义。对于不同的"学术"，还是黑格尔说得好："存在即合理。"

中华国学研究可以有许多不同的视角。把中华国学界定为"中华民族的传统学术"，这给人一种印象，似乎中华国学完全是过去存在的东西，与当前无关，与研究者的个人意志无关。其实不然。从世界范围说，欧洲人对中国传统学术的研究称为汉学（Sinology），欧洲汉学偏重于中国传统学术；美国人对中国传统学术的研究称为中国研究（Chinese study），研究的视角更加开阔。中国人对中华国学的研究更是五花八门，有对某一经典的研究，有对某一学派的研究，有以四部为框架的研究，有以社会思潮为脉络的研究。所以，中华国学表面上是中华传统学术，实际上是研究者各自心中的中华传统学术。从理论上说中华国学研究的对象是过去，在实践上却隐含着现代性。在当前，国学研究者认为自己是在讲过去，反对者则认为有些人是在借国学讲自己，就是一个显例。

当前国学之纷争

中华国学是传统的学术，对中华传统学术的研究是中华国学研究。但在实践上，中华国学与其研究者之间有着千丝万缕的联系，并不存在脱离研究者而独立存在的中华国学。中华国学本身是"物自体"，而人们听到、读到的中华国学已然是"现象"。

中华国学能否成为一个现代学科，这不无争议。现代学科以研究对象来划分，研究生物的学科称生物学，研究天体的学科称天文学。国学以地域作学科划分依据，可以有中华国学，也可以有日本国学、法兰西国学。现代学科分类与国学分类，依据的不是同一种逻辑，很难纳入同一个体系，这一点早就引起学者注意。20世纪20年代，国学巨擘钱穆讲授国学课程，著成《国学概论》，他指出国学"特为一时代的名词"，"将来亦恐不立"，该书不过是"特应学校教科讲义之需"。20世纪40年代曹伯韩的《国学常识》一书，作者也认为"我们所谓国学……也就是哲学、文学、史学等的东西"，"这个名称还不是十分合理"。曹氏的意思是，中华国学的内容与中国文学、中国史学、中国哲学等学科的研究对象重叠交叉。能否妥善处理，确实是值得慎重思考的问题。

换个角度看，中华国学思潮的兴起事出有因。近百年来，中国先后出现了两波国学思潮，背景大不相同。第一次是在20世纪早期，背景是中华文化处于衰落和危机境地。由于西方学术涌入中国，特别是新文化运动的兴起，中华传统文化遭遇生存危机。由于西方传入的学术被称为"西学"或"新学"，于是中国传统学术相应地被称为"旧学"、"中学"、"国粹"、"国故学"、"国学"。1905年，上海成立了"国学保存会"，并创办了《国粹学报》，该学报的宗旨是"研究国学，保存国粹"。章太炎宣称，要"用国粹激动种姓，增进爱国的热肠"。1908年，章太炎在日本东京办"国学讲习会"，1917年，他又在苏州办"章氏国学讲习会"。据马瀛在《国学概论》的"自序"中说，民国十五年他应聘宁波效实中学国文讲习教职，乃由于"新学制课程颁行，设'国学概论'科目"，则"国学概论"课程之设不无官方背景因素。第二次国学思潮自20世纪末兴起，迄今方兴未艾，背景是中国社会的转型和中华民族的崛起。一些大学设立国学研究院、国学院，民间也纷纷自发地成立国学研究会。有人提出，中华国学的使命是"为天地立心，为生民立命，为往圣继绝学，为万世开太平"，也有人说，倡导国学的宗旨是"凝聚中华民族文化向心力"。还有人说，重振国学，对于唤起中国人的文化自觉，恢复文化自信，实现文化认同，增强民族凝聚力，提高国人的道德水准，建设和谐社会，提升中国的国际形象，均有重要意义。简言之，中华国学的振兴反映了人们的现实愿望和文化需求。

此外，还有一个问题值得思考。现代学术分科与中华传统学术分野之间的龃龉，这是个老问题。当人们立足于现代学科研究中国传统学术时，二者之间往往圆凿方枘，难以吻合。毫无疑问，学术分科是科学研究发展大势，适应了学术精专的需要。这一过程在中国古代就已开始，先秦诸子有所谓"九流十家"，西汉刘向、刘歆父子将学术著作归纳为六艺、诸子、诗赋、兵书、术数、方技六大类，清人编纂的《四库全书》分为"经、史、子、集"四部。近代以来，人类的知识呈爆炸性增长，于是开始有了现代学术分科，并且，这一过程仍在继续，新兴学科不断涌现。日常生活中有句俗语：不求百样行，只求一样精。通常说来，全能不如专精。造成学术分科越来越细的原因是，每个人的能力有限，而知识无涯。但是，基于当代学术立场研究古代学问，不可避免有局限性。文史哲不分是中国传统学术的特点，但在当代学术中，却被断然割裂，现代学术盲人摸象的局面于是形成。两晋时期的骈体文是文学作品还是史学资料？《庄子》是文学作品还是哲学作品？这是现代学术的庸人自扰。中华国学研究能否有益于解决当代学术分科与传统学术之间的错位，值得斟酌考虑。

当前研究之格局

就目前所见学术性、综合性著作而言，中华国学研究可划分为三大学术格局：其一以传统的四部之学为框架，其二兼顾四部之学与现代学术分科，其三以古代社会思潮为脉络。三者各具千秋，有同有异。

以四部之学为框架的中华国学研究，章炳麟的《国学讲演录》是代表作。这部著作在"经"、"史"、"子"、"集"四部之前加上"小学"，共为五部。"小学"叙汉字之六书、声韵之分部、训诂之辞书；"经学"叙经书之由来、五经之梗概、五经之传承；"史学"叙正史、古史、杂史、霸史、起居注等十三类；"诸子"叙儒、墨、道、法、阴阳诸家之源流、各家学说之要略；"文学"叙著作文与独行文、骈体与散体及历朝文章之盛衰。章氏的国学研究，功力之深厚，时人难以望其项背。他颇为自负，宣称"吾死以后，中夏文化亦亡矣"，大有二千年前孟子"舍我其谁"的英雄气概。章氏之学根柢固深，然其弊在于泥古，其著作文字甚为晦涩，今人难以卒读。可归入此类的著作，有今人刘毓庆的《国学概论》。

兼顾四部之学与现代学术分科的国学著作，曹伯韩的《国学常识》可为代表作。该书既有四部分类之余韵，亦有现代学术分科之新义，文字清新流畅，言简意赅。该书共十三章，除开篇"概说"外，其他各章分述"语文"、"古物"、"书籍"、"经学"、"史地"、"诸子"、"佛学"、"理学"、"诗赋词曲"、"散文和骈文"、"新的文学"、"科学及艺术"，逻辑清晰。比如，"语文"一章，分述"六书"、"字形的演变"、"字义的演变"、"训诂学"、"方言学"、"字音的变迁"、"双声叠韵"、"反切"等，甚是详备，是国学入门的方便工具。

以古代社会思潮为脉络的中华国学研究，钱穆的《国学概论》堪为代表作。钱氏批评章太炎的《国学概论》虽试图于古代学术包罗无遗，但"亦难赅备"，于是改为叙述"每一时代学术思想主要潮流所在"。这与他撰写的《中国思想史》是相同的路数。钱氏的《国学概论》共十章，分述"孔子与六经"、"先秦诸子"、"嬴秦之焚书坑儒"、"两汉经生经今古文之争"、"晚汉之新思潮"、"魏晋清谈"、"南北朝隋唐之经学注疏及佛典翻译"、"宋明理学"、"清代考据学"、"最近期之学术思想"，中国古代学术思潮脉络粗具。第一章"孔子与六经"，开篇言"中国文化，于世界为先进"，铿锵一语将中国文化在世界文化中的地位定论，亦不无章太炎的学术魄力。该章略述《易》《春秋》《诗》《书》《礼》《乐》六经的学术传承，于六经的具体内容未见论及。第二章"先秦诸子"，将先秦学术分为三期，孔、墨之学为初期，孟、庄之学为中期，老、荀、韩、邹之学为末期，并做出概要论断：初期的核心问题是"礼"，中期的核心问题是"仕"，末期的核心问题是"治"。钱氏之学提纲挈领，条分缕析，诸子之说略备。然亦不无可议之处，如论《老子》"出战国晚世"，言道家先庄子而后老子，于学界不无訾议；其言老子之学"大要在于反奢侈，归真朴"，亦不得老学要趣。

本课程之宗旨

本课程的宗旨是：探索中华传统知识，为人们的现实生活提供借鉴。

什么是知识？简要地说，知识就是人们在社会实践中积累的经验。知识的功能在于使人类由已知推未知，进而为当前生活服务。譬如，阳光会带来热能，利用太阳能的知识可以为当前的能源需求服务；苹果落地是由于万有引力，利用万有引力的知识可以发展太空科技。知识的根本属性是揭示事件之间的本质联系。这就意味着，仅仅描述现象，比如说某物是什么，或者说在某个特定时间、地点发生了什么事件，并非知识的全部。具体说，中华国学知识有两类，也可以说是先后两步：第一步是具体的、基础的知识，第二步是抽象的、应用的知识。

中华国学的基础知识，大体相当于传统学术所说的"小学"，"小学"的任务主要是识字读书，理解古代文献的内容。或许有人认为，识字读书还不容易，中学毕业足矣。其实，对今天的人们来说，传统的"小学"却成了"大学问"。举一个简单的例子，下面是《尚书·大诰》开篇的一段文字：

> 武王崩三监及淮夷叛周公相成王将黜殷作大诰王若曰猷大诰尔多邦越尔御事弗吊天降割于我家不少延洪惟我幼冲人嗣无疆大历服弗造哲迪民康矧曰其有能格知天命已予惟小子若涉渊水予惟往求朕攸济敷贲敷前人受命兹不忘大功予不敢闭于天降威

这段文字实在难读。若要读懂这段文字，必须具备一系列的基础知识，如古文字知识、音韵学知识、训诂学知识、版本学知识、历史学知识，学会这些基础知识不亚于精通一门外国语。有了必要的基础知识，才有能力给这段资料标点断句，进而做出大致的解释。在今天，真正能读懂《尚书》的人，已然是专家了。当然，还有更难的，如《易经》，八卦何来？"元亨利贞"四字何义？几乎无人能说清楚。

中华国学的应用知识，大体相当于传统学术所说的"大学"，只不过时代环境变了,具体内容不同。古人所谓"大学",主要指"修身、齐家、治国、平天下"的学问,包含如何做人、如何治国的知识,在现代社会还包括科学技术知识。对于追求知识和理性的人来说,在准确理解历史文献内容的基础上,还应进一步探索抽象的、可应用的知识。所谓抽象的、可应用的知识,是指隐藏在个别事件背后、超越特定时空条件的因果关系。通俗地说,它近似于人们通常所说的"规律"。人们常说,分析事物应该透过现象看本质,抽象知识就是个别因果关系中蕴涵的具有普遍意义的本质联系。举个例子。公元前221年,作为战国七雄之一的秦国吞并了其他六国,建成了规模空前的大帝国。秦帝国的创立得益于所实施的法家策略。帝国建立后,国家的管理者们坚信法家策略不但可以创建帝国,而且可以使帝国长治久安。然而事情的结局出人意料,仅仅十余年后的公元前209年,陈胜、吴广揭竿而起,项羽、刘邦步其后尘,国家陷入严重内乱并最终崩溃。以上是事件描述,是基础知识。强大的秦帝国何以迅速崩溃?实施法家策略难道有错?秦末汉初的政治家和思想家们最初困惑不解,他们不断思索,从陆贾、贾谊到董仲舒,他们从具体的历史知识中逐渐悟出了道理。贾谊的名篇《过秦论》的答案是:"攻守之势异也。"意思是说,打天下与守天下策略不同,打天下主要靠武功,守天下主要靠文治,秦帝国灭亡的根本原因在于没有转换治国策略。说简单点,牛顿从苹果落地这一现象中发现了万有引力定律,万有引力定律不仅存在于苹果与地球之间,也存在于月球与地球之间;贾谊从秦帝国崩溃这一事件中发现了"攻守之势异"这一规律,这一规律不仅对解释秦帝国灭亡有效,对解释隋朝灭亡同样有效。众所熟知的"骄兵必败"、"近朱者赤",都是可以指导人们日常生活的抽象知识。

中华国学研究是陈述具体知识与探索抽象知识的统一。没有对历史文献的理解就无法发现历史事件之间的因果关系或抽象知识。抽象知识超越时空限制,因而具有恒久的生命力。在自然科学领域,人们可能会忘记牛顿，但不会忘记万有引力定律；在社会生活中，人们可能会忘记《荀子·劝学篇》，但不会忘记从"蓬生麻中，不扶而直；白沙在涅，与之俱黑"中提炼出来的"近朱者赤，近墨者黑"的人生道理。具体知识可以过时，但抽象知识永葆青春，人类的现实生活离不开抽象知识，抽象知识是人类赖以生存和进步的真理。

本课程的重心不在中华国学的基础知识，不在如何读古代文献，也不在于阅读古代文献必备的训诂、音韵等具体知识。这是因为，在当代学术领域，这些基础知识已经成为专门的学问，需要从事专业的学习。对中国古典文学感兴趣，可以专门学习中国古典文学；对中国古代历史感兴趣，可以专门学习中国古代历史；对中国古代哲学感兴趣，可以专门学习中国古代哲学。无论学习哪一门知识都需要花费很大精力，绝非一门课程可以解决。当然，如果对中华国学某个方面的内容感兴趣，可以选修一些课程，阅读一些教科书；如果想对中华国学作整体上的了解，也可以选修"国学概论"之类的课程。前面提到的曹伯韩的《国学常识》，很适合初学者，可以参阅。

本课程的重心也不是进行道德主义教育。很多有识之士指出，当前的中国社会道德出了严重问题：电子信箱中经常收到卖发票的信息，手机短信经常收到男女调情信息，家里电话突然铃声响起，让你某日几点钟到法院。诸如此类事例，国人已经习以为常，见怪不怪。近年有一个新现象——"跑路"：某银行的行长"跑路"了，然后查账发现卷走了几亿元人民币；温州的某老板"跑路"了，原因是他欠债数亿元、数十亿元。骗子古今中外皆有，华尔街的麦道夫骗了几百亿美元，最后乖乖进监狱；不讲诚信的事情古今中外都有，韩国前总统卢武铉涉嫌受贿，最后自己跳崖了断，留下遗书表示忏悔。中外同类事情，不同态度和结局。春节同学聚会，有人旅居墨尔本。某同学问：我去墨尔本旅游时买了一种什么石头，是不是真的？旅居墨尔本的同学答：买鬼佬的东西通常不会有问题，买中国人的东西不好说。中国消费者不相信中国商人，外国一些商店曾贴出告示"本店不售中国货"。一些有识之士对这种局面痛心疾首，倡读经，讲国学。重塑道德秩序在当下很有必要，且迫在眉睫，有一些国学著作做了这方面的工作，有兴趣者可以参阅。

本课程的重心是探索客观知识和真理，具体说是探索中华国学蕴涵的抽象的、对当代生活有益的知识。此类知识是中华国学的精髓，对人们的现实生活有益。自古至今，每个人能够不断进步，正在于每个人都在不断地汲取前人留下的知识，不蹈前人覆辙。比如，每个人不必亲自体验是否"近朱者赤"，只要明白这个道理并付诸实践即可，亲自尝试代价很大。从古到今，中国社会在不断进步，也是由于社会在不断汲取前人的知识。过去的时代流行一个说法："富不过三代。"为什么会发生这种情况，能否借鉴避免，这里面有规律。当然，讲授抽象的国学知识也会涉及具体的国学知识，讨论应用型的国学知识也离不开对基础国学知识的利用和分析。因此，本课程实际上是这二者的统一，以获取抽象知识为归依。

本课程的宗旨是为现实生活提供借鉴，这是中华国学课程的意义所在。这里所说的借鉴是知识性、科学性的借鉴，是为现实生活提供人生智慧和宇宙真理，用以指导现实生活。从积极方面说，提供历史上成功的经验，无论是关于个人、还是关于社会的经验，有利于我们了解人生真谛和社会道理；从消极方面说，提供历史上失败的教训，可以使我们每个人少犯错误，使我们的社会减少危机。这里申明两点：第一，本课程不赞同那种御用式的服务。有的学者前半生讲阶级斗争推动历史进步，后半生讲社会和谐有理，见风使舵，学无所归。此类学术知识不足，稻粱有余。第二，本课程也不赞同学术研究与现实生活完全脱节。半个多世纪以前胡适说，"我以为我们做学问……当存一个'为真理而求真理'的态度"。其实，这是一种幻觉，现实中这种学问从来不曾真正存在。基础数学探索抽象真理,但它是现代科学的基础,现代科学为人类的现实生活服务。

本课程之结构

庄生曰:"吾生也有涯,而知也无涯。"中华国学是一个无尽的知识宝藏,而一个人的能力有限,本课程的时间更有限。在这种情况下,应该关注那些对个人、家庭和社会比较紧要,并且是我个人能力所及的内容和知识。基于这一考虑,除"导论"外,本课程分为六编,共16讲。

第一编,天人之学。

茫茫宇宙之中,到底人是宇宙的主宰,还是人被宇宙主宰?在人类感知的世界之外是否有一个未曾感知的世界?这个未曾感知的世界与我们感知到的世界是怎样的关系?围绕这些问题,中国古代有两大理论体系:一个是以《易经》为代表的神秘主义理论体系,另一个是以阴阳五行学说为代表的经验主义理论体系。

第一讲"《易经》与易学"。首先介绍商周时代的龟卜、蓍筮现象,并通过《易经》探索古代蓍筮的基本技术,八卦和六十四卦的基本含义,易学的发展脉络。这一讲的主旨在于阐明,以卦、爻、辞为整体结构的《易经》与商周时期的龟卜同属神秘主义的思想体系,我们今天可以见到商朝遗留下来的大量龟甲卜辞,却无法知晓龟卜占断的理论依据,《易经》则提供了一个完整的范本,值得借鉴分析。宇宙和人生的重大事件到底可否预测,命运到底是虚构还是实有,了解古人的想法对我们的生活不无裨益。

第二讲"阴阳五行学说"。首先阐明阴阳、五行的基本含义,然后以两个实例阐明阴阳五行学说的具体运用。一个例子是五行学说在秦汉政治中的应用，另一个例子是阴阳五行学说在中华医学中的应用。阴阳五行学说把宇宙作为一个整体，把人作为一个有机整体，以阴阳五行学说为理论基础的中华医学在疾病预防、治疗非器质性疾病方面，具有现代西方医学所不具备的魅力。

第二编，诸子之学。

战国诸子"九流十家"，本课程介绍兵家、法家、儒家、道家、墨家、阴阳诸家。阴阳之学已入第一编，儒家、道家有专编讲述，墨家在讨论儒学与子学的关系时有具体讨论，故本编仅讨论兵家和法家。此外，曹魏时期的人物学专门讨论人的性格和人才问题，南北朝时期的家训学专门讨论对子女的培养教育问题，对于人生和社会均十分有益，故一并列入。

第三讲"兵家之学"。战争是你死我活的厮杀，兵家之学是克敌制胜的军事艺术。《孙子兵法》的战略思想和战术思想在世界军事史上具有突出的地位，《三十六计》则是对中国古代兵法的通俗应用，亦有一定价值和意义。现代是一个竞争的社会，在竞争中是否应该运用孙子兵法，现代商业中是讲究"兵不厌诈"，还是坚持"诚信为本"，这一讲亦予讨论。

第四讲"法家之学"。人生活在物质环境中，没有物质条件人不能活。一个人如何获得成功，一个国家如何强盛，有无可资借鉴的理论方案？当然有，法家学说蕴涵着重要的知识。通过分析法家的人生观，法家的经济、政治策略，其成功经验和失败教训，可为今天提供有益借鉴。

第五讲"人物学"。人生在世，免不了接人待物，时时刻刻要与人打交道，了解人的性情特点很有必要。曹魏时期刘劭的《人物志》是中国古代这一问题的集大成著作，它专门分析了不同类型的人格特征，擅长与短处，是现代人格心理学的先声。同时，《人物志》对政治上选拔人才、在社会生活中结交朋友、认识自己，均有意义。

第六讲"家训学"。国有国训，家有家训，立场不同，宗旨不一。中国古代家训文化发达，南北朝时期颜之推的《颜氏家训》影响最大。家训的内容,涉及家庭构建、子女教育、社交礼节、职场生存与应对策略等。从中汲取家庭生活真谛,因应现代生活,很有必要。

第三编,儒家之学。

儒学是中华政治的理论根基,也是中华道德的心理基石,对社会和政治具有极为重要的意义,故受历代政府重视。不同时代,儒学的地位和特点各异,故我们分别介绍先秦儒学、儒学与子学、汉代经学。前两讲介绍儒学的基本主张和特点,最后一讲阐述儒学在汉代政治中的应用。

第七讲"先秦儒学"。当前讲儒学者多,但儒学关注哪些基本问题,儒家思想的精髓是什么,却不无分歧。这一讲从四个根本问题切入分析。第一是人性问题,人性到底是善是恶,先秦儒家有不同主张,甚至互为水火,但无论如何,讲人性是儒家的学术专利;第二是学习与教育,这是儒家塑造道德人格的手段;第三是仁学,这是道德主题;第四是礼学,这是政治制度和行为规范主题。命题是四个,但都指向人,关注人的精神健康和生活福祉,这是儒家学说的精髓。塑造幸福人格,维护家庭伦理,建设和谐社会,非儒家学说莫属。

第八讲"儒学与子学"。无论一个人处在怎样的社会地位,也无论一个政治家具有怎样的政治态度,往往都会遇到如下几个问题。第一,爱的问题,要不要爱别人、爱社会,为什么?第二,社会需要公平还是效率?能否兼顾?第三,社会建设,着眼于人还是着眼于物,各有怎样的利弊?治理国家靠道德说教还是法律惩罚,道理在哪里?第四,在国际关系中,是行王道还是行霸道,不同战略会造成怎样不同的结局?这是此讲剖析的问题。

第九讲"汉代经学"。四部之学,经学为首,近年很多人对经学感兴趣。经怎样产生?具有怎样的性质?对政治家来说,若要稳定政治秩序,若要建设和谐社会,若要增加人民的福祉,到底应该怎样实施?从这一讲可以得到一些必要的启示。

第四编，道家之学。

先秦道学，有老子道学，有庄子道学，前者讲道理，后者兼讲故事，一躯而二翼，后来都被道教奉为经典教义。中华道学，先秦为道家，汉代以后为道教，皮相为二，骨髓为一，都追求终极生命，均具有宗教特质。

第十讲"老子道学"。"道"是什么，乃千古之谜。"道"与万物、"道"与人类社会是何关系，当前学界的解释云中雾里。我们的视角是，打破宗教、科学、哲学之间的藩篱，全方位探索"道"的真谛。同时，这一讲还介绍了老子的人生智慧，发掘了老子的生命修行理论，以及老子道学的宗教本质。

第十一讲"庄子道学"。庄子道学是老子道学内涵的进一步阐发，只不过这种阐发在很多场合采取了寓言的形式，在"鲲鹏""马非马""吾丧我"等一系列千古迷局背后，隐藏着深刻的"真知"，这"真知"便是宇宙和生命的道理。通过对这些迷局的破解，揭示出人与自然界的关系以及人类认识的局限，进而发现老庄学说的现代意义。

第十二讲"道教之学"。宗教是怎样发生的？宗教信仰解决了信徒的什么根本问题？为什么作为中国本土宗教的道教有符箓道教、外丹道教、内丹道教等不同的宗教形态？这些不同的宗教形态与社会人群之间又是怎样的关系？这一讲将要回答诸如此类的问题。

第五编，佛家之学。

中国人有自己的道教，但后来的佛教喧宾夺主，居中国宗教的主流地位。为什么会发生这种情况？佛学博大精深，其精髓是禅学、唯识学。

第十三讲"佛教禅学"。佛教的主旨不是讲道理，而是做事情。做什么？修禅。有关为什么修禅和如何修禅的学说，便是禅学。念佛、止观、顿悟，是修禅的不同路径。对净土宗、天台宗、禅宗学说的分析，有助于揭示修禅的真谛。

第十四讲"佛教唯识学"。什么是唯识学，此乃困扰当今学界的一大疑难问题。教界所说的"三界唯心"、"万法唯识",到底具有何等含义?一直是个难解之谜。这一讲从人类的认知要素、认知过程、认知的性质和生命构成四个方面,对相关问题试作系统而简要的回答,以期对当代认知心理学和认知科学有所裨益。

第六编,三教融合。

中华国学的基本格局是儒、道、佛三足鼎立,由此引发了习惯上所说的三教关系。但三教关系的真相,当前学界并不清晰。魏晋玄学和宋明理学是三教之争和三教融合不同阶段的产物,是理解三教融合的典型案例。

第十五讲"魏晋玄学"。魏晋玄学曾为显学,但什么是玄学,为什么魏晋时期会出现玄学,虽有解释,不得根底。这一讲,通过对"竹林七贤"代表人物的深入剖析,揭示玄学的基本要素特点,以及玄学在汉唐思想进程中的地位。有学者说,玄学标志着士人的思想解放和精神自由。实非如此。

第十六讲"宋明理学"。学界对理学的研究取得了丰硕成果,特别是揭示了朱熹理学和阳明心学的基本学术特征。在这一讲中,我们把宋代理学、明代心学、明代三一教作了对比,发现三者之间表面上势同水火,但彼此之间存在紧密的逻辑联系,儒、道、佛三教融合是其真相。它解决了长期以来困扰士大夫的难题,使他们既能涉足政治,又能修行生命。

赞曰:人类古文明,中华今传承。潮落潮复起,东方旭日升。

阅读参考:1.章炳麟:《国学讲演录》,南京:江苏文艺出版社,2007年;2.钱穆:《国学概论》,北京:商务印书馆,1997年;3.曹伯韩:《国学常识》,北京:三联书店,2002年;4.刘毓庆:《国学概论》,北京:北京师范大学出版社,2009年;5.张荣明:《中国思想与信仰讲演录》,桂林:广西师范大学出版社,2008年。

第一编　天人之学

人生世间经常会问:世界万物从哪里来、到哪里去？人在宇宙万物中处于怎样的位置？由此产生出关于自然、自然与人类关系的知识。知识是人类理解世界的思维方式和理性工具，这个理性工具与使用者的生理状态和环境状态密不可分。

在中国古代，先后有两种不同的自然知识体系。第一种是上古时代流行的神本主义知识体系，它以神灵为宇宙的主宰，认为人们的现实生活要听从神灵的指挥，于是产生了预测神灵旨意的龟卜、蓍筮之学,《易经》与易学正是这一知识体系的产物。第二种是中古时代流行的人本主义知识体系，它以人为宇宙的主宰，重视感官经验和理性思维，于是产生了阴阳五行学说。无论神本主义还是人本主义学说，都因应中华先民生活需要而生，是先民理解自然、探索自然奥秘的思维工具。

第一讲 《易经》与易学

结局预测是政治决策和生活决策的重要组成部分。时代不同，方法各异。现代预测学的主要方法是采用数学工具，量化事件变动趋势，众所周知的气象预测是典型范例。与现代科学预测方法不同，上古先民利用一些特殊工具，如龟甲、蓍草，借以预判未来吉凶，进而制定宏观对策。尽管古今方法手段不同，在决策中采用特定手段预测未来则是人类的一贯诉求。只要有决策，就会有预测，就需要预测工具。

走在街上，偶尔会看到摆卦摊的算命先生；在道观里，有时也会看到道士给人抽签算命。那么，为什么会有算卦、抽签之类的现象，这些现象从何而来？事实上，这些现象由来久远，类似的现象不但中华先民有，其他民族也有。这一讲讨论的易学问题，就与这些现象紧密相关。

龟卜与蓍筮

俗语说：倒霉上卦摊。越是不顺利，人们越不相信自己，越想知道什么时候是转运的契机，于是便去算卦求签。在中国上古时代，人们每做一件重要的事情之前，比如与别国打仗、婚丧嫁娶、春耕等，往往要卜筮。卜是龟卜，筮是蓍筮，这是两种预测未来吉凶、决定进退取舍的方法，属于预测学，不过与现代科学预测不同，这是一种古典的形态。

1. 龟卜

商代最流行的预测未来的方法是龟卜。龟卜，就是用乌龟的腹甲，经过特殊工艺处理，然后收存起来以备急需。有了需要占卜的事情，人们把准备好的卜甲取出，放在火上炙烤。经过炙烤的龟甲表面就呈现出一些细微的裂纹，人们认为这是龟兆，占卜专家根据兆象判断所预测事情的祸福吉凶，君主根据卜官的报告决定是否做某件事情。19世纪末，人们在河南安阳发现了商王国遗留下来的大量卜甲，卜甲上刻着人们占卜的事由——这是"占辞"，有时还刻着事情的结果——这是"验辞"。现代人不免会问：占卜灵验吗？从史料反映的情形看，好像有一定的指导作用，如果完全没用，如果古人只是摆摆样子，那他们就是欺骗自己。

龟甲卜辞

关于占卜决策的过程，春秋时期晋国有一个例子，可供我们参考。公元前7世纪中期，晋国的国君晋献公准备讨伐周边的一个小国——骊戎。依照惯例，他让史官占卜，这个负责占卜的史官名字叫苏，因为他是史官，所以人称史苏。现代的史姓，就是古代史官的后裔。占卜之后，史苏向献公汇报："胜而不吉。"晋献公困惑不解：既然能够取胜，为什么不吉？史苏回答：龟兆显示的形状和蕴意是"挟以衔骨，齿牙为猾，戎夏交捽"。意思是说，从这个兆纹看，虽然我们晋国开始能够取得胜利,但最终会有不好的结果,会出现齿牙之祸。史苏所说的齿牙之祸,在当时是指小人谗言蛊惑君主。晋献公不以为然,他说:我是国君,无论别人说什么,听不听由我,别人能把晋国怎么样!史苏回答:恐怕陛下会在不知不觉中言听计从,如果能意识到也就没事了。晋献公没有听从史官的劝谏,出兵讨伐骊戎,大胜而归,还得到了骊国的绝代美人——骊姬。胜仗归来,晋献公踌躇满志,他犒赏三军将士,唯独冷落史苏。他让负责酒宴的官员只给史苏斟酒,不给上菜,并且传话:你说这次战役能取胜,占卜对了,所以赏你酒喝;你说胜了以后不吉利,这大错特错,所以罚你无菜。据《国语》记载,史苏接过酒盅一饮而尽,然后再拜稽首道:"兆有之,臣不敢蔽。蔽兆之纪,失臣之官,有二罪焉,何以事君!"翻译成白话是:兆纹就是这样的蕴意,我不敢不如实汇报,否则就是我渎职,欺君渎职的事情我不能做!庆功宴结束后从宫中出来,史苏郁郁不乐,他对同行的僚友说:我们晋国用男兵打败了骊戎,骊戎会用女兵报复我们晋国,这可如何是好?大夫里克不大明白,让史苏仔细解释。史苏说:从前夏桀讨伐有施国,有施国把妹喜送给夏桀,结果使夏朝灭亡;殷纣王讨伐有苏国,有苏国把妲己送给纣王,结果导致了商朝灭亡;周幽王讨伐有褒国,有褒国把褒姒送给周幽王,结果西周灭亡。如今我们晋国正在重蹈历史覆辙!我占卜的时候,兆纹明明是"挟以衔骨,齿牙为猾",这是贼兆,诸位小心,晋国即将大乱了!同僚们听后忧心忡忡。事实果如史苏所言,这位骊姬很受晋献公宠爱,被立为夫人。被立为夫人还不满足,骊姬还想进一步立自己的儿子为太子,于是千方百计陷害晋国太子申生和诸公子,其中就包括大家熟悉的公子重耳,即后来称霸诸侯的晋文公。从这一事件可知,史官判断兆纹有依据,做出解释也有规则,并非信口雌黄,只不过反映占卜规则的资料没有流传下来,详细的情形,后人已经不得而知。

当代的龟卜研究,主要研究的是卜辞内容,而非占卜。学者们通过对卜辞内容的译解进一步弄清了商王国时期的社会状况,如政治、经济、军事、家族等方面的情形,这有重要价值和意义。但是不应该忘记:卜辞的内容仅仅是整个占卜现象的一部分。譬如，对象牙研究得再精细，也不要忘记它是大象的一部分，如果否定大象存在的真实性，否定大象本身的意义，实际上多少也否定了象牙的意义。龟卜现象暗示给我们的信息是：古人认为现象世界与现象外世界有关系，人类能看见的世界与人类看不见的世界有联系，并且受那个看不见的影子世界的束缚。这是古人与今人思想的根本分歧。

2. 蓍筮

蓍是蓍草，蓍筮就是借助于蓍草预测未来的祸福吉凶。古代的人们认为"蓍之德圆而神"，即蓍草具有通神的功能，就像龟甲具有通神的功能一样，所以使用蓍草而不是随便别的什么草。《周易·系辞》载述了西周春秋时代蓍筮的方法，大致情形是：

（1）取蓍草50根，抽出1根不用；

（2）将余下的49根随意分成两份，分别握于左手和右手中；

（3）从右手抽出1根，夹在左手小指和无名指之间；

（4）放下右手的蓍草，用右手数左手中的蓍草，一次4根，最后余下4根或3根或2根或1根，夹在无名指与中指之间；

（5）右手握刚才放下的全部蓍草，用左手数右手中的蓍草，同样一次数4根，余下4根或3根或2根或1根，夹在左手中指与食指之间；

（6）然后把左手指夹着的三次所得的蓍草合并起来，或

蓍草

是9根，或是5根。我们假定是9根。

以上是第一变。余下的40根蓍草，用上面同样的步骤，得到或是8根，或是4根，我们假定是8根，这是第二变；再将余下的32根用同样的方法，最后得到或是8根，或是4根，我们假定是4根，这是第三变。上述三变的结果分别是：9、8、4。

在前述操作中，所得结果只能是四个数字：4、5、8、9，不会是其他，大家不妨自己试试。4和5为少数、阳数，8和9为多数、阴数。如果得到两次多数一次少数，如9、8、4，称为"少阳"，记为"__"；如果得到两次少数一次多数，如4、9、5，称为"少阴"，记为"_ _"；如果三次都是少数，如4、5、5，称为"老阳"，记为"○"；如果三次都是多数，如9、8、9，称为"老阴"，记为"×"。

前面三变的结果分别是9、8、4，即两多一少，为少阳，记为"__"，由此得出六爻的第一爻。其他五爻采取同样的步骤，分别得出少阳、少阴、老阳、老阴中的任意一个。六爻组合成六十四卦中某一卦的卦象。假如经过十八变得出的结果分别是：

9；8；4。

5；8；8。

9；4；8。

9；4；4。

5；8；8。

5；8；4。

根据上述结果，就可得出六爻的阴阳，进而得到相应的卦象☰，乾下坎上，这是《需》卦，随后就可以根据《需》卦的卦辞和爻辞做出相应的解释和预测了。

再说变卦。在筮法中,"老阴"、"老阳"是变爻,如果是"老阴"就变成阳爻,如果是"老阳"就变成阴爻,从而得出新的一卦,这被称为"之"卦,"之"就是"至"的意思,表示从某一卦变为另一卦。比如,经过十八变分别得出:

9;8;4。

5;8;8。

9;4;8。

9;4;4。

9;8;8。

5;8;4。

得到卦象☷,乾下坤上,这是《泰》卦,但由于第五爻9、8、8三个数都是多数,为老阴,应该变为阳爻,于是得到了卦象☵,乾下坎上,这是《需》卦。从《泰》卦变成《需》卦,用术语说就是"《泰》之《需》"。随后,就可以根据《需》卦的卦爻辞做出预测了。

举一个例子。公元前575年,即鲁成公十六年,鲁成公的母亲穆姜参与了叔孙侨如的叛乱,结果被迫迁到东宫居住。最初到东宫的时候,穆姜让史官给她蓍筮,看下一步该怎么办。蓍筮的结果是"《艮》之《随》",这是一个变卦。史官解释说:这是《艮》卦(☶)变为《随》卦(☱),《随》卦的主旨是随人而行,变动不居,因此应该离开东宫。穆姜不同意这个解释,她说:《随》卦的卦辞是"元亨利贞,无咎"。身体的头部是"元",嘉宾聚会是"亨",合乎公义是"利",能做大事是"贞";行得正才能当元首,有美德才能聚人,秉公无私才合乎道义,诚信才能做成大事。这是人所共知的道理,我作为一个女人参与了内乱,做了不仁不义的事情,称不上"元";国家不宁,不能说

"亨"；做了害身的事情，算不上"利"；不守本分，称不上"贞"。有四德之人才能够大吉大利而无过错，我无此四德，怎么能随人而行！我犯下了罪过，怎么能"无咎"！我应该死在这里，不应出去。到了公元前564年，即鲁襄公九年，穆姜死在东宫，十一年中一直居住在那里未曾离开。《左传》记载这件事情，是为了表彰穆姜知错必改的道德心。从这件事情看，史官是负责蓍筮的专业人士，所以太后找史官来预测。史官蓍筮后的解释，基本上遵照《随》卦的主旨。

此外，还有当位与不当位的问题。古人认为，奇数（1、3、5、7、9）为阳、为尊、为刚，偶数（2、4、6、8、10）为阴、为卑、为柔，阳爻应该在1、3、5爻，阴爻应该在2、4、6爻，这是"当位"；否则便是"不当位"。人们常用"九五之尊"表示帝王的位置，这句话就与《周易》对卦象的解释有关。"九"为阳数最大，"五"为阳爻最尊，于是人们就用"九五"表示帝王的位置。清朝故宫的建筑就体现着"九五"的风格：天安门城楼设五个门洞，面阔九间，进深五间；故宫中许多建筑都是九间或五间。这正体现了《周易》的"至尊"观念。

《易经》与《易传》

蓍筮的依据是《易经》，《易经》是先秦时期用于蓍筮的文献。据说，中国夏商周时代用于卜筮的文献有三部，《连山》《龟藏》《周易》。我们不知《连山》属哪种占卜方法，《龟藏》应该与龟卜有关，但遗憾的是，这两部重要文献均已失传。《周易》是唯一保存下来的用于蓍筮的上古文献，在中国古典文献中最具神秘色彩，位居群经之首。《周易》分为《易经》和《易传》两部分，《易经》是经文，《易传》是对《易经》的解释。

1.《易经》

《易经》由六十四卦组成，每卦由卦象、卦名、卦辞、爻名、爻辞五种要素构成。以《益》卦为例，如图所示。

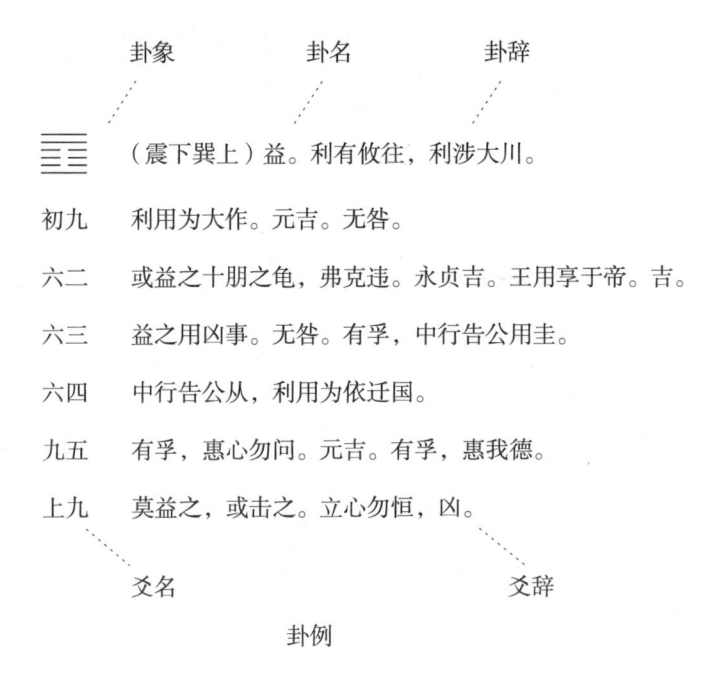

     卦象   卦名   卦辞

☰☷ （震下巽上）益。利有攸往，利涉大川。
初九 利用为大作。元吉。无咎。
六二 或益之十朋之龟，弗克违。永贞吉。王用享于帝。吉。
六三 益之用凶事。无咎。有孚，中行告公用圭。
六四 中行告公从，利用为依迁国。
九五 有孚，惠心勿问。元吉。有孚，惠我德。
上九 莫益之，或击之。立心勿恒，凶。

     爻名   爻辞

卦例

关于《易经》的来源，有两种不同的解释。第一种解释，《周易·系辞》说："圣人设卦观象，系辞焉而明吉凶，刚柔相推而生变化。"这里所说的"卦"仅指卦象，意思是说，远古的圣人设下了八卦或六十四卦，观察卦的图像，然后把相应的文字内容与特定的卦象配合起来，使人们根据六十四卦能推算出吉凶祸福。到底是哪一位圣人？据说有伏羲氏和周文王，伏羲氏是传说时代的人物，周文王是周王国的奠基者。在古代，这两个人都具有神秘色彩，被当作政治圣人。由此可以推断：八卦由来久远，萌芽于原始时代，可能与原始巫师及其巫术有关。

我们不免要问：卦辞、爻辞到底具有哪些含义？每卦的卦象与卦辞、爻象与爻辞之间又是什么关系？这些问题都不好回答，没有确凿可信的资料能够说明。是否有这样的可能：爻辞可能是过去蓍筮的内容，应验了，人们记录下来，就像今天看到的商族人占卜之后刻在龟甲上的占辞和验辞；卦辞和卦名，则是爻辞内容的总纲。当然，这是猜测。

第二种解释，《周易·系辞》又说："易有太极，是生两仪，两仪生四象，四象生八卦。"根据这样的观点，我们觉得《易经》似乎是一个象征性的符号系统，古人用特定的符号象征特定的事物，用两个符号表示两个事物之间的关系，以及从一物向另一物的变化，由此构造了宇宙发展演变的一个宏观象征系统。

（1）太极

"太极"是宇宙的起点，宇宙万物由太极化生而来。太极本身包含着宇宙万物未来发展的可能性，但它本身不是物质性的实体，没有万物那样的具体属性。在理论上它是"有"，在实践上它是"无"，与《道德经》所说的"道"接近。

（2）两仪

两仪是太极分化后的第一步结果，一般解释为阴阳，阴阳是宇宙万物具有的基本属性。阳用"＿＿"表示，阴用"＿ ＿"表示。我们不免产生疑问：为什么用这两个符号表示？对于这个问题，很多学者作过猜测，但都难以证明或讲出道理，所以我们且不必管它。《易经》用阴阳之间彼此的相互运动表示万物的变化不息。

（3）四象

什么是四象？古往今来有许多解释，有人说是春、夏、秋、冬四个季节，有人说是阴阳老少，都没有多少说服力。明代的来知德、清代的魏荔彤、当代的章秋农提出了一个新看法，对理解易象的发生和发展可能有启发。他们认为四象就是由"＿＿"、"＿ ＿"两个符号组合生成的四组符号的图像，即：

＿＿　　＿ ＿　　＿＿　　＿ ＿
＿＿　　＿＿　　＿ ＿　　＿ ＿

（4）八卦

把四象的每组符号再增加一个阴或阳的符号，会形成八种不同组合，称

八卦。八卦也称"八经卦",这是最原始的卦象,象征自然和社会的重要事项。根据《周易·说卦》,八经卦的基本寓意是:

☰（乾）:象征天、刚健、君父、马

☷（坤）:象征地、柔顺、臣母、牛

☳（震）:象征雷、运动、长男、龙

☴（巽）:象征风、进入、长女、木

☵（坎）:象征水、危险、中男、豕

☲（离）:象征火、光明、中女、雉

☶（艮）:象征山、静止、少男、狗

☱（兑）:象征泽、喜悦、少女、羊

（5）六十四卦

把八经卦相互配合,最多可组成六十四卦,称"六十四别卦"。六十四卦之间,两卦为一组,存在着一定的相互关系:或者是"覆"的关系,或者是"变"的关系。覆,是颠覆六十四卦中两个经卦的上下位置,如《需》卦䷄（乾下坎上）与《讼》卦䷅（坎下乾上）。但是,有些"别卦"颠覆两个经卦的位置后与原来一样,如《坎》卦䷜（坎上坎下）,于是将该卦的阳爻变阴爻、阴爻变阳爻,由此生成一个新卦,变成了《离》卦䷝（离上离下）,这是变。

在六十四卦中,两个"经卦"之间存在位置上的关系,这是卦位。卦位有下上、内外、前后不同叫法,所指相同。在六十四卦中,六爻之间也存在着位置关系,这是爻位。爻位分为阳位阴位、上位中位下位、天位地位人位、同位。

简言之,我们推测八卦、六十四卦的卦象,象征着宇宙万物的来源和演化,象征着万事万物之间的联系。也许有人会问:一个符号怎么能够象征特定的宇宙事件？这个问题等同于另一个众所周知的千古之谜:古人为什么"结绳记事"，一根绳子的众多疙瘩当中的一个疙瘩，怎么就对应那个特定的事件？符号不仅是客观事件，也是主观事件；不仅是物质事件，更是精神事件。因此，只有当初在绳索上系疙瘩的那个人才能真正知晓那个疙瘩的含义。六十四卦恐怕也是如此。

上述两种解释，哪一个接近历史实际，或者这两种解释都不符合实际，另有真情，抑或两种解释并不矛盾，是从不同角度的解释，选项较多，目前难下定论。

2.《易传》

《易经》古奥难懂，需要解释，于是便有了《易传》。《易传》共十篇，没有《易传》，《易经》便难以理解，人们把《易传》的十篇比喻为十个翅膀，称为"十翼"。从根本上说，《易传》与《易经》有密切联系，但又不完全是一回事。《易经》是上古时期、甚至可能是远古时期遗留下来的文献，而《易传》是春秋战国时期形成的文献，所以，二者原本是分开流传的。为了方便阅读理解，后人将《易传》的某些诠释文字直接安排到了《易经》中相应的位置，于是也就有了我们今天看到的《易经》的样子。由于年代久远，《易经》本身的意蕴已经难以直接读懂，后人不得不借助《易传》，这也正是后人将《易传》作为读《易》辅助工具的原因。《易传》的篇章构成如下：

（1）《象》。上下两篇，占十翼之二。顾名思义，《象》是解释卦象的，分为"大象"和"小象"："大象"解释每卦的卦象、卦名、卦义，每卦1条，共64条；"小象"解释每爻的爻象、爻位、爻辞，每爻1条，共386条。"大象"对于记住六十四卦的卦象很有帮助，如"雷风《恒》"，震为雷，巽为风，"雷风《恒》"就是震巽《恒》，即下震（☳）上巽（☴），卦象是䷟，这是《恒》卦。

（2）《彖》。上下两篇，占十翼之二。每卦1条，共64条，阐发每卦的卦名和卦辞的含义。阐发的方法，或以主爻释卦，或以二经卦关系释卦，或以卦变释卦，也有义理的发挥。

（3）《文言》。一篇，占十翼之一。《乾》《坤》二卦在《易经》中最重要，《文言》专释此二卦的卦辞和爻辞，所以六十四卦中只有《乾》《坤》两卦中有《文言》。《文言》的解释，具有政治哲学和人生哲学的特色，但它在多大程度上符合《易经》的原意，则是值得注意的问题。

（4）《系辞》。上下两篇，占十翼之二。《系辞》非一人所作，该篇逻辑性不强，且内容有重复，但它是《易经》的通论，对总体上把握《易经》很重要。比如，关于《易经》的起源，《系辞》说："古者包牺氏之王天下也，仰则观象于天，俯则观法于地，观鸟兽之文与地之宜，近取诸身，远取诸物，于是始作八卦，以通神明之德，以类万物之情。"据此我们可知，《易经》起源于观象取法的原始时代。

（5）《说卦》。一篇，占十翼之一。记八经卦所象征的事物属性。八经卦是六十四别卦的基础，所以熟悉《说卦》对理解六十四别卦的卦象所象征的事物很有帮助，对于蓍筮来说很重要。下文是《说卦》的片段：

《乾》，健也；《坤》，顺也；《震》，动也；《巽》，入也；《坎》，陷也；《离》，丽也；《艮》，止也；《兑》，说也。

《乾》为马，《坤》为牛，《震》为龙，《巽》为鸡，《坎》为豕，《离》为雉，《艮》为狗，《兑》为羊。

《乾》为首，《坤》为腹，《震》为足，《巽》为股，《坎》为耳，《离》为目，《艮》为手，《兑》为口。

类似的说法还有很多。从上述资料可以看出，某一经卦象征很多事物，如《乾》卦象征刚健、马、首脑等，是为了蓍筮的需要，因为人们日常生活的内容涉及方方面面。

（6）《序卦》。一篇，占十翼之一，解释六十四卦的顺序。马王堆出土的汉代帛书《易经》，顺序与传世本不同，可知《序卦》与传世本是连在一起的。

（7）《杂卦》。一篇，占十翼之一，阐述六十四卦的卦义，言简意赅。熟悉背诵《杂卦》，对掌握六十四卦的精髓很重要，录之如下：

《乾》刚《坤》柔，《比》乐《师》忧；《临》、《观》之义，或与或求；《屯》见而不失其居，《蒙》杂而著。《震》，起也；《艮》，止也。《损》《益》，盛衰之始也。《大畜》，时也；《无妄》，灾也。《萃》聚而《升》不来也，《谦》轻而《豫》怠也。《噬嗑》，食也；《贲》，无色也。《兑》见而《巽》伏也。《随》，无故也；《蛊》，则饬也。《剥》，烂也；《复》，反也。《晋》，昼也；《明夷》，诛也。《井》通而《困》相遇也。《咸》，速也；《恒》，久也。《涣》，离也；《节》，止也。《解》，缓也；《蹇》，难也。《睽》，外也；《家人》，内也。《否》《泰》，反其类也。《大壮》则止，《遁》则退也。《大有》，众也；《同人》，亲也。《革》，去故也；《鼎》，取新也。《小过》，过也；《中孚》，信也。《丰》，多故也；亲寡，《旅》也。《离》上而《坎》下也。《小畜》，寡也；《履》，不处也。《需》，不进也；《讼》，不亲也。《大过》，颠也；《姤》，遇也，柔遇刚也。《渐》，女归待男行也。《颐》，养正也；《既济》，定也；《归妹》，女之终也；《未济》，男之穷也。《夬》，决也，刚决柔也，君子道长，小人道忧也。

总之，《易传》对《易经》的解释，角度不同，大同小异，全面参考，方能准确深刻体会其义。

易学的发展与流派

《易经》是上古文献，对《易经》的解释则为易学。由于每个时代对《易经》的解释和运用各具特色，于是有了易学变迁的历史。大致说来，易学史分为三个阶段。第一阶段，《易传》时代。《易传》的内容，前面已作扼要叙述。

需要注意的是,《易传》是春秋战国时期的产物,虽与《易经》时代比较接近,因而对理解《易经》最有帮助,但也不完全是一回事,不能把《传》的解释完全等同于《经》的内容本身。第二阶段,易学的象数时代。在汉代,以孟喜、京房、虞翻为代表的易学家继承了《易传》,并采用了一套复杂的以术数为特征的易学体系,用以推算人事的祸福吉凶。由于汉代象数易学往往脱离卦爻辞的具体内容,根据自己的理解作任意发挥,所以发展到汉末的时候已经呈现出衰落迹象。第三阶段,易学的义理时代。到了曹魏时期,以王弼为代表的易学家继承了《易传》的义理传统,在一定程度上抛弃象数,注重阐发卦爻辞的内容,从而开启了易学的新时代。在后来的发展中,易学的象数派和义理派长期并存,形成了易学的两大流派。下面对这两派的代表人物及其学说略作介绍。

1. 京房的象数易学

象数易学是易学的一个主要流派,其学术特点是讲究术数,技术性极强,这技术便类似如今流行的算卦。在日常生活中,有人屡遭挫折或不幸,期望未来能够改变,于是去找算卦先生,算卦先生所用之术便离不开易学的术数。

象数易学的杰出代表人物之一是西汉时代的京房,据说他有预测未来之术。《汉书·京房传》记载了这样一件事情:公元前1世纪中后期,即西汉元帝在位的时候,一次发生日蚀,并且空中雾霾很重。京房屡次上书汉元帝,预测西方的羌族将要反叛,并且详细预测了一个月、二个月、半年、一年后叛乱的过程和细节,文献记载京房"所言屡中",事件的发展一次又一次地应验了他的预测,所以汉元帝十分信服他的预测术。然而,由于京房的某些预测过多地牵涉朝政,虽受皇帝欣赏,却受权臣猜忌,最后京房受诬陷而死。这是一出悲剧:能预测别人未来,却不能预测自己的结局。

京房写了多部易学著作,如《周易章句》十卷,《周易错卦》七卷,《京氏易传》三卷,但流传下来的只有《京氏易传》。该书虽名为《易传》,但并不解释《易经》的内容,而是对《易经》的卦象作了系统化的重建,形成了一套完整的预测学理论。京房的《京氏易传》，上卷和中卷把《易经》六十四卦重新作了排列，依八经卦（乾、坤、震、巽、坎、离、艮、兑）把六十四卦分为八宫，每宫由一经卦统领一世、二世、三世、四世、五世、六世、七世共七个世卦，并且制定了世应、飞伏、游魂、归魂等运作规则。下卷首先叙述了圣人作《易》揲蓍布卦，然后讨论了纳甲筮法、二十四节气与六十四卦相配的规则，以及父母、兄弟、妻财、子孙、官鬼所谓"六亲"爻位的分布，根据诸如此类的一系列变量参数，最后推出占筮的结果。京房的占筮方法称为"纳甲筮法"，这套筮法极为复杂，山东大学刘大钧教授的《纳甲筮法》有专门阐述。这是一门专业化的技术，两千年来，真正掌握这套技术的人并不多。《三国志·钟会传》裴松之注引东晋名士孙盛的话说："《易》之为书，穷神知化，非天下之至精，其孰能与于此？"孙盛是东晋时期的才子，根据他的说法，在他所处的时代，精通《易经》占筮之术的人已经难寻了。

2. 王弼的义理易学

义理易学是易学的一个分支流派，而且是后起的学术流派，其学术特点以阐发经典的内容和道理为主。"义"是卦象、卦爻辞的含义，"理"是道理，义理易学就是着重探讨《易经》卦义和道理的学说。义理易学的代表人物是王弼。王弼是三国时代北方魏国人，学术活动的时间是在公元3世纪中期。象数易学在两汉时期达到了极度的繁荣，也带来了负面的后果，泥沙俱下，使冠冕堂皇的官方易学流于街头术数。在这种情况下，王弼抨击汉代的象数易学"互体不足，遂及卦变；变又不足，推致五行。一失其原，巧愈弥甚"。即便占筮应验，也与《易经》本身没有多少关系。因此，他"排弃汉儒，自标新学"，开启了义理易学思潮，主要著作有《周易注》《周易略例》《周易大衍论》等。

王弼认为，研讨《易经》的根本宗旨是得其本义。他在《周易略例》中说，周易的卦辞和爻辞是为了说明卦爻图像，卦爻的图像是为了表达特定的含义。因此，如果明白了卦象就可以忘掉卦爻辞，如果得到了卦义就可以忘掉卦象。

这就像人们捕鱼，"筌"是用来捕鱼的，人们捕到了鱼也就忘掉了"筌"，即"得鱼忘筌"。卦爻辞是卦象的"筌"，卦象是卦义的"筌"。因此，忘掉了卦爻辞的人才能真正得到卦象，忘掉卦象的人才能真正得到卦义。如果真正把握了《乾卦》的精神实质是"刚健"，就不必用马作为象征；真正认清了《坤卦》的精神实质是"柔顺"，也不必用牛作为象征。

王弼探讨了宇宙的根本精神到底是什么的问题。在《周易注》中，他说宇宙的根本精神是静默和虚无。任何运动最终都归于止息，任何声响最后都归于宁静。宇宙虽大，万物至多，虽有千变万化，最终结局都是止无声息，这才是《周易》的根本精神。

王弼认为，学易的目的是通时达变。在《周易注》中，他认为《乾卦》的主旨是阐明人间事务，了解世界的运动，掌握万物变化的道理。龙作为一种动物，它非常精明，为什么"潜龙勿用"？因为环境不适，它需要隐蔽自己；"龙见在田"，外部环境发生了变化，就可以展现自己。以卦爻代表不同的人，以卦位表示不同的时节，人不应轻举妄动，应该因时而变。总之，王弼并没有从根本上否定《易经》的蓍筮本质。

当代的易学研究，就近年的情形看两派并存，讲象数者有之，但主流是讲义理。造成象数易学衰落的原因可能有二：一是古典的象数易学近乎绝学，要想涉足其中谈何容易；二是象数易学得不到现代科学的参照说明，具有神秘色彩，使人望而生疑。当代的义理易学表面繁荣，实际上与《易经》本身的义理相去万里，既不知绝大多数卦爻辞所言为何物，更不解卦爻象所象征者是何义。也许，这正是《易经》作为中国古代群经之首的神秘性所在。

钱筮举例

龟卜也好，蓍筮也好，它们探寻的都是人类生活的现象世界与现象外世界的联系，并试图揭示这种联系，发现世界万象的奥秘。龟卜和蓍筮是古代的手段，而钱筮则是后来流行的简易预测方法之一。

"钱筮"是用铜钱代替蓍草的占卜方法。具体操作方法是：铜钱的正面为阴（相当于蓍筮中三个多数为阴），反面为阳（相当于蓍筮中三个少数为阳），三阴为老阴、为六，三阳为老阳、为九，少阳为七，少阴为八，共四种情形，如下所示：

三阳：　　☰　老阳，九，〇
二阳一阴：☱　少阴，八，__
二阴一阳：☳　少阳，七，__
三阴：　　☷　老阴，六，×

举个例子，这是若干年前见到的情形。有一位女士请算卦先生给她算卦，焚香祝祷之后，算卦先生取出三枚铜钱，这位求卦的女士把三枚铜钱捂在手中，左手在上，右手在下，摇动了一阵儿，然后投掷于地。抛掷六次，结果是：

第一次：二阴一阳，为少阳，为七，记为"__"，是初九；
第二次：二阳一阴，为少阴，为八，记为"__"，是六二；
第三次：三阳，为老阳，为九，记为"〇"，是九三；
第四次：二阴一阳，为少阳，为七，记为"__"，是九四；
第五次：三阴，为老阴，为六，记为"×"，是六五；
第六次：二阳一阴，为少阴，为八，记为"__"，是上六。

根据上面六次投掷的结果，得出的卦象是"䷶"，离下震上，这是六十四卦中的《丰》卦。但其中的第三爻老阳、第五爻老阴都是"变爻"，第三爻阳变阴，第五爻阴变阳，于是卦象变成"䷐"，震下兑上，这是六十四卦中的《随》

卦。上述卦变，是为"《丰》之《随》"。关于《随》卦的主旨，《周易·杂卦》说:"《随》，无故也。""无故"就是无缘无故，没有什么原因，不必分析原因，处理事情顺着做，顺水行舟，随人而行。于是算卦先生告诉这位求卦的女士:无论当前遇到什么情况，应该采取随缘的态度，可以做，也可以不做，既不强求，也不退缩，便是上佳选择。这是简单的解释，关于变卦的情形实际上要复杂些，这里不作详细介绍，谁有兴趣的话，可以参看朱熹的《易学启蒙》。

综上，古人认为人们行为的结果受着外部的不可见因素的制约，这些不可见因素可以预测，龟卜、蓍筮就是预测的手段，《易经》就是古人蓍筮的理论工具。只不过时过境迁，今人对于《易经》已经难究其理了。

赞曰:人生一出戏，宇宙一迷局。戏局终了时，孰人悟谜底。

阅读参考:1.李镜池:《周易通义》，北京:中华书局，1981年;2.高亨:《周易古经今注》，北京:中华书局，1984年;3.章秋农:《周易占筮学》，杭州:浙江古籍出版社，1990年;4.刘大钧:《纳甲筮法》，济南:齐鲁书社，1995年;5.(宋)邵雍:《梅花易数》，李一忻点校，北京:九州出版社，2003年;6.(清)王道亨:《卜筮正宗》，北京:中医古籍出版社，2010年。

第二讲　阴阳五行学说

任何时代的人们都需要对宇宙世界做出解释，都有关于宇宙世界的一般知识体系，阴阳五行学说就是中国古代关于宇宙世界的一般知识体系。它系统地解释了世界万物的构成及彼此关系，阐述了世界的宏观属性，不但被应用于解释生命，而且被应用于诠释政治。每个时代都有独具特色的一般知识体系，任何一般知识体系都是人们理解世界的思维工具。造成人类一般知识体系发生历史变迁的原因，既与人们所处外部环境条件的变化有关，更与人类感官状况的变化不可分离。离开主客观条件评判某一知识体系有无价值和意义，有知识霸权主义嫌疑。后之视今，若今之视古也。

世界万物怎样构成，具有何等性质，万物之间是否有联系，如果有的话又是怎样的联系，这是古往今来人们一直思索的问题。阴阳五行学说便是中华先民对这一问题的思考结晶。

阴阳与五行

现在一提到阴阳五行学说，很多人感到有些神秘，因为今天的一些神秘主义活动往往打着"阴阳"的旗号进行。就其本来面目而言，阴阳五行学说是解释自然世界的理论体系,这一理论体系来自古人的生活实践,是生活经验的总结,反映了先民最基本的知识体系。

1. 阴阳

从字形看,"阴"与月亮有关,"阳"与太阳有关。在千百年的生活实践中,先民基于自己的立场观察到太阳和月亮的交替运动,以及随着这种交替运动而产生的光明与黑暗、温暖与寒冷等属性,逐渐产生出阴阳观念。阴阳观念既涉及空间维度,也涉及时间维度,时空两个维度紧密联系在一起,不可分离。没有空间就没有时间,没有时间也就没有空间。相对论作为现代知识指出了时空之间的相互关系,阴阳学说早就揭示了这个问题。阴阳这一概念主要有如下含义。

第一,宇宙中任何事物都包含阴阳两种属性。无论是宏观宇宙还是宇宙中的人,都包含阴阳两种属性。就宇宙的起始形态来说,它本身具有阴阳两种属性。《周易·系辞》说:"易有太极,是生两仪,两仪生四象,四象生八卦。"在中国古代哲学中,太极是宇宙万物化生的起点,也是物质世界的原生形态,太极本身就被赋予阴阳两种属性,它本身处于阴阳两种属性平衡的状态。人的身体也是一样,我们的身体也可以被赋予阴阳两种属性。有的时候我们感觉上火,口干舌燥,鼻孔出血,眼睛有了分泌物,这是阳亢;有的时候怕冷,感到后背冒凉气,手脚冰凉,不想喝水,怕吃冷的食物,这是阴盛。健康的身体应该阴阳平衡。

第二,阴阳表示两个相互依存的空间,阳界与阴界相互依存,其中一个无法独立存在。人类的感官能够感知的现象世界是阳界,没有能力感知的是阴界。"易有太极,是生两仪。"两仪是指两个相互依存的空间世界。没有阴界就没有阳界,反之亦然。阴界和阳界是中华先民根据自己的感觉做出的空间区分,而不是外面真的存在一个与人类无关的阴阳两界。有人会问:我们知道自己生存于现象世界,难道在我们所知的现象世界之外还有一个人类所不知的空间世界吗?古代哲人的回答是肯定的,他们说人们所能感知的世界远远没有无法感知的世界多。其实,当代科学家也提出了一些类似的概念。比如在天体物理学中,天文学家发现牛顿的万有引力定律无法解释某些星体运行的轨迹,他们推测,导致这种情形的原因,可能是宇宙中存在一种特殊的我们观测不到的物质形态,是这种观测不到的物质形态影响了星体的运行轨迹,于是把这种特殊的存在物称为暗物质。暗物质这一假说的提出,与中国古代阴、阳两界学说同趣。

第三,阴阳表示世界万物周而复始的运动。世界有生就有灭,没有毁灭就没有诞生,万物并非永恒存在。《道德经》说"反者,道之动",万物循环演化,最终复归它们的原点,变成元初的存在。人类可以亲眼见证某个人的生老病死,也可以亲眼见证某种生物周而复始的生死运动,甚至可以经验某种物质的生灭。虽没能力见证宇宙的生灭,却不排斥这样的理论推定。在霍金的《时间简史》中,当代科学家们倾向于认为,宇宙并非永恒,宇宙起源于一个超然的质点,它空间上无限小,质量上无限大,由于发生了大爆炸,宇宙开始膨胀,逐渐产生出类星体、星体、万物和生命,我们居住的这个宇宙仍处于膨胀之中。当宇宙膨胀超过了临界点之后,就会出现收缩和随之而来的万物湮灭,有形的世界将化为乌有。当然,也有不同观点。也许,人类观察到的黑洞只是宇宙湮灭中的一种现象。简言之,先民用阴阳表示物质世界的运动状态。这种空间、时间、属性合一不分的特点,古人用太极图表示。

太极图

2. 五行

与阴阳不同，五行与物质元素和万物构成紧密相关。在生活实践中，古代先民直观地觉察到外部的自然世界。他们认为，自然世界的万物依照其构成元素的属性可以归纳为五类物质：木、火、土、金、水。人们看到各种各样的草木，用现代生物学的概念说都属于植物，这些植物具有一个共性，即具有韧性、能够弯曲，所以《尚书·洪范》说"木曰曲直"。先民看到自然界中存在着一种"东西"，能够发光、发热，并且向上升发，其特性是"炎上"，称之为火。无论是植物燃烧的火，还是煤炭、石蜡燃烧的火，都是火。人们的生产和生活离不开土地，土地具有生长庄稼和果实的性质，无论是红土地、黑土地还是黄土地，都是如此，所以说"土爰稼穑"。一些矿石经过冶炼之后能产生金属，炼出的可能是铁，也可能是铜、黄金，这类物质被称为金。这类东西具有一个共性，可以制造比较锋利的工具，用以刺杀野兽，所以说金的属性是"从革"。自然界中的水，无论是雨水、河水、泉水、海水，都往低处流，都具有向下浸润的性质，所以水的属性是"润下"。这便是古代先民对木、火、土、金、水这五类物质要素特性的朴素认识，这些认识与现代科学不同，不是根据分子或原子的特性，而是根据人们在生活中直接的观察做出的描述，这是早期的自然观。五行自然观的基本特点是，将自然现象直观归类最小化，不是一百种，也不是五十种，而是五种。古代印度将自然元素归纳为四种，地、水、火、风，古代希腊有水、气、火、土四元素说，与中国古代的归类近似。简言之，五行是五类物质元素，是中国古代物质元素直观归类的极限。

在古代先民看来，这五类物质元素并非固定不变，而是彼此之间相互转化、相互制约，这被称为"相生"、"相克"，"五行"之"行"就表示相生、相克的运动。五行

五行示意图

相生，是说这五种物质元素之间依次孕育、产生。木能生火，不管是哪一种植物，都可以燃烧，都可以产生火。火燃烧之后产生灰烬，灰烬与土是一类，所以火能生土。土里面可以生金，金属矿藏都埋藏于地下，古人便认为金属由土产生。金能生水，人们注意到有金属矿石的地方同时存在着水，古人认为水的产生与金属有关。水能生木，没有水，植物会枯干而死。木、火、土、金、水这五类物质元素依次孕育产生，转了一圈又回到了起点。五行相克，是说这五种物质元素之间存在着抑制关系。古人认为木能克土，木耒刺土种田，植物的根系能深入地下；水来土掩，这是土能克水；火来水灭，这是水能克火；火能熔金，这是火克金；金属工具能断木，这是金能克木。五行相生相克，构成彼此之间有机的联系。今天看来，五行相生可以有别的选项，比如木可以不经过火而直接腐烂变成土，土也可以生出水。同样，五行相克也可以有其他选项，比如火不但可以克金，也可以克木，水不但克火，也可以克土，人们常说滴水穿石呀！其实，五行框架是一个理论系统，借助这个理论系统，人们用以表达事物之间的相互关系，不再把事物看成是孤立的和静止的，而是看成相互影响的整体。这一点，在中国传统政治的五德终始学说和传统医学的脏腑学说中有具体应用。

3. 气

气是理论上最小的物质粒子，是构成万物的最基本元素，有时也称精气。《管子》说精气"下生五谷，上为列星"，就包含这样的意思。五行是五种物质元素，而气是构成这五种物质元素的微粒，五行说依赖于感官经验，气的学说依赖于理论预设，难以直观验证。从理论上说，万物由气构成，气为万物之本，万物的变化就是气的运行，人的生死也是气的运动。东汉时期王充说："人之所以生者，精气也。"气有两类：阳气和阴气，阴阳二气交替运动，于是万物生化，周而复始。西周末期，周都镐京地区发生了大地震。为什么会发生地震？当时的史官伯阳父解释说：天地之气的运行有规律，如果失去了规律就是人的干扰所致。阳气在地上而不能升腾，阴气在地下而不能蒸发，就会发生地震，地震是阳气镇阴气的结果。水、土之气不能循环演化，就会导致水源枯竭，水源枯竭人民无以为生，国家将会灭亡。这一解释在今天看来缺乏科学依据，但它无意中透露了气与阴阳、五行的关系。

阴阳五行学说构建了一个宇宙论框架，将世界万物的构成及其运动统统纳入其中。学界通常认为，阴阳五行学说产生于西周晚期，它是继商周神学之后诞生的人文学说，是中华先民在生活实践基础上实现的世界观的革命。阴阳五行学说的意义，从一个侧面看，是从神学思想向人文思想转变。所以，《辞海》把阴阳五行学说定义为"朴素的唯物主义自然观"。但是，这样的定义，价值评判多于要素、功能规定，没有说明对象的要素和功能。我们认为，阴阳五行学说的意义在于它对物质世界的存在形式和运动属性做出了经验性的规定。因而，阴阳五行学说是中国古代关于万物的构成元素及其演变规律的人文主义宇宙观体系。

五行学说与秦汉政治

一个国家若要人民拥护，一个政权若要大众信服，除了需要注意物质生活外，还需要注意精神生活，这精神生活就是政治的合理性宣教。古代关于政治合理性的理论大致有两类：一类主张暴力论，即宣称枪杆子里面出政权，比如有人质疑"帝王将相宁有种乎"，有人叫喊"洒家也来个皇帝干干"；另一类主张神圣论，比如有人说"君权神授"，有人称"替天行道"。从中国历史情况看，暴力论伴随着政治的动荡，神圣论与社会安定相伴生。秦汉时期，社会上流行的五德终始学说，大体上是暴力论的政治合理性学说。

五德终始学说的内容，是用五行学说解释朝代的兴衰更替，进而说明现实政治的合理性。前面我们讨论了五行学说，五行学说的基本内容是，世界万物由木、火、土、金、水五种物质元素构成,这五种物质元素之间存在相生相克关系,由此引发了物质世界的变化运动。以五行理论为基础,战国时期的邹衍提出了五德终始历史观。他的五德终始历史观以五行相克为原则,宣称这是历史发展的客观规律。其理论模型是:虞舜属土德,夏朝属木德,商朝属金德,周朝属火德,未来代替周朝的必将是水德的国家,代替水德的将是土德的国家。邹衍的五德终始历史观在本质上是暴力论的,是后朝推翻前朝。这一学说在战国晚期影响很大,邹衍也因此名声大噪。顾颉刚先生据此构拟了一个表格,如下所示:

五德	正朔	服色	度数	音律	政术
土	?	上黄	以五为纪	上黄钟	?
木	建寅	上青	以八为纪	上姑洗	助天生
金	建丑	上白	以九为纪	上无射	助天收
火	建子	上赤	以七为纪	上林钟	助天养
水	?	上黑	以六为纪	上大吕	助天诛

就在邹衍提出五德终始历史观几十年之后,一个前所未有的大帝国诞生了,这就是秦。秦帝国是靠武力发家的,它灭掉了华夏地区的其他国家,因而秦的政治家们信奉暴力论,在解释政治合理性的时候,自然而然地接受了邹衍五德终始学说。据《史记》记载,秦统一中国后,有阴阳家对秦始皇献计说:黄帝的时候是土德,所以当时黄龙和巨大的蚯蚓出现;夏朝属木德,所以当时草木茂盛,青龙出现;商朝属金德,所以山上往外溢银水;周朝属火德,所以有赤乌出现;如今秦国取代周朝,应该是水德。从前秦文公曾经捕获一条黑龙,黑色属于水德,这是秦为水德的明证。秦始皇觉得言之成理,欣然接受了这一建议,下令:每年的起始月份定在农历十月,新年朝贺的日子定在十月朔这一天,官员的服装、政府的旗帜都用黑色,尺度以六为标准,符节、帽子均六寸,辇舆六尺,车乘六马,甚至以一步为六尺。此外,音律以"大吕"为基准,黄河改称"德水",在政治上执行严酷的镇压政策。所有这一切,

都是为了配合水的属性。

西汉王朝最初沿用了五德终始学说作为解释政治合理性的理论工具。秦末社会大乱，刘邦也参加了争夺政权的战争。他曾杀死一条大蛇，据说当时有一个声音说：这蛇是白帝之子，杀死这蛇的是赤帝之子。所以，刘邦自称汉王的时候，把红色作为自己政权的标志。这似乎暗示，汉王刘邦以火德作为政权合理性依据。但是，由于在五德终始学说中"水克火"，刘邦起来参与了颠覆秦朝的战争，用火克水无论如何讲不通，所以，不久之后刘邦听说秦朝祭祀白、青、黄、赤四个上帝，便说：听说天上有五帝，现在秦朝仅仅祭祀这四个上帝，是给我留着一个。于是，又在北畤立了一个黑帝祠。按照五德论，黑色属于水德。当时精通历法的大臣张苍等人也表示赞同，所以汉初就因袭了秦朝的水德，正朔、官服的颜色没作任何改动。西汉建国二十多年后，到了汉文帝时期，一些儒家士大夫认为汉用秦德不妥，应当改革。于是大儒贾谊认为秦为水德，土克水，便以土德为依据，依照当时流行的五德终始模式起草了一套制度，呈给汉文帝。汉文帝对贾谊的方案很感兴趣，但由于当时流行的是黄老"无为而治"的政治策略，多数大臣对意识形态问题不感兴趣，反对贾谊的举措，贾谊的方案不但没有实施，贾谊反而被贬官被挤出朝廷。此后又有一位叫公孙臣的人上书文帝，再次提出汉朝政治合理性问题。他主张，应该根据土德改革汉朝制度，并声称将会有彰显土德的黄龙出现。文帝把奏疏转给丞相府，当时的丞相是张苍，张苍是主张汉为水德的，他认为公孙臣这一套不对，不予采纳。可是不久，在文帝十五年的时候，即公元前165年，在天水的成纪地区出现了"黄龙"，应验了公孙臣的预言。听到这个消息，汉文帝马上召公孙臣进宫，任命他为博士，进行土德制度改革，并且下诏：神灵之物已经在成纪出现，应当考虑改制。此时丞相张苍很尴尬被动，于是称病告老还乡。关于公孙臣进行土德改革的详细情形，历史文献中没有记载，只是谈到此后又有一个叫新垣平的人，也向汉文帝建议实施土德，由于在实施自己的方案时涉嫌造假，新垣平被杀，汉文帝也就失去了继续改制的兴趣,事情也就搁置下来。虽然如此,汉为土德的官方意识形态基本确立。所以,公元前113年的时候,汉武帝以"黄云"为祥瑞,公元前112年的时候,汉武帝穿着黄色的衣服祭祀泰一神,据说第二天出现了黄气升天的祥瑞。公元前110年,天空出现了"其星出,如瓠"的星象,"其星"就是"旗星",后来称为"填星"、"镇星"。在当时人们的观念中,五行与五星相配,即木—岁,火—荧惑,土—镇,金—太白,水—辰。所以,其星的异相出现后,负责天象的官员马上向汉武帝报告,说汉家的"德星"出现,是上苍对汉武帝封禅的褒奖。第二年汉武帝祭祀泰一神的时候,助祭的官员还在祷告说:"德星昭衍,厥维休祥……皇帝敬拜泰祝之飨。"到公元前104年的时候,汉武帝进行了历法和官名印章制度的改革,以正月为每年的开始,官员的印章由四个字改成五个字,比如原来是"丞相印章",现在改成"丞相之印章";原来是"御史大夫",现在改成"御史大夫章",因为土德的度数"以五为纪"。至此,汉代土德的制度最终完成,所以《史记·礼书》说:"乃以太初之元改正朔,易服色,封太山,定宗庙百官之仪,以为典常,垂之于后。"

当然,随着秦汉由法家政治向儒家政治转型,五德政治学说逐渐被君权神授学说代替,暴力论被神圣论取代,以五行学说解释政治合理性的风潮也就逐渐沉寂下去。

阴阳五行与中华医学

在中医医院,医生经常会对病人说,"你阴虚阳亢","你肾气虚"。医生所说的阴阳、气等概念来自中国传统的阴阳五行学说,阴阳五行学说是中华传统医学的理论基础,没有阴阳五行学说就没有中华医学。《黄帝内经》说:"凡阴阳之要,阳密乃固。两者不和,若春无秋,若冬无夏。因而和之,是谓圣度。故阳强不能密,阴气乃绝。阴平阳秘,精神乃治;阴阳离决,精气乃绝。"人的阴阳失去平衡,生命也就停息了。

1. 阴阳学说在中华医学中的应用

中国古代,阴阳学说被用于构建中医学理论,并指导医学实践。大致说来,表现在如下几个方面。

第一,用阴阳学说解释人体结构。中医学认为,人体的结构分为阴阳。就人体的内外而言,外部为阳,内部为阴;就人体的前后而言,背部为阳,胸腹为阴;就脏腑而言,腑为阳,脏为阴。这意味着,人体的不同部位之间存在着类似阴阳两种属性之间的关系。

第二,用阴阳学说解释人体的生理功能。中华医学认为,气是人体生命力的构成要素,没有气就没有生命。人体之气分为阴气和阳气,阴气的性质是凉润、宁静、抑制、沉降,阳气的性质是温煦、兴奋、升腾、推动,阴阳二气的和谐运动,推动着人体内物质与能量的交换,维持生命的存在。在日常生活中,我们有时因为一件事情生气,心里堵,吃不下饭,就是因为阴阳二气失去了协调运动,导致某些器官的生理机能受到了影响。

第三,用阴阳学说解释人体病理变化。中华医学认为,邪气会导致人体生病。寒、湿属于阴邪,使人得寒湿病,比如久居潮湿的地方,会使湿邪入侵肌肤,出现关节疼痛;燥、热、暑、风属于阳邪,会使人得热病,如狂躁不安。

第四,用阴阳学说指导诊断病症。中医讲四诊,望、闻、问、切。望,一个人面色青白晦暗,属于阴;面色赤黄鲜明,属于阳。闻,一个人声音微弱无力属于阴,声音高亢洪亮属于阳。问,病人自述怕冷不敢吃冷食,体质属于阴,怕热爱吃冷食,体质属于阳。切,一个人的脉象沉细为阴,浮大为阳。

第五,用阴阳学说区分药性。中药的药性分寒、凉、温、热四种情况,寒药属阴,热药属阳。寒药治热病,热药治寒病。一个人火大,需要用清热泄火药;一个人寒大,需要用散寒温里药。这是对症下药。如果一个人本来就阳亢，再吃热药，就会加重病情。药食同源，我们吃的食物，口感酸苦者属于阴，辛辣者属于阳。所以，在日常饮食中，每个人应该根据自己的体质，注意选择适合的食物。众所周知两湖地区的人们喜爱吃辣，为什么？与这一地区的潮湿有关，辛辣食物能增加身体的阳性，去除潮湿的阴性。

第六，用阴阳学说指导治病养生。人类生活在大自然中，应该遵循大自然的规律。每天有昼有夜，人的生命节律与日夜运行一致，白昼生命充满活力，黑夜生命处于低潮。因此，古人日出而作，日没而息。如果一个人的工作时间长期黑白颠倒，就会影响身体健康。一年有春夏秋冬，春夏为阳，秋冬为阴。如果一个人的病属于热症，在冬季治疗效果更好；相反，如果一个人的病属于寒症，在夏季治疗效果更好。这是借助自然环境的力量，再加以药物配合，人们常说冬病夏治，夏病冬治，就是这个道理。有一个故事，晋朝的时候，一个人因为服食丹药而生内火，而且非常严重。为了清除这个人的内热，在三九严寒时节，医生让这个人脱光了外衣露天而坐，然后用冷水浇身，病人冻得几乎丧命，然后除掉了病根。

2. 五行学说在中华医学中的应用

五行学说在中华医学中的应用，既有助于认识生理器官之间的内在联系，也有助于治疗相关疾病。生理器官之间的内在联系，至少反映在两个方面：一个是同类相从，另一个是异类相感。

同类相从，是说身体的同一类器官之间具有共性，其中一个器官的病症在同类器官有所反映。在实践中人们注意到，如果一个人的肝脏生病，会在眼睛、眼泪、筋、手等方面有所反映，情绪上也会变得易怒，所以人们常说"怒伤肝"；如果一个人的心脏生病，会在舌头、汗液、面部有所反映，情绪上也会变得容易激动，所以人们常说"喜伤心"；如果一个人的脾脏生病，会在口、口水、肌肉方面有所反映，情绪上会变得易忧愁，所以人们常说"忧伤脾"；如果一个人的肺生病，会在鼻、涕、皮肤、汗毛方面有所反映，情绪上会变得易于悲伤，所以人们常说"悲伤肺"；如果一个人的肾脏生病，会在听觉、唾液、骨骼、头发方面有所反映，情绪上会变得易于恐惧，所以人们常说"恐伤肾"。认识五情与五脏的关系，在我们的现实生活中很有意义。肝不好的人易怒，发怒反过来又会伤肝。肾不好容易恐惧，恐惧反过来又会伤肾。为什么新兵第一次上战场会尿裤？就是因为肾受到了伤害。所以，在日常生活中，我们应该注意自己的情绪，情绪不好会伤害身体。为了更好地把握肝、心、脾、肺、肾这五脏各自的属性，人们把五脏与五行对应起来，借助于五行把握五脏的属性。人们发现，木具有生长、舒畅的特性，肝也具有喜欢畅达厌恶抑郁的特性，于是古人把这二者类比起来，认为"肝属木"。火具有温热的特性，心具有温煦的功能，所以人们认为"心属火"。土具有生化万物的特性，脾具有运化水谷的功能，所以人们认为"脾属土"。金具有清肃、收敛的特性，肺有肃降的功能，所以人们认为"肺属金"。水具有滋润、下行的特性，肾主水，有滋养全身的功能，所以人们认为"肾属水"。在今天看来，上述类比可能有些牵强，但重要的是，人们借助五行得以方便有效地把握五类生理器官的属性，用于指导医学实践。比如，医生通过对患者眼睛、筋、爪的观察进而判断肝脏的健康状况，通过对舌、脉、面的检查进而判断心脏的健康状况，这是由表及里的认识。在中华传统医学中，人们把人体的五脏、五窍、五液、五体、五华、五情与五行相对应，构建了一个以五行为主干的总体框架，用以指导医学实践。这一框架可用表格简示如下：

五行	五脏	五窍	五液	五体	五华	五情
木	肝	目	泪	筋	爪	怒
火	心	舌	汗	脉	面	喜
土	脾	口	涎	肌	唇	忧
金	肺	鼻	涕	皮	毛	悲
水	肾	耳	唾	骨	发	恐

异类相感，是说五脏之间相互影响，五脏之间的关系以五行之间的关系为原则。异类相感包括滋养与抑制两方面的作用。滋养作用，是说五脏之间

存在着滋养关系，用五行相生表示。比如，木生火，所以肝滋养心；火生土，所以心滋养脾；土生金，所以脾滋养肺；金生水，所以肺滋养肾。简言之，是肝→心→脾→肺→肾→肝这样一种循环滋养关系。既然存在这种滋养关系，其中任何一个脏器的功能下降就会影响相关脏器的功能。比如，肝功能下降会影响心脏的功能，心脏功能下降会影响肺的功能，中医学把这种关系叫作"母病及子"。子脏器功能衰弱反过来也会影响母脏器的功能，这叫"子病犯母"，只不过"子病犯母"比"母病及子"的影响小一些。抑制作用，是说五脏之间存在着抑制关系，用五行相克来表示。比如，木克土，所以肝抑制脾；土克水，所以脾抑制肾；水克火，所以肾抑制心；火克金，所以心抑制肺；金克木，所以肺抑制肝。简言之，是肝→脾→肾→心→肺→肝这样一种循环抑制关系。如果抑制力太强，会伤害被抑制的器官，这叫"相乘"，比如肝强脾弱称为"木旺乘土"；相反，被抑制方太强而抑制方太弱，则会伤害抑制方，这叫"相侮"，比如肾强脾弱称为"土虚水侮"。所以，滋养与抑制相辅相成，缺一不可，彼此保持一种动态平衡，从而保证各器官的正常功能。同时，通过"及"、"犯"、"乘"、"侮"的复杂关系，可以发现五脏之间的关系并非完全是线性的，而是网状的。建立这种网状的联系，有助于把握五脏之间的复杂关系，为疾病的诊疗奠定理论基础。

五行学说在中华医学中的应用，有助于疾病的治疗。其一，根据相生的规律，人们确定了"虚则补其母，实则泻其子"的治疗原则：若是虚症就采取补母器官的方法，如"培土生金法"；若是实症就采取泻子器官的方法，如"肝火泻心法"。这实际上是一种迂回策略。其二，根据相克的规律，人们采取了"抑强"、"扶弱"的方法：哪一个器官功能过强就抑制它，哪一个器官太弱就扶助它，如肝强脾弱用"抑木扶土法"。其三，用情志疗法治疗情志疾病。人的不良情绪与五脏功能异常有关，五脏之间存在着克制关系，因而人的不同情绪之间也存在着克制关系。比如，一个人肝不好易怒，应该克制怒气保护肝脏，肝属木，金克木，金对应悲伤，于是可以用"悲伤疗法"，即让病人适度悲伤从而使其免于发怒。古代医家运用这种方法，取得了不错的治疗效果。

中医与西医

我有一个朋友，从来就不看中医，不但不看中医，而且坚称中医治不好病，没有存在的价值和意义。中医与西医的区别既是中华医学与西方医学之别，更是传统医学与现代医学之别。这是否就意味着，现代西方医学就能完全代替传统中华医学？我认为答案是否定的，中华医学在现代医学体系中具有不可替代的地位和作用。

1. 预防疾病

医学的最高境界是"治未病"。《孙子兵法》讲"不战而屈人之兵"，中华医学讲不医而治人之病。在日常生活中，一个聪明人的过人之处在于防患于未然。为了防患于未然，人们从小学到大学不断学习知识，努力做到由已知推未知。在医学领域也是这样，中医尤为强调对于疾病的预防和养生。在长期的医学实践中，中华先民形成了预防疾病和养生的丰富知识，这些知识在今天仍然有用。

其一，保精护肾。精是人类的先天之本，肾是藏精之所。中华医学讲精、气、神，精化气，气化神，神是生命活力之本，没有神的躯体乃僵尸一具。保精护肾的重要一环是节制情欲。情欲是动物的生理本能，这一本能的意义在于维护种群的繁衍存续。记得在央视科教频道看过一个节目，螳螂在交配之后，雄性就丧失了生物学意义，它唯一的价值就是被受精之后的雌性吃掉，为种群的繁衍做最后的贡献。从根本上说，人类的情欲也受这一生物原则支配。中华医学认为，恣情纵欲，施泄太过，会导致精液枯竭、真气耗散，未老先衰。

当前社会西风盛行，恣情纵欲，可不戒惧！

其二，调养脾胃。脾胃是人类的后天之本，是把外部物质转换为生命能量的主要器官，决定着人的健康寿命。明代医学家张景岳说："胃气为养生之主。胃强则强，胃弱则弱。有胃则生，无胃则死。是以养生家当以脾胃为先。"在日常生活中，应当注意调节饮食，寒热适中，饥饱有度，营养全面。既保证脾胃不受伤害，又满足人体所需的营养平衡。西方人喝可乐，数九寒天也要加半杯冰块，这不符合东方养生传统。

其三，顺应自然和社会环境。人生活在自然环境中，千百年来形成了与自然世界相协调的生物钟。日出而作，日没而息，成为炎黄子孙的口头禅。一年有春夏秋冬四季，春夏养阳，秋冬养阴，也是中医学的常识。近些年来，一些人追求夜生活，本来是阳动阴静，却变成了昼伏夜出。这不利于健康和养生。人生活在社会环境中，不免有喜、怒、忧、思、悲、恐、惊，此之谓七情。七情与生俱来，但七情伤身。放纵性情，自暴自弃，会导致疾病缠身。中国正在迅速走向现代化，物质利益和生理欲望强烈地刺激着每一个人。人为财死，鸟为食亡，成为一些人的人生信条。奉行这种信条，与别人的关系必然处于紧张之中。最终结局只有一个，生病早死。在中华医学背后的，是中华传统的人生观，它能告诉人们人生的真谛，解决西方医学无法解决的问题。

其四，形神共养。养生包括养形和养神两个方面，动以养形，静以养神，动静得宜，形神相济。养生的根本在养神，神为形之本，神安则形安。神是什么？神是人的精神，是构成生命的非物质性因素。观察一个人，不仅要观察其外貌，更重要的是观察其眼神，眼睛是心灵的窗户。养心的要诀是静，这个静不是坐着不动，而是平心静气，心如止水。因此，中医讲要保持乐观的心态以及平和的情绪《千金药方》中说："善养性者，则治未病之病，是其义也。"

2. 治疗非器质性疾病

在医院里，我们经常会看到这样的情况：经过各种现代医疗设备的检查，没有查出病人的病因，最后医生给出的检查结论是：未见器质性病变。病人感到很无辜：我确实不舒服甚至很痛苦，医生却说没病。难道我是装病？

疾病至少有两种情形，一种是功能性疾病，另一种是器质性疾病。对于社会中的多数人来说，对于我们一生当中绝大多数场合来说，功能性的疾病是主要的。一个聪明人，不会放纵自己的疾病由功能性疾病发展成难以逆转的器质性疾病。就治疗功能性的疾病而言，到目前为止，中华医学比西方医学具有一定的优势。举两个例子。第一个例子是我自己的经验。在我的儿童时代，那是在20世纪60年代，偶尔会感冒发烧。得了这样的病，母亲通常不是让我们吃西药，而是采取一些传统的"土"办法治疗。比如，母亲通常是采用刮痧的方法，在我们身体的特定部位刮，比如前心、后心。刮痧的工具，有的时候是牛角片，有的时候用大铜钱。第一道程序过后，再沏上一碗姜糖水，趁热喝下，盖上棉被"发汗"。这办法虽"土"，但屡试不爽，既不用打针，也不用吃药。用中医理论解释，其实就是解表，把侵入体内的邪气驱赶出来。这是一种物理疗法，也是绿色疗法，比用抗生素治疗好。现在的母亲为了孩子的健康到超市购买绿色食品，为什么不用绿色疗法给自己的孩子治病！第二个例子，前两年我在央视看到的一档节目。一位德国女士名叫杜丽斯（Doris），得了妇科疾病，在德国只有用激素治疗，别无他法，虽有疗效，但会引发一系列生理上的负面作用。20世纪90年代的时候，她随丈夫艾科来到上海。听说中医可以治疗妇科疾病，她抱着试一试的想法去看中医。吃了一段时间的汤药，西医治不好的病竟然痊愈了。这令她感到很神奇，于是她在上海学习中医，然后在上海开起了中医诊所，专为外国人治病。

当然，治疗器质性疾病最好看西医，用外科手术的办法治疗。西医针对性强，心血管栓塞，直接下个支架就好了。当然，外科并非完全属于西医，中医也有外科，只不过中医外科不如西医外科发达，人们习惯于把现代外科归之于西医。若是得了功能性的疾病,既可以看西医,也可以看中医,不管是黑猫还是白猫,抓住老鼠就是好猫。就保健养生而言,中华医学有几千年的传统和丰富的经验,值得借鉴。

赞曰:花开花又落,日没月复升。万象大千界,前识在心中。

阅读参考:1.任应秋:《阴阳五行》,上海:上海科学技术出版社,1960年;2.谢松龄:《阴阳五行与中医学》,北京:新华出版社,1992年;3.孙广仁主编:《中医基础理论》,北京:中国中医药出版社,2007年;4.孙广德:《先秦两汉阴阳五行说的政治思想》,台北:商务印书馆,1993年。

第二编 诸子之学

"诸子"之称,其来久远。汉代刘向、刘歆父子整理皇家图书,将不便归类的各家学说归入"诸子"。四部之学,沿用此说。诸子学说甚多,兹选四学,略陈其说。其一曰兵家之学——言战略战术,倡"不战而屈人之兵",论"兵不厌诈";其二曰法家之学——主富国强兵,重物利,讲法治;其三曰人物学,论识人辨物之智,一言以蔽之曰"知人诚智";其四曰家训学,述教子治家之道,一言以蔽之曰"齐家有道"。

第三讲　兵家之学

　　战争是生存竞争的极端形式，是失去规则的生存竞争。战争不但消耗大量物质财富，还使成千上万生灵涂炭。因而，攻心为上，攻城为下，战争的最高境界是"不战而屈人之兵"。迫不得已，亦应速战速决。战争是敌我双方将领素质的较量。将领应该具备的素质是：智慧而不莽撞，雄略而不怯懦，仁义而不慈悲，遵纪而不拘泥，担当而不自是。战争也是敌我双方士卒勇气的比拼，将领应该感动士卒使之拼死效力，让士卒崇拜英雄而非崇拜道德楷模。世上没有集道德和谋略于一身的军事家，也没有既理性又效死的士兵。就战争的极端性质而言，兵不厌诈，将不厌奸，声东击西，间谍反间，诸如此类，不择手段。

　　纵观古今，世界上为什么有战争？因为有生存竞争，当生存竞争达到你死我活激烈程度的时候，战争也就在所难免。战争是生存竞争的极端形式，是失去规则的竞争。和平是世人的美好愿望，但令人无奈的是，当有相当数量的人生活难以为继的时候，也就是我们常说的处于水深火热之中的时候，比如秦朝末年的百姓，陷入绝境铤而走险，拼死一搏，战争也就爆发了。战争发生得多了，人们积累了丰富经验，也就产生了军事家和军事著作。军事著作告诉人们如何保存自己、消灭敌人。

　　西汉晚期刘歆等人受命整理皇家图书，整理之后把图书分为六类，即六艺、诸子、诗赋、兵书、术数、方技。东汉班固以刘歆的《七略》为蓝本编

《汉书·艺文志》，共收兵书十三种，即《吴孙子兵法》八十二篇,《齐孙子》八十九篇,《公孙鞅》二十七篇,《吴起》四十八篇,《范蠡》二篇,《大夫种》二篇,《李子》十篇,《娷》一篇,《兵春秋》一篇,《庞煖》二篇,《儿良》一篇,《广武君》一篇,《韩信》三篇，共二百六十九篇。除《广武君》《韩信》两种是秦汉之际的著作外，其余都是春秋战国时期的著作。宋代刊印《武经七书》，这七部军事学经典是:春秋战国时期著作五种，即《孙子》(《吴孙子兵法》)十三篇,《吴子》(《吴起》)六篇,《司马法》五篇,《尉缭子》二十四篇,《六韬》六篇；西汉初期著作一种,《黄石公三略》；唐代著作一种,《唐太宗李卫公问对》。实践是检验真理的试金石，流传至今、影响最大的唯有《孙子兵法》一书，不过它已不是最初的八十二篇，而是十三篇。关于该书的作者，传统的说法是春秋末期的孙武，也有人说孙武的后人孙膑也做了一些工作。

乱世出英雄，战争出兵法，兵法是战争实践的产物。传统上有个说法，"春秋无义战"，"义"是道义、正义，意思是说春秋时期的战争不讲道义。人们通常用宋襄公讲规则结果兵败身死的例子作反面教材。战争是否应该讲道义，军事家们持怎样的看法，是个值得严肃思考的问题。

孙武与孙膑

讲《孙子兵法》，就不得不谈孙子其人。人们通常认为孙子就是孙武，司马迁的《史记》记载了孙武练兵的故事。孙武是春秋末期齐国人，因故到了南方吴国，把自己撰写的兵法十三篇献给吴王阖闾。吴王觉得孙武的兵法写得不错，想考验一下他带兵的实际能力，于是给他一百八十名宫女，让他训练。孙武把这些宫女分为两队，指定吴王宠爱的两个妃子为队长，令宫女们手执戈戟。孙武问她们:你们知道前后左右吗? 宫女们答:知道。孙武向她们三令五申:军令如山，违令者斩! 操练开始，战鼓响起，下令向右转，宫女们乱成一团，笑成一片。孙武说：军令不明，为将之罪。于是再次申明军令，然后下令向左转，宫女们再次大笑不止。孙武说：我军令已明，你们违背军令，依法当斩！于是令执法官将两个队长就地正法。观看演练的吴王见状大惊，赶紧派人阻止：寡人已经知道将军擅长用兵，不过切不可杀掉这两个队长！孙武回答：将在军，君命有所不受！随后将两个队长斩首，在军中示众。孙武又任命两个宫女为队长，继续练兵。

孙武

这一次，孙武命令向左，队伍向左；命令向右，队伍向右。令行禁止，雷厉风行。这与此前齐国景公时司马穰苴的练兵方法如出一辙。吴王阖闾任命孙武为将军，西破楚国，北击齐国，扬威一时。

一个多世纪以后，到了战国中期，孙武的后代孙膑再次扬名一时。庞涓与孙膑一起学习兵法，学成之后，庞涓到魏国当了将军，他自知能力不及孙膑，担心将来孙膑的名声超过自己，于是设计把孙膑骗到魏国，栽赃陷害，断其两足，黥其面目，以使孙膑永无出头之日。孙膑忍辱负重，发誓报仇。一次，齐国使者到魏国首都大梁，孙膑暗中去见使者，讲述了自己的不幸遭遇。使者把孙膑偷偷带回齐国，齐国将军田忌收孙膑为门客。田忌爱好赛马赌博，孙膑了解到田忌的马与对手的马相比稍为逊色，便为田忌出谋划策说：我能使将军赌赢。于是，田忌约请了齐威王和公子们，与他们一决胜负，下赌千金。按照比赛规则，三马定胜负。孙膑说：将军把这三匹赛马分成上、中、下三等，先用下等马与对手的上等马比赛，然后再用上等马与对手的中等马比,用中等马与对手的下等马比。结果,田忌三局二胜,赢了齐威王千金。齐王未料会有这种结局,问其缘故,田忌借机向齐王举荐孙膑。公元前354年,魏国围攻赵国,情况危急,赵国向齐国求救。齐威王任命孙膑率兵救赵。孙膑辞谢道:我是受过刑罚的残疾人,不适合担此重任。于是,齐威王命田忌为将,孙膑为军师,火速救赵。田忌准备率兵直奔赵都邯郸救援,孙膑献计说:魏国大举攻赵,国内力量肯定空虚,如果我军直奔魏都大梁,魏军肯定回救,我们在他们回救的半路设下伏兵,既能解赵国之围,也能以逸待劳,巧妙取胜。田忌采用孙膑"围魏救赵"之计,一举取得桂陵之战的胜利。十三年后,魏国又联合赵国进攻韩国,韩国又向齐国求救。齐国大将田忌率军直扑魏都大梁。魏将庞涓获悉急忙率兵回救,但此时齐国军队已经赶在魏军前面。孙膑对田忌说:魏国军队素来勇猛善战,轻视齐国军队,我们正可因势利导,引诱魏军上当。兵书上说,"百里而趣利者蹶上将,五十里而趣利者军半至"。我军可以利用这一说法,进入魏国境内的第一天造十万灶,第二天造五万灶,第三天造三万灶,制造假象迷惑敌人。庞涓率大军赶回魏国境内,见此情形洋洋得意地说:我就知道齐军胆怯,进入魏国境内才三天,士卒逃亡已经过半。于是命令士卒轻装追击。孙膑估计当晚庞涓追到马陵。马陵是地形险恶的峡谷,于是设下伏兵,在一棵大树上写上大字:"庞涓死于此树之下!"他命令士卒:见到树下点起火光就万箭齐发。当天深夜时分庞涓率军赶到马陵,见到树上有字,命人点火照明,看了树上的字之后大呼上当,但为时已晚,齐军万箭齐发,魏军大败,庞涓自刎。这便是有名的马陵之战。

由此可见,孙武和孙膑都是富有实战经验的军事家,他们的著作是战争实践的经验总结。

《孙子兵法》

古人有一个说法:先秦言兵者六家,前《孙子》者,《孙子》不遗;后《孙子》者,不能遗《孙子》。意思是说,《孙子兵法》是一部空前绝后的兵学著作。流传于世的《孙子兵法》十三篇,有人说这是最初三卷本《孙子兵法》的上卷,中卷和下卷已经失传。是否如此,不得而知。就这十三篇来说,孙武的兵学思想大致分为两部分:一是宏观战略思想,二是具体的战术思想。

1. 战略思想

所谓战略,是指在时间上持续较久、在空间上用于整体的战争对策和构想。战略思想的特点,是它的持续性和稳定性,一旦制定就要坚持下去,不会轻易改变。在《孙子兵法》中,战略思想主要涉及战争观、战争参与者应该具备的素质等。

第一,孙武反对战争,认为战争是祸国殃民的行为,主张"不战而屈人之兵"。孙武是一位卓越的军事家,他不提倡战争,甚至反对战争,这不是出于宗教信仰,而是出于人道精神,出于对战争危害性的深刻认识。他告诫人们,战争伴随着残酷的杀戮,会造成伤残和死亡:"兵者,国之大事,死生之地,存亡之道,不可不察也。"战争还消耗大量社会财富,使人们宝贵的劳动成果毁于一旦:"凡用兵之法,驰车千驷,革车千乘,带甲十万;千里馈粮,则内外之费,宾客之用,胶漆之材,车甲之奉,日费千金,然后十万之师举矣。"民间流行的说法是"大炮一响,黄金万两",意思相同。因此,孙武不主张战争,迫不得已,上策是"不战而屈人之兵",运用外交手段和政治智慧,使战争消弭于萌芽之中。他的说法是:"善用兵者,屈人之兵,而非战也……此谋攻之法也。"发动一场战争,然后久拖不决,不但消耗大量财富,而且造成人员严重伤亡,这是国家的灾难,他反对进行这样的战争。如果战争必打,应该速战速决。他说:"兵贵胜,不贵久。"把打仗作为乐趣,靠战乱吃饭,这是军阀、屠夫,而不是军事家。军事家与军阀的区别在于,军阀好战,通过战争牟利发财;军事家爱好和平,告诉人们战争的危害。孙武对战争的这一态度还反映在他"围师必阙,穷寇勿迫"的原则上。包围敌人的时候,一定给敌人留一条生路,让敌人能够逃命;对陷入绝境的敌人,不要穷追猛打。为什么?因为事实上敌人已经失败,再杀掉敌人不但很残酷,而且陷入绝境的敌人死战,也会造成我方兵员的严重伤亡。毛泽东曾有这样的诗句:"宜将剩勇追穷寇,不可沽名学霸王。"意思是,应该消灭陷于绝境的敌人。毛泽东也是一个军事家,他的军事思想与《孙子兵法》不同。

第二,在战争中军事统帅十分重要,关系到战争的胜负甚至国家的存亡。孙武说军事统帅掌握着士卒的性命,决定着国家的安危:"知兵之将,民之司命,国家安危之主也。"任何一个国家都需要良将,有良将则兵强,无良将则兵弱。孙武认为,军事统帅应该具备智慧、信用、仁义、勇敢、严厉五种素质。要指挥部队百战百胜,靠的是智慧;要让部下肯于卖命,靠的是将领说话算数;要让部下感恩戴德,靠的是仁义;要把自己的智慧落实到实践中,靠的是敢于担当;要让士卒令行禁止,靠的是威严。孙武还从反面指出了军事统帅不该具有的五种品质:不该是亡命之徒,因为敌人可以利用你莽撞的弱点激怒你,设圈套打败你;不该是贪生怕死之徒,因为敌人可以利用你怕死的弱点威慑你,设圈套俘虏你;不该是脾气暴躁之徒,因为敌人可以利用你的暴躁侮辱你,使你丧失理智;不该是过于廉洁的人,因为敌人可以利用你太在意别人的批评,故意栽赃陷害,使你失去自信和勇气;不该是过分仁慈的人,因为敌人可以利用你的仁慈故意残害你的人民,使你疲于奔命。孙武把这五种品格称为"五危",认为让此种人带兵打仗是"用兵之灾",万万不可。孙武特别强调,军事统帅要有大义凛然、敢于担当的气魄,当断则断,不受君主干扰。他继承了稍前齐国军事家司马穰苴"将在军,君令有所不受"的思想,在《孙子兵法》中阐明将在外"君命有所不受",并把这一思想落实在对吴国宫女的练兵实践中,拒绝执行吴王的命令,告诉吴王"将在军,君命有所不受",果断地杀掉了执行军令不力的国王的爱妃。孙武告诫君主,不了解军情就不要乱指挥,干扰军事计划和乱指挥可能导致战争失败,后果严重。

第三,孙武指出在战争中士兵是作战的力量,没有士卒舍生忘死的战斗就没有战争的胜利。要使士卒与将帅共存亡，将帅必须有"道"。什么是统帅之"道"？反着讲更容易。秦帝国为什么迅速灭亡？当时的人们说"秦行无道"；隋朝为什么很快灭亡？当时的人们说隋炀帝残暴无道。所以，将帅有道的核心是得人心，使士卒同心同德，甘愿为国捐躯。要达到这一目的，除了运用赏罚手段外，还要注意两点。其一，爱护士卒，要像爱护自己的孩子那样爱护士卒，使士卒有一颗感恩之心，甘愿为国家、为将领拼死战斗，这是士为知己者死。有一个这方面的故事。战国时期的军事家吴起"与士卒分劳苦"，有一个士兵背上生疮，吴起亲自为这个士兵吸吮浓血。这个士兵的母亲听到消息大哭。别人说：你儿子一个士兵，将军亲自为他吸吮，你应该感到荣耀才是。这位母亲说：你有所不知，往年我丈夫也在吴将军手下当兵，身上生了痈疽，吴将军亲自为他吸吮，结果我丈夫为报恩德，战死沙场。如今吴将军又吸吮我儿子，我儿子又要走他父亲的老路了！其二，采用愚卒策略，不要让士卒知道影响斗志的事情，不要让士卒思考战争道理。不但"春秋无义战"，从来就没有完全正义的君子战争。如果士卒明白了这个道理，他们还会拼死作战吗？可能会有问题。所以，《孙子兵法》主张"愚士卒之耳目，使之无知"。只有这样，指挥士兵才能够像驱赶牛羊一样，指向哪里他们就冲向哪里："若驱群羊，驱而往，驱而来，莫知所之。"孙武认为，作为将领一定要明白这个道理，否则部队没有战斗力。孙武的这一主张，只可意会，不可言传，不宜公开讨论。从表面看，孙武主张的爱卒与愚卒两种思路相互矛盾，其实根本上一致。在生活中，人们常说"水至清则无鱼，人至察则无亲"。在一个看透世间百态的智者眼里，世上没有完人，父母子女之间也有私心。智者会为别人死心塌地卖命吗？大概不会。

除了将领、士卒两个方面外，孙武还谈到天文、地理、处罚三个重要方面，这里不再赘述。他强调，这五个方面是关系到战争胜负的重要因素。在进行战争之前，应该对敌我双方的情况作整体评估，评估的项目包括："主孰有道，将孰有能，天地孰得，法令孰行，兵众孰强，士卒孰练，赏罚孰明。"

在敌我双方的比较中,谁得分多,谁取胜的概率就大。盲目发动战争,不计后果去冒险,八成会失败,正所谓"知彼知己,百战不殆","不知彼不知己,每战必败"。

2. 战术思想

战术,是具体作战的部署,这一仗怎么打,是采用空战还是陆战,是突袭还是强攻等。战术的特性是灵活多变,不守成规。同战略思想相比,战术思想的特点是隐蔽,不让敌人知道。孙武不主张战争,但如果战争不可避免,则主张采用一切手段赢得战争。

第一,兵不厌诈。战争的本质是敌我之间你死我活的厮杀,是从敌人手里夺取利益。没有敌我就没有战争,没有利益冲突也没有战争,这就决定了战争是人与人之间的对抗,在具体的战斗中没有仁义道德可讲,故孙武说"兵以诈立,以利动"。宋襄公用仁义君子式的战术指挥作战注定失败,导致亡家亡国。要取得战争的主动权和胜利,就应该隐蔽自己的军情,同时尽量掌握敌情。要隐蔽自己,仅仅靠被动躲藏还不够,还应采取积极主动的办法,制造种种假象迷惑敌人,诱使敌人决策失误,孙武称之为"诡道",这也就是人们通常所说的"兵不厌诈"。比如,明明自己很强大却装作很弱小,明明距离敌人很近却伪装距离敌人很远,大部队分分合合变化多端使敌人摸不清底细。有的时候部队疾行如风,有的时候部队徐行如林;有的时候攻城略地如火如荼,有的时候却稳如泰山。诸如此类的战法,孙武称之为"迂直之计",强调这是隐蔽自己、迷惑敌人的需要。在作战中,应该采取灵活的战术,千万不要拘泥于已有的战术,不要固守成规。有了规则,敌人就可以根据规则摸准你的动向。《孙子兵法》说,"兵无常势,水无常形;能因敌变化而取胜,谓之神"。总之,战术的要诀是阴谋诡计,是不择手段。有兵学专家说,《孙子兵法》最根本的战术原则是没有规则,可谓一语中的。

第二,使用间谍。要尽量掌握敌情,以便制定相应的作战计划。准备攻城,就应该事先知道守城将领的情况,他身边有哪些重要将官,这些人亲属的情况,以及这些人有哪些长处和短处等。孙武强调在战争中掌握敌情极为重要,在势均力敌的情况下,掌握敌情是克敌制胜的重要条件。掌握敌情不能靠迷信鬼神,不能靠揣测,也不能靠过去的经验,必须掌握可靠的信息。要掌握敌情,就必须使用间谍。《孙子兵法》十三篇,其中之一是《用间篇》,专讲如何开展间谍战。孙武把间谍战的运用归纳为五种情形:乡间、内间、反间、死间、生间。"乡间",就是利用从前的老乡充当间谍获取情报;"内间",就是利用敌方的官员提供情报;"反间",就是挖出敌人的间谍,使之为我们传递情报;"死间",就是故意制造假象,然后由我方的间谍向敌人密报,使敌人上当受骗,当然,一旦敌人发觉上当受骗,我方的间谍也就暴露给敌人,通常会被敌人处死;"生间",就是我方的间谍亲自从敌方回来传递情报。利用反间的方法,挖出敌方的间谍,诱以重利,使之为我所用。乡间、内间、死间、生间的利用,要根据具体情况灵活掌握。在谍战中,要用重金收买敌方人员,钱少不行,要让钱多得使敌方人员失去拒绝能力。孙武特别指出,要多种间谍方法同时并用,这既可以印证情报的可靠性,也可以使敌人弄不清到底哪个环节泄露了机密。

第三,地形与战术。中国古代的战争绝大多数是地面战斗,地形地理对战争胜负影响很大,有时甚至起着决定性的作用,所以孙武指出善于利用地形作战者胜,"不知此而用战者必败"。《孙子兵法》中的《行军篇》《地形篇》、《九地篇》,从不同方面论述了地形地理与战斗胜负的关系。

《行军篇》讨论了行军中应该注意的地形。在战斗中应该占据有利地形,有利的地形不但可以保护自己,也可以有效地消灭敌人。但是,行军使部队处于运动状态,有些时候无法避免进入不利地形。在这种情况下,应该格外小心。比如,部队穿过山谷宿营的时候,应该尽量选择高处,避免发生战斗时仰攻;部队穿过河流的时候,河水中飘着沫子,这是上游已经下雨,切不可匆忙渡河,以免遭遇洪峰;不要在水边宿营,一定选在高处;敌人渡河而来,不要在敌人还没下水的时候发动攻击，而应该在敌人半渡的时候发动攻击；穿越沼泽的时候比较危险，应该快速离开，如果与敌军交战，要选择旁边有水草、背后有树林的地形；穿越平原的时候，在平地宿营要选择背靠高处之地。总之，部队宿营应该在高处不在低处，在阳处不在阴处，这对于牲畜和士卒的健康及军备物资的安全都很重要。孙武还谈到绝涧、天井、天牢、天罗、天陷、天隙六种危险地形，这六种地形是绝境，切勿靠近，应该设法把敌人引诱到那里。

《地形篇》讨论了与作战相关的地形问题。谁都知道抢占有利地形，躲避不利地形，此姑勿论。有些地形较为复杂，孙武作了专门讨论。第一种地形，我军可以往，敌军也可以往，这是兵家必争之地，称为通形。对于这种地形，应该先占领制高点和有利地形，以保证部队往来通畅。第二种地形，易入难出，就像一个东西挂上拿不下来一样，所以称为挂形。这种地形，如果敌人毫无准备，可以出奇制胜，如果敌人有准备，决不要出击，否则有去无回。第三种地形，敌我双方谁进入谁不利，称为支形。这种地形，我军不可出击，应该设法引诱敌人出击，当敌人出击到一半的时候发起攻击，定能取胜。第四种地形，称为关隘地形，这种地形在军事上的重要性尽人皆知。如果我军占领了关隘，就要准备充足的兵力以防敌人夺取；如果敌人先占领并且兵力充足，就不要去争。第五种地形，陡峭险峻，一夫当关，万夫莫开。如果我军先占领，就选择高处以防御敌人；如果敌军先占领，我军马上离开，切不可贸然进攻。第六种是开阔地带，处于敌我两军阵地之间，称为远形。如果双方势均力敌，不要冲上前去挑战，人困马乏难以取胜。

虽然在作战中应该占据有利地形，但在有些情况下，不得不进入不利地形，或者是无意中误入不利地形，怎么办？《九地篇》针对不同地形给出了三个方案。第一个方案，部队进入山林、险阻、沼泽等不利地形时，应该迅速离开，千万不要在其中犹豫徘徊，这叫"圮地则行"。第二个方案，入口是关隘，出口迂回曲折，有利于敌人以少胜多，在这样的地形中不要慌张，要急中生智,设法突围,这叫"围地则谋"。第三个方案,部队刚刚陷入死地,士兵还有拼死的决心,马上展开反击还有生存希望,如果犹豫不决将会坐以待毙,那就立即发起反击,以免给敌人留下充足的准备时间,这叫"死地则战"。

《九地篇》还讨论了战争心理问题。孙武讨论的不是自然环境对士兵心理的影响,不是战场的地形、地貌对士兵心理的影响,而是战场的社会环境对士兵心理的影响。在足球比赛中,球队都愿意在主场踢球,观众台上球迷多,喊声震天,容易鼓舞自己的士气,压抑客队的士气;客场踢球则相反。在战场上是否也是如此?孙武的主张正好相反,他不主张在主场作战,尽量到客场,到敌国境内打仗,越是深入敌国腹地越好。因为,士兵可以心无牵挂,有必死之心。孙武谈到了如下几种情形。第一种情形,在自己的家乡作战,士卒惦念自己的家乡亲人,人心涣散,这是"散地",不要在这样的地方作战。第二种情形,进入敌国境内不远,与敌军交战的时候,士卒有退缩心理,稍有不利便想逃回国内,这是"轻地"。第三种情形,深入敌国腹地,周围是敌国的城市,士兵觉得身处敌国深处,前后左右没有退路,只有拼死作战才能生存,这是"重地",在这里打仗容易取胜。

《九地篇》又讨论了兵家必争之地。有些地方对战争中的双方都很重要,谁控制了该地区,谁就取得了战争的主动权。第一种情形,位于两国之间的军事要地,这是"争地"。如果敌人占领了这样的地方,不要强攻,以免损失惨重。第二种情形,我方的道路通向那里,敌方的道路也通向那里,双方道路相交的地方,这是"交地"。这样的地方不要轻易丢掉。第三种情形,几个国家毗邻的地区,各国的道路都通向那里,就像是通衢大道一样,这是"衢地"。谁得到该地区谁取得主动权,可以采取外交手段取得主动权。

此外,孙武还谈到了作战中应该采取的诸多战术,比如先守后攻、以逸待劳、运用火攻等,处处闪烁着军事智慧。孙武还总结了长期以来人们在战争中取得的经验,这些经验有助于将帅判断敌情,制定相应的对策。比如,两军对阵,敌人不是积极备战,相反敌营比较安静,这是敌人有险峻地形作为依托;敌人在离我军较远的地方挑战,这是在引诱我军前进;远处树林扰动,这是敌军进攻过来;敌军阵地鸟雀惊飞,这是设下了埋伏;野兽惊跑,这是敌人要大举进攻;远处尘土飞扬,这是敌军战车驰来;远方尘土弥漫,这是敌军的步卒冲了过来;敌人言辞谦卑但戒备森严,这是将要发动进攻;敌人言辞嚣张并且向前跃跃欲试,这是制造假象准备撤退;敌人平白无故前来求和,肯定包藏着阴谋;敌军奔跑着布阵,这是马上要与我军对决;明明形势对敌人有利但敌人却不前进,这是敌人疲劳;敌人军营鸟雀聚集,说明敌人已经撤走;敌人的军营半夜惊呼,这是敌人恐惧;敌人的军中乱糟糟,这是敌军将领没有威严;敌人的将领暴躁不安,这是他们疲倦;敌人杀马食肉,这是没有了军粮;炊具悬挂在外边也不收拾,这是敌人准备拼死一搏;将领与士兵说话和颜悦色,这是将领在士兵中没有威信;频繁地赏赐士兵,这是将领已经无计可施;敌人派使者前来谢罪,这是他们想整编休息。这是古代战争的经验,很多已不适合现代,但它给人们的启示是:战争经验十分重要,应善于积累和运用。

上述战略与战术两个方面,战略上反战,战术上主诈,表面上矛盾,其实不矛盾,这是以战止战。在和平时期,各国积极备战,也是同样的道理。

《三十六计》

《三十六计》又称"三十六策",是人们根据《孙子兵法》等兵学著作总结的若干战术模型。该书形成于明清时期,文字凝练,先陈述计谋,然后引《周易》为据。这里仅介绍其中的两计:一计是"暗度陈仓",这是"兵不厌诈"这一军事思想的运用;另一计是"反间计",以"陈平施间"为例说明离间计和反间计的运用。

1. 暗度陈仓

这是《三十六计》的第八计。该计的内容是："示之以动，利其静，而有主。《益》：'动而巽。'"意思是，给敌人制造假象，好像我军将要在此处发起进攻，引诱敌人在此处设防，而我军暗中迅速在其他地方发起攻击，使敌人猝不及防。《益卦》的卦象是䷩，下为震☳，上为巽☴，震象征运动，巽象征顺从，这一卦的主旨是动而顺，所以《益卦》的《象辞》解释说"动而巽"。

这一计取材于秦汉之际刘邦与项羽两军作战的案例。秦末战争，各路反秦力量最初约定：先入关者为王。刘邦率军最先攻入关中，接受了秦王朝的投降。但是，当时项羽兵强马壮，实力远超刘邦，他不容刘邦抢夺胜利果实，于是把刘邦封到汉中称"汉王"，自己占据关中称"楚王"。刘邦头脑灵活，知道自己斗不过项羽，于是表面上顺从项羽的安排，带着队伍开往汉中。为了表示自己没有二心，不会与项羽争夺天下，在部队走过从咸阳通往汉中的栈道之后，下令放火烧掉栈道。在当时，这是秦统一中国后完成的大型交通工程之一，从首都咸阳通往蜀地。秦帝国修驰道——相当于今天的高速公路，在崇山峻岭地区修建的是栈道，便于各地政治经济往来和中央政府传达政令。栈道沿崖壁修建，迂回于悬崖峭壁之间，便利了交通。

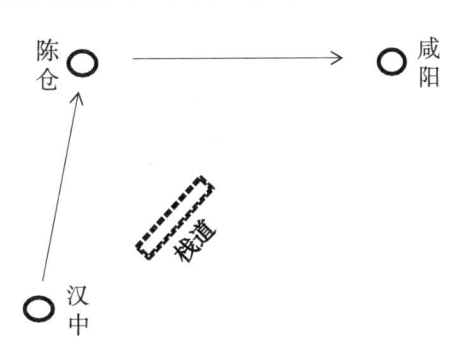

栈道

暗度陈仓

刘邦养精蓄锐之后，决定夺回关中地区，以便逐鹿中原，夺取天下。刘邦任命韩信为大将，率军东征。为了麻痹敌人，韩信派一万多人大张旗鼓地修复被烧毁的栈道，装出准备从这里发起进攻的样子；与此同时，韩信率主力部队沿崎岖小路向北直奔陈仓，陈仓位于今宝鸡市东部，然后借道陈仓向东直取咸阳，取得了重大胜利。

为什么韩信的部队在此次战役中出奇制胜？因为他们迷惑了敌人。在古代，修一条栈道就像今天修筑公路一样，是一项大工程，绝非短期内能完成。所以，敌军完全放松了戒备，麻痹大意，吃了败仗。

2. 反间计

这是《三十六计》中的第三十三计。此计的内容是："疑中之疑。'比之自内，不自失也。'"意思是，在敌人原本怀疑的情况下，增加敌人的怀疑。《易经·比卦》六二爻辞说"比之自内，贞吉"，《象辞》解释说："'比之自内'，不自失也。"比，亲密无间的意思，自己内部亲密无间，就不会被敌人离间。这一计的内容，先谈对敌人，后谈对自己。《三十六计》的体裁风格，通常是先扼要阐述本计的主旨，然后引用《周易》作理论依据。本来"疑中之疑"说的是如何迷惑敌人，但在《周易》中找不到如何迷惑敌人的内容，所以只得反过来找自己亲密无间就不会被敌人离间的内容。这一计可能取材于"陈平施间"。

秦末军阀混战，刘邦与项羽之间两雄相争。公元前206年，刘邦首先攻入关中，项羽随后率军赶来。刘邦赴鸿门宴去解释，范增劝项羽除掉刘邦，不可坐失良机，项羽是个义士，他不肯，范增指使项庄给刘邦舞剑，寻机刺杀刘邦，无奈刘邦的护将樊哙也随之舞剑，使项庄无从得手，刘邦得以逃脱险境。公元前204年，刘邦被项羽的军队围困在荥阳，范增让项羽速战速决，决不可再失战机。刘邦陷入生存危机。范增何许人也？项羽的叔父项梁的结义兄弟，项梁阵亡后，范增受托辅佐项梁的侄子项羽。历史文献记载他"年七十……好奇计"，是杰出的军事家，项羽尊称他为"亚父"，相当于今天称呼"叔叔"，范增在项羽心中的分量可知。正是这位范增，一次又一次要置刘邦于死地，现在项羽包围了刘邦，他又督促项羽速战速决。刘邦走投无路，向项羽求和，并主动割让荥阳以西的土地。项羽不答应。求和不成，难道等死？刘邦让陈平出主意。陈平何许人也？河南陈留人，家里穷得叮当响，陈平却像个浪荡公子，无所事事。陈平是美男子，曾有人问他嫂子：你小叔子吃什么长得这么英俊？嫂子不满地回答：还不是吃糠咽菜，有这样一个不过日子的小叔子，不如没有！在秦末战争中，陈平最初跟随魏咎，因不被魏咎重用，于是离开魏咎投奔项羽，项羽让他带兵平定殷王的叛乱，取得胜利后被任命为都尉。但不久殷王归降刘邦，项羽大怒，要杀陈平，陈平只身连夜逃亡，又投奔刘邦。陈平具有超人的智慧，是刘邦手下仅次于张良的谋士。此时，刘邦让他出主意，他给刘邦出了离间计和反间计。他说：项羽此人清廉仗义，彬彬有礼，但致命弱点是疑心太重，部下与他离心离德，真正替他卖命的只有范增等几个大臣。如果大王肯用重金离间他与这几位大臣的关系，项羽必会变成孤家寡人。到那时，大王发兵进攻，项羽军队必破无疑。刘邦听从了陈平的离间之计，给陈平"四万金"作为活动经费。于是陈平用重金贿赂项羽身边的人，让他们散布谣言说：范增、钟离昧等人跟随楚王项羽拼死而战，也没有被封为王，他们心中不满，正准备与刘邦一道灭掉项羽，刘邦已经答应把项羽的地盘分封给他们。听到这样的风言风语，项羽疑心顿起。为了落实究竟，他派使者到荥阳城里，名义上是与刘邦通使，其实是刺探消息。刘邦备下丰盛的宴席，见到使者，佯装惊讶地说：我以为是范增先生的密使，怎么是项羽的人！随即命人撤去酒宴，换上粗茶淡饭。使者返回后向项羽如实汇报，这更增加了项羽的狐疑。范增要项羽尽快攻下荥阳，项羽怀疑范增与刘邦串通一气，坚决不从。范增明白项羽怀疑自己，非常生气。他试探项羽说：天下大局已定，大王好自为之，我已年老无用，回家养老吧！见范增自己请辞，项羽正好借坡下驴，答应了范增。范增是个义士，因为项梁的交情帮助项羽，呕心沥血，眼见功败垂成，气愤难抑，在还乡的半路上背上生疽，感染而死。陈平的离间、反间之计大获全胜。

《孙子兵法》与现代社会

最近几年,《孙子兵法》引起了人们的兴趣，但兴趣点不在兵战而在商战。有人说，商场如战场；有人说，名利场如战场。最近手机收到这样的短信:"职场处处危机，忙着追名逐利，上司都有脾气，同事暗中算计……"在现代社会,《孙子兵法》的智慧可以用于哪些场合，不宜用于哪些场合，这是值得讨论的问题。我们简要概括为二可、二不。

1. 可用于现代战争

《孙子兵法》的内容主要是两部分，战略思想和战术思想。在现代战争中，这两部分内容均有重要价值和意义。

在战略上,《孙子兵法》指出了战争的残酷性和危害性，反对肆意发动战争，主张"不战而屈人之兵"。中国的现代化转型已在半途当中，中国的逐渐强大引起了一些国家的不安，这可以理解，但有的国家别有用心，借机滋事。美国国会的个别议员早就公开声称:中国的强大不符合美国的利益！别人日子过得好，这不符合我的利益，这是生活中"恨人有，笑人无"心态的翻版。于是，少数人用尽一切手段干扰甚至扼杀中国的和平崛起。一方面，他们高举民主、人权、宗教信仰自由的大旗指责中国，干涉中国内部事务，企图使中国陷入内乱，不战而自败；另一方面，在中国周边部署兵力，挑动周边国家与中国的关系，制造局部紧张，坐收渔利。如何实施宏观战略，考验着当代中国领导人的智慧。自古以来，中华民族崇尚王道，反对霸道，主张和平相处。与此同时，我们也应加强军队建设，注意军队将领和士兵心理素质培育。仅仅有现代化的武器装备，没有具备良好素质的将士，这不符合孙子兵法的军事思想。韩信杀妻求将，陈平不拘小节，这样的人才，同样是现代战争所必需。

在战术上，《孙子兵法》也有参考价值。一方面，现代科技进步，军事技术发生了巨大变化。古代战争主要是步兵作战，现代战争是机械化、自动化作战；古代战争用冷兵器，现代战争用飞机、导弹。因此，《孙子兵法》讲战术的部分，很多内容已经失去意义。它给我们的启示是，应该总结并精通现代战争的战术，否则难以克敌制胜。《孙子兵法》在战术上的根本指导思想——"诡道"，具有永恒的价值意义。比如，使用间谍，声东击西，避实击虚，以逸待劳，围魏救赵，等等。讲规则的战争不是真正的战争，"兵不厌诈"是战争艺术的金科玉律。

2. 可用于企业管理

古今中外，军队的管理最有效率，这是因为战争是涉及生死存亡的严重问题，容不得懈怠散漫。现代企业管理同样讲求效率，现代化管理的精髓就是效率，没有效率的企业没有竞争力，会被淘汰。把人民公社制度转变成现代农场制度，把国企体制转变成现代公司体制，都是因为原来的体制生产效率低下。现代公司管理制度，有三点可从《孙子兵法》得到启示。其一，"主孰有道"。企业的管理者或企业家应该有商道，商道就是商业道德和管理规范。一个成功的企业家必懂商道，必得社会认可。只会赚钱而不被社会认可的人，是掠食者，如毒枭、军火贩子。其二，"将孰有能"。要聘用德、才兼备的人才作为企业内部的各级管理者，信任他们，发挥他们的积极性。改革开放后的一些小企业，发展到一定规模就难以为继，其中原因之一就是管理遇到瓶颈。企业既是东家的企业，也是各级管理者的企业。刘邦打败项羽后开庆功酒宴，他问部下：为什么我能得天下，项羽却失天下？将领们回答：陛下虽然对我们不大尊重，但打了天下有我们一份，此乃项羽所不能及。刘邦说：你们只知其一，不知其二。"夫运筹策帷帐之中，决胜于千里之外，吾不如子房；镇国家，抚百姓，给馈饷，不绝粮道，吾不如萧何；连百万之军，战必胜，攻必取，吾不如韩信。此三者皆人杰也，吾能用之，此吾所以取天下也。项羽有一范增而不能用，此其所以为我擒也。"天下顶尖的人才都肯为我效力，我不如他们，但他们都听我的，这是我刘邦成功的根本原因。按照《孙子兵法》，企业聘用人才，鸡鸣狗盗之徒不能重用，雷锋、王杰也不能重用，这样的人难当大任。其三，"令民与上同意"。应该培养员工的主人翁精神，要使员工与企业所有者同心同德。要使员工敬业爱岗，就要建立激励机制，不能吃大锅饭，要有赏有罚。据媒体报道，2011年年底一汽大众公司奖励员工，最多发放了二十七个月的工资，员工怎能不努力，怎能不爱这个企业。当然，仅有赏罚还不够，还应发展企业文化。

一个人的事业是一个小企业，也需要管理，需要自己管理自己。同学们上大学主要是为了就业，为了人生。毕业后应聘的时候，要"知彼知己"，这样才能"百战不殆"。在"职来职往"、"非你莫属"等应聘节目中，一些应聘者甚至不知道自己有什么特长，也不清楚企业需要什么样的人才，既不知己，也不知彼，恐怕是百战百败。一个率性而为的人永远是被管理者，善于洞察别人心机的人才有可能成为管理者；一个率性而为但有一技之长的人可以是一个专家，一个既率性而为又无一技之长的人难以成就大事。

3. 不宜用于商业营销

"商场如战场"，这是当下时常听到的一句话，一些人借机大讲《孙子兵法》与商战，大讲商不厌诈。我们认为，这是为牟取私利蛊惑人心，这样做祸国殃民。

第一，商场不是战场。商业有竞争，这是商业与战争的相同之处。但是，战争是敌我双方你死我活的关系，不能讲规则；商业是同业竞争关系，必须遵守规则。竞争靠产品质量，靠服务周到贴心。靠阴谋诡计可以得逞一时，难以得逞一世。苹果公司、微软公司的成功不是靠搞阴谋诡计，而是靠一流的技术和管理。香港周大福公司卖金银首饰，你进到店里可能会看到一个提示牌，"本店不讲价"。为什么不讨价还价？童叟无欺。据媒体报道，有一家周××公司，卖的黄金首饰成色不足，不讲诚信，把顾客当成敌人，这样的生意恐难长久。

第二，把商场当成战场，祸国殃民。众所周知，改革开放以来，中国成了"世界工厂"，这当中有沉痛的教训。最初中国商品销往世界各地，物美价廉，很受欢迎。后来，情况出现了变化，一些不良商人掺杂使假，欺骗顾客。前几年在俄罗斯，在其他国家，一些商店挂出牌子：不售中国货，China Free。某些中国货成了伪劣产品的代名词，这岂不祸国？现在国内有危机公关公司，专门帮助企业度过危机。产品质量出现问题，这些公司有办法，据说他们采用的商业战术有瞒天过海型、拒不认错型、嫁祸于人型、痛哭流涕型，总之，多是歪门邪道。一些小媒体上经常能看到听到各类广告，个别广告明明是忽悠人，有的甚至就是在骗人。前些年中国的股票市场也像战场，老鼠仓，庄股，炒新股，不像投资，更像赌博，典型的搏傻游戏。本来设立创业板市场是为了鼓励发展科技创新型小企业，结果是，少数企业高管把上市套现当成目的，用尽各种违法手段。有经济学家说眼下中国的股市是赌场。这岂不殃民？作战没规则，商业一定有规则，商业是市场行为而不是战争行为。

4. 不宜用于人际关系

目前的中国社会比较混乱，道德、法律均不完善，有规则不按规则办，或者说按照潜规则办，这有目共睹。我们有时接到手机短信，打开一看说你的银行卡涉嫌洗钱，立即把钱转到公安局指定的账户上去，否则后果自负。有的老人在家中接到电话，说您的孙子在广州或北京出了危险送到医院，急需手术费，立即把钱汇到指定账户。为什么老年人容易受骗？老年人智力衰退，容易情绪化。现在中国社会的一大问题是，人与人之间缺乏信任。为什么会这样？人们说，社会风气败坏，道德滑坡。为什么社会风气败坏、道德滑坡？我们觉得这是社会转型期的现象。旧的法律、道德秩序在一定程度上失效，新的适应社会需要的秩序还没有完善，处于相对真空期。在这种情况下，是建设新秩序和新道德，还是宣扬"兵不厌诈"混水摸鱼？这是关系到中华民族未来的大问题，不可不虑。

赞曰：战争频繁起，战略战术生；将卒品质具，战争方得赢。

阅读参考：1. 孙武：《孙子兵法》，陈曦译注，北京：中华书局，2011年；2. 曹操等：《名家集注孙子兵法》，北京：印刷工业出版社，2011年。

第四讲　法家之学

法家认为无所谓人性，人性就是兽性，食色而已。法家主张利益是人际关系的轴心，人不为己，天诛地灭，不存在什么道德良心。解决人际利益关系的唯一工具是法律，道德说教没有意义。对于政治家来说，权力就是一切，手段就是能力。法家学说激励进取，富国强兵，适用于乱世，潜在的风险是激化矛盾，瓦解社会。一言以蔽之：法家学说重物不重人。

法家，顾名思义，是重视法的理论和实践的学派。法包含两层内容，一是法规，无论谁都必须按规则办事；二是刑律，对违背规定者依法惩治。中国古代的法既包括奖励，也包括处罚，无论奖赏还是处罚都必须按规则办事。中国古代法治的精髓是按规则办事，法家就是主张按规则办事的学派，只不过这规则服务的对象是君主制度，而非现代民主制度。经常听到有人说，中国古代缺乏法治传统。这不完全准确。君主制度下的法治学说，有过哪些成功的经验和失败的教训，值得总结分析。

商鞅与韩非

春秋时期，部族制度开始瓦解，建立在血缘基础上的世卿世禄制度也显穷途末路，集权君主政治已在孕育之中。与此相伴生，贵族时代不成文的习惯法向成文法转变。在这一转变过程中，出现了一些推进社会改革、创新法制的政治家，如齐桓公时期的管仲、郑国的子产、魏国的李悝、楚国的吴起、秦国的商鞅，也涌现了一批政治理论家，如商鞅、韩非。严格说来，与儒家、墨家不同，法家没有严格的师承关系，只是立场观点相近，后人归之为法家学派。先秦时代的法家人物，最有代表性的是商鞅和韩非。法家人物具有怎样的人格特征，人生结局如何，了解这些对理解法家学说颇具意义。

1. 商鞅

商鞅是公元前4世纪卫国人，贵族出身，卫国的人们称呼他公孙鞅。在国外，因为他是卫国人，人们就称呼他卫鞅，以免与自己国家的"公孙"相混淆。到秦国以后被封于商地，所以后来人们又称呼他商鞅。由此可见，中国姓氏的起源与血统身份、国家、地域等有关，所以商鞅先后有三个姓氏。受魏国李悝、楚国吴起等人影响，商鞅对刑律深感兴趣。在魏国，商鞅曾给魏国宰相公叔痤当管家，显示出卓越的政治才能。公叔痤临终前对魏惠王说：公孙鞅年轻有为，是宰相之才；陛下能用则用，不能用则杀之，以除后患。魏惠王是当时最有为的君主之一，却没拿这话当回事。秦孝公招贤纳士，商鞅便前往西部的秦国。他通过秦孝公的宠臣景监觐见秦孝公，向孝公阐述了帝道、王道、霸道三种治国方略。孝公对帝道、王道不感兴趣，赞赏霸道，要依照霸道治国。公元前4世纪中期，秦孝公先后任命商鞅为左庶长、大良造，两次实施变法改革。

古今中外的社会改革表面看是制度创新和思想转型，背后却涉及不同阶层之间利益的重新分配。在改革之初，很多人认为变法会伤害自己的利益，因而激烈反对。秦孝公支持商鞅，变法被强制推行。在经济上，由井田制转变为自耕农制度，奖励农业生产，抑制商业投机行为；在行政体制上，由分封制改为郡县制；法律上，由贵族控制法律转变为成文法，王子犯法与庶民同罪，实施严厉的邻里连坐制度，一家犯法邻里同罪；实施以军功为依据的二十等爵制度。变法使秦国迅速富强。法治与人情是对立的两极，法家站在法治一极，不讲人情，变法中制定了残酷的刑律，如肉刑、大辟、凿顶、抽筋、镬烹。军功爵制度把军功作为奖赏的唯一标准，这无形中损害了旧贵族的利益。于是贵族唆使太子犯法，给商鞅出难题，商鞅毫不手软地将太子的师傅绳之以法。商鞅执法铁面无私对国家有益，却给自己招来后患。公元前338年秦孝公去世，太子即位，是为惠文王。当初受到伤害的贵族们立即诬告商鞅谋反，商鞅逃到边境找客店住宿，因他没有官方文牒，客店不敢留宿。他逃到魏国，魏国人痛恨他用欺诈手段使魏军大败并丧失河西之地，也不接纳。走投无路的商鞅回到封地发兵反抗，兵败被杀，遭车裂之刑。春秋战国影响最大的政治改革家和理论家商鞅，却落得如此悲惨下场。

2. 韩非

韩非，公元前3世纪中期人，韩国的贵族公子，生活的时代比商鞅晚了整整一个世纪。他对法家之学饶有兴趣，口吃不善言谈，但文笔犀利，思想深刻。他和李斯都是荀子的学生，李斯自认学问不如韩非。当时已近战国末期，秦国开始了兼并诸侯各国的进程，韩国首当其冲。眼见韩国陷入危机，韩非屡次上书韩王，批评当时的用人政策，并提出自己的政治建议，未被韩王采用。激愤之下，写出一系列文章阐明自己富国强兵的主张。韩非的著作流传到秦国，

《韩非子》

秦王嬴政读了其中的部分篇章极为赞赏，感慨地说："嗟乎，寡人得见此人与之游，死不恨矣！"意思是说，如果我见到这个人与他畅谈一番，死后也就没有遗憾了。秦国发兵攻打韩国，韩王情急之下派韩非出使秦国，试图阻止秦军的进攻。韩非到了秦国，秦王嬴政见到他十分高兴，但韩非作为韩国的使者而来，阻止秦军进攻韩国，这使秦王心怀芥蒂，韩非没有受到信任。秦王有个宠臣名叫姚贾，出身卑微，肆无忌惮，韩非对他很是反感。韩非对秦王说：这个姚贾出身贫贱，是看门人的儿子，在魏国当过强盗，在赵国供职又被驱逐，陛下用这样的贱人，恐怕有损国家形象。秦王把姚贾召上朝廷质问，弄得姚贾很是尴尬狼狈，于是他对韩非怀恨在心。李斯本来就对韩非心存芥蒂，于是与姚贾二人勾结起来合谋陷害韩非。他们对秦王说：韩非是韩国的公子，陛下要灭韩国，韩非作为使者前来劝阻，此乃人之常情。陛下用他则罢，如不能用就杀掉，以免他回到韩国成为秦国后患。秦王觉得言之有理，于是下令把韩非逮捕入狱。韩非请求觐见秦王当面澄清，李斯、姚贾怎能给他机会，李斯派人给韩非送去毒药，迫其自杀。韩非是战国时期法家思想的集大成者，杰出的政治理论家，却落得同商鞅一样的悲惨下场。

为什么商鞅、韩非均遭悲惨结局，有没有必然性？如果有的话，这必然性又是什么？后文当中自有道理。

个人和社会

在中国古代，热衷于讨论人生和社会的有两大家：一个是儒家，另一个是法家。不过，这两家的主张完全对立，儒家的特点是温情脉脉，法家的特点是冷酷无情。法家认为人是为了利益而厮杀的动物，社会是人与人厮杀的战场。

1. 人是动物

法家不讨论人性善恶问题。人有没有人性？当提出这一问题的时候，其实是在问：人与动物在本能、天赋方面有没有区别。法家认为人就是动物，人在本性上与动物没有大的区别。战国中期，法家的告子与儒家的孟子之间发生了一场激烈辩论，辩论的主题是人性。告子主张，从造字原则分析，"性"是形声字，表示天生就有的心理因素，也就是人们常说的天赋。因此，人生来就会、不学而能的东西是人性，而人生来就会的主要是两种本能：食和色。人不能不吃饭，否则会饿死；人也不能没有繁殖后代的性行为，否则人类会绝种。所以告子强调，食色才是真正的天性。孟子不同意这样的看法，他质问：照这么说，人与犬、马还有什么区别？告子没有回答。看来，在法家这里，人就是动物，人没有先天的社会性，甚至后天有没有道德良心都是值得怀疑的事情，"声色犬马"这样的词语改写成"声色犬人"也没关系。

如果人类没有先天的道德禀赋，人类与动物、野兽便没有本质的区别，人是在受本能的驱使。在法家这里，人人都为自己，人不为己，天诛地灭。请问诸位：在人际关系中，什么关系最亲？朋友、夫妻，还是亲子？当然是亲子关系，尤其是母子关系。前两年媒体报道了一个感人的故事。一个小伙子得了严重的肝病，需要肝移植。找不到适合的肝源，只有母亲的配型最合适。可是这位母亲五十多岁的年纪，况且患有重度脂肪肝，不能用。怎么办？为了儿子活命，这位伟大的母亲每天"暴走"，不要命地走，一走就是几个小时。两个多月的时间，竟然使脂肪肝恢复正常，然后这位母亲把自己肝脏的一部分移植给了儿子，救了儿子的性命。这是何等的亲情！但是，法家不这样看。韩非认为，亲子关系并不像人们所说的那么美好。他举了一个例子，在传统社会中，谁家生了儿子兴高采烈大宴宾客，如果生了女孩则垂头丧气，甚至可能送人或遗弃。1990年以前媒体经常报道弃婴现象，不是残疾，就是女孩，很少听说是健康的男婴。韩非说，出现这种现象的根本原因是父母怀有私心，把生养孩子当作一种投资。投资讲究回报，把儿子养大娶妻生子，能给父母养老送终；把女儿养大结婚嫁人，回报很少，是赔本的生意。在法家眼里，人人都为自己，这自然而然，天经地义。2011年12月22日天津电视台第四频道播出的"情感面对面"节目，有这样一个情节。一个将近30岁的姑娘有些唱歌和舞蹈天赋，她梦想通过选秀活动成为歌星。参加选秀活动没有财力支持不行，父母已经为她投入了五六十万元。她的父亲是个工程师，已经62岁，为了家庭仍在辛苦工作挣钱。这位父亲反对女儿继续参加选秀活动，父女之间发生了争执。男主持人问这个姑娘：如果你的父亲是个亿万富翁，你可能早已成功，你不抱怨父亲吗？姑娘回答：当然抱怨。这是法家学说的现代注脚。简言之，法家的人生观极端自私自利，自私自利的人生观是法家全部学说的基石，其他方面的内容是人生观的扩展。

2. 利益与法律

既然人际关系中最亲近的关系都以经济利益为枢纽，社会上的人际关系也就自不待言。儒家主张社会和谐，提倡仁义道德，让大家学模范做好人，法家说这都是骗人的把戏，谁信谁吃亏。韩非举了一个例子。他说社会上有两类木匠：一类造乘舆，相当于今天生产小轿车；另一类造棺材，相当于今天生产骨灰盒。造乘舆的木匠希望人们都当官发财，这样他卖的乘舆才会多；造棺材的木匠希望多死人，甚至闹一场瘟疫才好，这样棺材才会卖得多。韩非问：哪一类木匠心地善良，哪一类木匠心地丑恶？其实，这是伪命题，不应该用道德观念思考问题，人皆为己。年轻男女谈恋爱，少不了卿卿我我、山盟海誓，没有此类内容，人生就会乏味，很多文学作品、电视剧就会失去感染力。法家对此不感兴趣，法家只讲利益，饮食男女是最大的利益。近年出台的新婚姻法，明确规定了婚前财产与婚后财产的所有权归属，结果引起了丈母娘们的抗议，认为这伤害了妇女利益。丈母娘们的行为似乎也在印证法家的社会观：婚姻的核心是利益。法家的夫妻哲学是：夫妻本是同林鸟，大难临头各自飞！

既然人都是追逐利益的动物，那么要使社会井然有序，就必须有强制性的约束措施，这强制措施就是法律。法家之所以被称为法家，就在于法家特别注重法律，强调在社会中一定要运用法律手段，让人们按规则办事，严惩违规者。法家强调以法治国，法律适合于除君主之外的所有人，法律是衡量是非对错的唯一准绳，王子犯法与庶民同罪。韩非有一句话闻名遐迩：以法为教，以吏为师。后来秦始皇焚书坑儒，李斯把这一主张付诸政治实践，在秦帝国实施。秦汉之际的人们愤怒地说，秦朝的法律过于苛刻，不经意中便触犯法律，实在活不下去！大家知道，秦帝国灭亡的直接原因是陈胜、吴广造反。为什么造反？他们奉命戍边，途中天下大雨道路泥泞，无法按期到达戍守地渔阳。按照秦帝国的法律，不按期到达就斩首，没商量，只看结果，不考虑原因。陈胜、吴广等人便说：反正无法按期到达，到渔阳是死，现在造反顶多是死，同样是死，还不如现在造反，也许还有条活路。请看，在理论上秦帝国依法治国是好事，但实际上秦帝国苛法治民是自掘坟墓，不是别人把秦帝国灭掉的，是它自己把自己埋葬的。"文革"前经常演一出戏，说得是"孟姜女哭长城"的故事。为什么长城被哭倒，因为秦朝太残暴无道，百姓活不下去，苍天不答应。所以刘邦接管秦帝国的权力，第一项政令就是废除秦帝国的全部法律，仅保留几条，人们称为"约法三章"，核心内容是杀人者死，伤人者罪。中国古代是一个讲法律的国家，而且秦帝国曾经是一个极端运用法律的国家，这在当时世界上恐怕绝无仅有。有人说传统中国不讲法律，这不符合实际。

法家主张社会进化论，认为今天的社会比昨天好，昨天的社会比前天好。在中国古代，儒家祖述尧舜、宪章文武，认为越是古代社会越好，今不如昔。法家反对如此守旧的观点。在社会生活中一些人抱怨说，现在的人斤斤计较，你争我夺，不像过去那样朴实谦让。韩非解释说，过去人们不争并不等于过去人心好，而是因为过去人少财富多，现在情况变了，人多财富少，所以发生了争夺。在韩非学说中，人口呈几何级数增长，这导致了人与人之间的利益争夺，甚至导致了战争。总之，人们道德观念的变化由物质因素造成，物质决定精神，欲望决定道德。在这里我们看到，与社会退化论的着眼点相反，进化论的着眼点是物质生活，而不是道德良心。

前面提到一个问题：极端的法家人物为什么多是悲剧人生？答案似乎是：不讲道德、只讲利益的人与悲剧性的人生结局之间存在着对应关系，极端的自利与极端的悲剧成正比。

政治与经济

在中国古代，经济理论和政治理论有两大体系：儒家追求安定，法家追求事功；儒家注重民生，法家注重国富。安定是民生之基，事功是国富之源。这两大主张各有所长，也各有所短。汉代以后的中国社会，基本上是在这二者之间徘徊，总体上以儒家为主。所以，洞察中国传统经济思想和政治思想的真面目，需要把握法家学说的真谛。

1. 追求事功

政府是一个工具，不管这个工具理论上属于全体人民还是属于君主一人，它都应该具有效率，没有效率的政府失去存在的价值和意义。法家特别强调政治效率，它把国家比作一架机器，每个国民都是这架机器上的一个螺钉，每个人都应该各就各位，每个政府官员都必须恪尽职守，以使这架机器的运转保持高效率。

法家主张物质刺激，即实施严厉的奖惩制度，赏有功而罚有过。奖励是诱饵，使人奋进努力；惩罚是鞭子，使人不敢懈怠。商鞅在秦国推行新的军功爵制。在此前，只有血缘贵族才有爵位，比如西周春秋有公、侯、伯、子、男五等爵位，这五等爵位根据血缘身份确定，世代传袭。为了在争霸战争中取胜，秦国废除了这一传统，实行了新的依照在战斗中立功大小授爵的制度，共设爵位二十等，最低是公士，最高是彻侯，每一级都有相应的待遇，国家每年发给俸禄，彻侯不但可以衣食封地的租税，而且可以在封地设置官吏。若要获得爵位，就必须立功。秦国规定杀死一个敌人可获一等爵位，杀死五个敌人可获五等爵位，国家不但给五等爵的俸禄，还配给五家官奴婢。要证明你杀了敌人，就要拿出凭证，这凭证就是被杀死的敌人的左耳，古代称之为"聝"。在战场上，你想取敌人的聝，敌人想取你的聝。所以，军功是拿命换来的。

法家把不辛勤劳动却坐享别人劳动成果的人视为社会蛀虫，极力贬低这些人的人格和社会地位，甚至主张把这些人消灭。韩非专门写了《五蠹篇》，他认为当时有五种社会蛀虫。第一种，儒者。儒者不干实事，不从事社会生产，整天摇唇鼓舌，宣扬什么社会和谐、仁义道德，名义上为国家，实际上为自己。他批评当时的政策说，国家鼓励人们积极生产，创造社会财富，却容忍甚至鼓励儒者周游天下，锦衣玉食，这样的政策岂不自相矛盾！第二种，侠客。战国时代社会无序，战乱不止，侠客盛行，很多贵族都私养侠客。侠客的特点是仗义，"义"字当头，为朋友两肋插刀，路见不平拔刀相助。韩非质疑说：国家有没有法律，有法律；有没有秩序，有秩序。在国家的法律秩序之外容忍一种凌驾于法律之上的行为，容忍凌驾于法律之上的个人，这是对国家法律的践踏，是破坏社会秩序。第三种，纵横之徒。战国时期，各国招贤纳士，苏秦、张仪之徒纵横天下，苏秦凭三寸不烂之舌佩六国相印。韩非蔑视地说，论政者言先王之道，却无改于国家的贫穷和衰弱；言兵者论孙子、吴起兵法，却无用兵退敌之策。各国君主都希望富国强兵，实施奖励农耕杀敌的政策，但同时又供养那些耍嘴皮子不干实事的人，岂不是在政策与实践之间南辕北辙！第四种，私门之徒。战国时期，私人养士之风盛行，当时有"四大公子"以养士闻名，齐有孟尝，魏有信陵，赵有平原，楚有春申。在这四大公子身边聚集了一批鸡鸣狗盗之徒，不事农耕却丰衣足食，不上战场却得爵位。更有甚者，行贿请托，假公济私，中饱私囊。这样的人多了，国家怎能强盛！第五种，工商业者，特别是商人。在中国古代，人们把商业称为"末业"，把奢侈品生产技术称为"奇技淫巧"，认为这些东西不但对富国强兵无益，而且败坏人心风气。商人投机取巧，诈骗百姓，为害更甚。对于上述五类社会蛀虫，韩非的主张是彻底消灭："此五者，邦之蠹也。人主不除此五蠹之民……则海内虽有破亡之国、削灭之朝，亦勿怪矣。"为了实现社会效率，韩非主张去除任何社会冗余。看，法家的政治观多么现实，多么的实用主义！

法家主张高度政治控制。在集权君主政治条件下，君主是政治的轴心，实现政治控制的手段有三：法、术、势。法，即以法治国，君主用法律这条鞭子抽打每一个人，不讲人情，判断是非对错的唯一依据是结果，决不考虑行为动机，或者说法家认为每个人的行为动机都相同，都是自私自利。术，是政治技术，是政治手腕，是政治家的专业技能。如果说法是政治阳谋，术就是政治阴谋。法家认为，在君主政治条件下，君主要维护国家秩序就不得不依靠官僚机构，要使官僚机构保持高效运作就应该使政府官员恪尽职守，要使政府官员恪尽职守就需要运用政治阴谋，让官员战战兢兢，不敢为非作歹。韩非给君主出了很多主意，比如深藏不露、用人如鬼、装聋作哑、故意做错事等。比如，明明一个人牵着一匹黑马走过去，君主故意问：谁牵着一匹白马过去了？借以考察谁在阿谀奉承拍马溜须。再如，卫国的国君派手下的一个人假扮商贩去做生意，路过关卡的时候，守关的官员故意刁难索取贿赂。事后，卫国君主责问守关的官员，严加惩处。别的官员知道了此事，诚惶诚恐，不敢为非作歹。这是典型的特务政治，明代的东厂、西厂是活例证。由此可见，特务政治是法家政治的表现之一，也是维护政治的手段之一。势，是威严，是权势。君主政治是个人政治，君主在政治上有权威，政治就有效率；君主失去权威，政治必定失去效率，甚至会大权旁落。有权则有势，无权则无势，因此，权力是保证威严的不二法门。法家主张，君主应该紧紧把持权力，不可让大臣分享，大事一定自己决定，如大臣的任免和生死，重大的经济政治决策等。中国古代有一个重要的政治现象是大臣专权，为了削弱丞相或内阁大学士的权力,皇帝不得不任用宦官充当走卒,结果又导致宦官专权。很多人郁闷不解:为什么皇帝要任用刑余之人?其实,这是无奈之举。汉代有党锢和宦官专权,明代有党人和宦官专权,绝非偶然。一个朝代发展到一定程度伴随着皇权衰弱,皇权衰弱导致皇帝逐渐失去威势,随之而来的是政治危机。特务政治是国家首脑维护行政效力的措施之一,如果行政机制卓有成效,国家首脑没有必要这样做。

经济是政治的基础,政治是经济的保障。中国古代法家的经济和政治理论到底为谁服务?只为一个人:君主或皇帝。在商鞅、韩非时代还没有"皇帝"这样的称呼,但他们的学说实际上是为皇帝服务,中国古代法家的全部理论是为君主一个人出谋献计。

2. 强调富国

在经济上,法家重物质,主张富国强兵。要富国强兵就要发展生产,在中国古代主要是农业生产。在秦国,商鞅推行奖励农耕的政策,秦国规定凡是粮食收获多的农民,国家免除劳役和兵役;相反,凡是不努力从事农业生产,因懒惰导致贫穷的人,秦国规定罚没为官府的奴隶,严惩不贷。在这里,一个国民想不想生活富裕不仅是他自己的事情,也是国家的事情,国家有权进行干预。法家承认商业有存在价值,不排斥市场,没有商品流通就没有经济活力,但是,在经济生活中商业是一匹野马,任其自由发展会腐蚀农业生产,从而使自耕农民破产,导致国家实力削弱,因此必须限制。战国时期商品经济比较发达,当时民间流行这样的谚语:用贫求富,农不如工,工不如商,刺绣文不如倚市门。用现代的话说,想发财,当农民不如当工人,当工人不如当商人。可是,如果大家都做买卖,都在流通环节用力,实体经济萎缩,势必导致经济崩溃。最近几年世界经济危机,中国出现的资产泡沫,主要是流通领域、金融领域出了问题。金融需要创新,但金融创新并不直接创造社会财富,不是强国之本,强国之本是制造业。古人把农业称为"本",把商业称为"末",法家的政策是重本抑末。比如,秦国为了抑末征收很重的市场税或流通税,不许商人贩卖涉及国计民生的粮食,商人的奴仆必须为国家服徭役。于是我们看到一个现象,国家干预经济。当代自由主义经济学家主张放任市场,认为市场自己会调节自己,市场配置和市场调节最有效率。2008年发生的世界经济危机,由次级债引起,然后发生连锁反应,安然公司等国际投行轰然倒地,麦道夫公司诈骗几百亿美元的庞氏骗局也大白于天下。原本主张"政府的归政府,市场的归市场"的美国政府,不得不采取断然措施,加强金融监管。再比如,2008年经济危机发生后,中国政府投放了四万亿元人民币以刺激经济,对冲外部经济萎缩给中国经济造成的冲击,发挥了重要作用,稳定了中国经济,但通货膨胀问题随之而来,经济泡沫四处泛起,"蒜你狠"、"豆你玩"、"药你命"、"炒房子"此伏彼起。如果任其发展,社会大众的生活将难以为继,随之而来的后果是社会动荡和政治危机。在这种背景下,官方采取果断措施,抑制高房价,由国家修建保障房,低价出租或售卖给城镇居民。由此可见,从来就不存在纯粹的市场行为,市场是国家经济的一部分,是政治的一部分。法家早就看清了这一问题,只不过,法家的经济政策太过强力,过分抑制了市场。

法家学说的特质是:强调人的动物性,张扬个人利益,追求政治效率,强调富国强兵。一言以蔽之:重物不重人。

经验与教训

法家学说的根本特点是求真务实,把政治的关注点聚焦在物质财富上,而不是国民的生存状态上。这样做,对还是不对?实践出真知,史实是最好的回答。真知能使人认清事情的真相和本质,避免重蹈历史覆辙。弄清法家学说的特质,对当前中国的现代化建设具有借鉴意义。

1. 在竞争环境下成功

秦国原本是地处西部边陲的一个诸侯国家。公元前7世纪，秦穆公招贤纳士，秦国成为西部地区的霸主，并开始问鼎中原。但同中原地区的晋国和齐国相比，秦算不上一流的诸侯国家。到了公元前4世纪中期的时候，秦孝公任用法家人物商鞅实行激进的社会改革。在经济上，废除过去的井田制度，实行新的一家一户的自耕农业生产方式，极大地激发了人们的生产积极性。同时，国家实施了奖励农耕政策，刺激生产，抑制投机商业的发展。在行政体制上，废除贵族分封制度，实施中央集权的郡县行政体制。在官制上，废除旧贵族的世卿世禄制度，实施选贤任能的官僚制度。在军事上，废除旧的血缘爵位制度，实施新的二十等爵，立功受爵，功大爵高。在思想文化上，崇尚个人主义，排斥儒墨之学。这一系列举措极大地调动了人们的积极性，促使当时物质财富迅猛增长，国家实力迅速增强。到秦王嬴政的时候，继续推行开放政策，招揽人才，富国强兵，在十几年的时间里灭掉了中原诸侯各国，于公元前221年建成了中国历史上第一个统一的大帝国——秦。

秦帝国的建立是法家学说在实践上的成功。比较而言，秦国的改革在当时各国进行的相对较晚，但却最彻底。东方的齐国改革较早，在春秋中期齐桓公的时候就开始，所以国家较早强盛起来。晋国、郑国在春秋时期也进行了政治改革。但是，在所有诸

秦始皇

侯国家的改革中，没有一个国家的改革像秦国的改革那样系统和彻底，那样具有革命性。为什么较早改革的国家没有较晚改革的国家成功，先驱者反而被后来者战胜？这曾经是一个历史之谜。我们认为谜底可能有三：一是改革越早历史包袱越重，受到的阻力越大，越不容易彻底；二是改革越晚可借鉴的经验教训越多；三是有了系统化改革理论的指导。在社会变革时代，在外部环境你死我活的条件下，法家学说是走向成功的理论利器。

2. 在和平条件下失败

秦帝国建立以后，继续推行了先前的法家政策，几乎把法家学说发挥到极致。秦帝国的君臣们没有理由改变过去行之有效的政策，因为过去的经验已然证明法家学说的成功。也正因如此，秦帝国时期焚书坑儒，确定了以法为教、以吏为师的基本国策。为了巩固国家的统一，秦帝国做出了前无古人的事业：规定隶书作为官方文字；修筑驰道和栈道，这类似于现代的高速公路；筑长城，东西绵延一万余里；建宫殿，规模和数量空前；击匈奴，坚决维护国家安全。所有这一切都在帝国建立后十几年时间内完成，政治、经济的建设成果令人叹为观止！曾经有人怀疑，埃及巨大的金字塔单纯用人工的力量是否能够完成；事实上，秦帝国时期的工程总量远远超过古代埃及。就物质成果而言，秦帝国依然非常成功。也正因如此，秦始皇信心满满地向世人宣布：他的嬴姓帝国将传承千秋万代。

然而事情的结局出人意料。陈胜、吴广振臂一呼，天下匹夫群起响应，庞大的帝国大厦轰然坍塌，秦帝国存在了不到二十年光景便灰飞烟灭，成了中国历史上最短命的朝代之一。人们彷徨困惑：这到底是因为什么？

这是困惑汉初思想家的难题。人们最初百思不得其解，难道求真务实、富国强兵有错？但事实无情，答案摆在那里，不容置疑。错在哪里？痛定思痛，经过几代人的不断反思，终于得出了答案。西汉前期贾谊的《过秦论》是这一政治反思的理论结晶。顾名思义，《过秦论》的宗旨就是论述秦帝国错在哪

里,为什么错。在该文中,贾谊申述了他的真知灼见:

> 秦以区区之地,致万乘之势,序八州而朝同列,百有余年矣。然后以六合为家,崤函为宫,一夫作难而七庙隳,身死人手,为天下笑者,何也?仁义不施而攻守之势异也。
>
> 夫兼并者高诈力,安危者贵顺权,此言取与守不同术也。

贾谊告诫人们,打天下和守天下策略不同,打天下需要法家学说和孙子兵法,守天下法家的学说不行,它激化社会矛盾,是亡家亡国之学!

为什么法家之学是亡家亡国之学?贾谊的回答并不彻底,他还没有看到后来汉武帝独尊儒术带来的社会长治久安。为了揭开秦帝国成败的真相,我们采用政治模型分析的方法,归纳总结了秦帝国的政治环境条件、秦帝国政治模型的要素、秦帝国政治模型的效应,得出了进一步的认识。在《秦帝国政治模式分析》一文中,我们得出了两个层面的结论。第一个层面是具体的,指出秦帝国的一统强化了法家政治意识,这导致了极端的权力专断,极端的权力专断引致双重效果:行政的高效率与政局的不稳定。大规模工程建设的完成是行政高效率的体现,国家的迅速崩溃是政局不稳定的恶果,而这一切的直接原因是国家的统一,间接根源是法家学说。在此基础上,我们进一步得出了第二个层面的抽象结论:政治意识的唯物化与国家的富强成正比,与国家的长治久安成反比。这似乎是一个悖论,却是一个无可奈何的经验事实。

赞曰:人人为财忙,国家图富强。自诩万世久,孰料二世亡。

阅读参考:1. 高亨:《商君书注译》,北京:中华书局,1974 年;2. 梁启雄:《韩子浅解》,北京:中华书局,1982 年。

第五讲　人物学

　　曹魏时期的人们认为，人是物质性的实体，人的性情可以根据人的筋、骨、血、气、肌做出判断。与此同时，人的性格又被归纳为刚毅与软弱、凶悍与谨慎、执拗与善辩、耿介与周全、好动与沉静、智谋与坦诚六类。人们在评判别人时常犯七种错误，辨别人物有八种方法，政治人才有十二种类型。当时的人们还认为，政治人才有道德优先型、才能优先型、德才折中型，各有所长，对多数人来说难以得兼。

　　在日常生活中，我们与某人初次见面往往形成某种印象，比如这个人是善良纯朴还是阴险狡诈，是刚毅还是软弱等，第一印象相当重要。第一印象靠得住吗？请大家看两张照片：一张是南非前总统纳尔逊·曼德拉，另一张是俄罗斯第二任和第四任总统普京。根据这两张照片，诸位觉得这两个人各有怎样的性格特征？

　　人生在世，很重要的一条就是应该具有识人辨物的智慧。我们每个人交友，应该知道交往的对象品性怎样，长短如何。人的性格没有优劣，适合自己方为得宜。但问题是，我们是否有办法识人辨物。时常听到有人抱怨说：早知道这样，绝不跟他（她）做朋友。为什么一定要亲自吃一堑才长一智？

　　有些人愿意从政，这很好，可以为社会做更大的贡献，但有一个条件：你需要有敏锐的洞察力，需要知人善任。你了解别人越透彻，你就越具有调动指挥别人的潜能，你从政的可能性就越大。中国古代的刘劭在《人物志·自

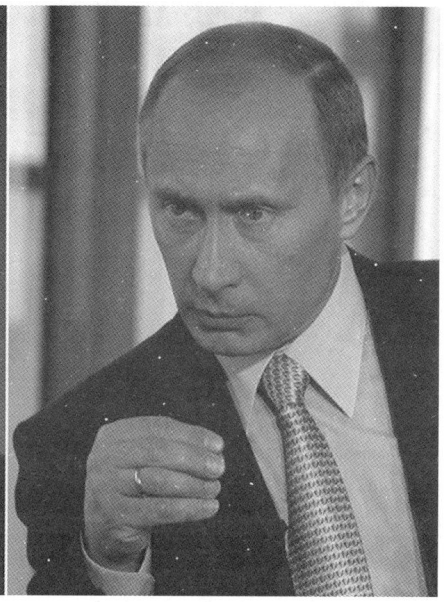

曼德拉　　　　　　　　　　　　　　　　　　　　　　普京

序》中说："夫圣贤之所美，莫美乎聪明；聪明之所贵，莫贵乎知人。知人诚智，则众材得其序，而庶绩之业兴矣。"历代有为的政治家，大多具备知人善任的素质。历史文献中说，商汤举傅说于版筑，文王求姜尚于水滨，刘备三顾茅庐的故事更是家喻户晓。刘邦用兵远不及项羽，但刘邦知人善任，恰是项羽所不能及。在日常工作中，我们有时可以看到一种现象，有的人具有很强的业务能力，也愿意从政，甚至从政心切，但从政之后却不能得心应手。为什么？因为他不懂得如何处理人际关系，不了解别人的心理。

有些人不愿意从政，只想做一番务实的事业，这同样需要了解别人。在现代科学研究中，每一个科学家或工程技术人员都是群体当中的一分子，通常都需要与别人切磋合作。特别是从事工程方面的研究和建设，不仅需要专业技术方面的知识，也需要与别人沟通协作的能力。一个总工程师或总指挥的成功，既取决于他的技术能力，也取决于他的人际关系协调能力。

有些人喜欢做独立性强的工作，比如从事理论物理研究或数学分析，不愿意在人事上费心思，只对做事感兴趣。这也很好，但这样的人也应该问自己：

我具有怎样的性格和天赋？我是否具有足够的韧性和冷漠？

总而言之，我们每个人既需要了解别人，也需要认清自己，需要具备一定的人物学知识。"人物"一词在日常生活中经常使用，意思是"人这种存在物"，如说"古代人物"、"当代人物"、"大人物"、"小人物"等，这一用法由来已久。人物学是中国传统的关于人的性格特征及其分类的一门学术。人物学与现代的人才学不完全相同——人才学是关于如何培养人使之拥有专业知识的学术活动。人物学与现代心理学的人格研究更为接近。人物学是中国传统学术，在现代社会仍具借鉴意义。

人物学产生的背景

人们常说，世界上任何事情都不会无缘无故产生。就人物学的产生而言，它与东汉晚期的社会变化有关。汉代选官实行的是以察举、征辟为主的制度。察举是由地方官员推荐人物，然后由上级或中央政府考核录用；征辟是由皇帝和公府直接选拔杰出人才予以重用。无论是察举还是征辟，乡议都是重要条件。乡议就是社会舆论评价，一个人的品行是好是坏，能力是高是低。最初，这一制度在选拔人才方面发挥了重要作用，取得了良好效果，国家得到了需要的人才。但到后来，一些人以假乱真，沽名钓誉，贿赂乡里，逐渐出现名不符实的现象。这些人的目的只有一个：窃取名誉，当官发财。东汉民间流行这样的歌谣："举秀才，不知书；察孝廉，父别居。"秀才本来是文化人，现在选上来的秀才没文化；孝廉本来是孝顺父母、行为清廉的典范，现在选上来的人既不孝敬父母，为人也不清廉。社会风气严重败坏，选官制度出现了危机。

察举、征辟制度的败坏伴随着官场风气的恶化，导致了士人仕途不畅，激起了士人的义愤。本来，通过品德的修行和文化的学习，士人可以走上官场，实现立身报国的目的,现在情况截然不同,士人的出路越来越窄,难道回家种田不成?于是,士人们群起抗议,他们坚持用原来的标准衡量人物,谁是英雄谁是狗熊,他们要表达自己的意见,要让社会认清官僚们的庐山真面目。历史文献中说他们"激扬名声,互相题拂,品核公卿,裁量执政",无论是庶民还是公卿贵族,都逃不过士人们的火眼金睛。这样一来,在传统的察举、征辟体制之外形成了一个在野的人物评价体系,特别重要的是,由于这一评价体系比官方的评价体系真实,日益获得社会认可。东汉晚期出现了一些颇负盛名的人物品评家,比如,人们称赞郭泰说:"泰之所名,人品乃定,先言后验,众皆服之。"郭泰给人下的结论,等着瞧吧,准得很,人们心服口服。人们称赞范滂说:"范滂清裁,犹以利刃齿腐朽。"范滂的口舌像刀子,入木三分。

到东汉末年,在汝南郡(今河南东南部与安徽接壤地区)出现了"月旦评"。"月旦"是每月初一,"月旦评"就是每月初一品评人物的活动,每个月进行一次,似乎具有常规化的色彩。我们知道,现代商业有评级机构,世界最著名的三大评级机构是标准普尔、穆迪和惠誉,他们依照特定的专业标准给世界上重要的银行机构、企业和国家债券的资信评级,什么三A级、垃圾级等,供投资者参考。东汉末年的月旦评与之类似,他们对重要的人物做出评鉴供社会参考。月旦评由许劭、许靖共同主持,具有很高水准,对人物的评定往往入木三分,很受社会赞赏,很多人以得到月旦评为荣。举个例子。曹操出身于官宦家庭,当时人们讥讽他是"赘阉遗丑",残疾者的后代,这很不光彩。曹操是一个很自信的政治家,他要改变自己的社会形象,请许劭给做鉴定,看自己是何等人才。许劭看不起曹操,不肯置评。曹操采用胁迫手段强迫许劭品评,无奈之下许劭说:"君,清平之奸贼,乱世之英雄。"阁下,社会安定的时候你是麻烦制造者,社会动乱的时候你是除暴安民的英雄。奸贼与英雄,手心手背而已,取决于观察者的立场和视角。这话说到了曹操心坎上,他不在意"奸贼"或"英雄"字面上的差别,因为这两个词在本质上相同,意味着一个人有卓越的政治才能,在政治上能成就一番大事业,所以满意而去。此外的例子,许劭品评汉末名士陈寔说"太丘道广,广则难周","太丘"是陈寔的号,意思是说陈寔结交的太广,太广了难免不周全;许劭品评与宦官斗争的大臣陈蕃说"仲举性峻,峻则少通","仲举"是陈蕃的字,陈蕃性格刚烈,弱点是偏执,难以通融。总之,月旦评作为一种在野的学术活动,对人的鉴别达到了相当高的水平,能够透过现象看本质,既看到一个人性格的长处,也看到一个人性格的短处,恰如其分。

到了曹魏时期,魏文帝曹丕接受吏部尚书(相当于今天的组织部长或人事部长)陈群的建议,在选拔人才方面实行了九品中正制度。在这种制度下,人才被分为上、中、下三等,每等再分为上、中、下三品,共九品,根据人才的品级,授予高低不同的官职。九品中正制度的实施,进一步刺激了鉴别人物的需求。在这样的刺激下,终于出现了一位人物学的集大成者——刘劭。刘劭(或作邵),字孔才,广平邯郸(今河北邯郸)人,生卒年大约在公元190—250年。刘劭全面地总结了自党锢时期以来人物品鉴的成果,撰成了划时代的著作——《人物志》。该书十二篇,加上《自序》共十三篇,从不同角度分析了人的内在禀赋与外在表现之间的关系、不同性格的长处与短处等。刘劭撰写此书的目的,是为政治上选拔人才服务。他说,历史上的尧、舜、商汤、周文王都善于发现人才,进而获得了政治上的巨大成功。在我们今天看来,虽然《人物志》的目的是为当时政治服务,但它对人的社会品质、能力的分析,在今天仍然具有一定意义。

刘劭的人物学说,我们概括为五种类型,六组要素,七大失误,八种方法,十二类人才。下面逐一阐述。

五种类型

生活的经验告诉我们,要了解一个人的内在品质需要长时间的观察,观察此人接人待物，他对各种事情的态度，然后才可以判断这个人的性情和人品。对于绝大多数人来说，这种观察和了解虽然是感性的，但具有理性成分。能否把这些理性成分系统化？《人物志》给出了肯定的答案。

刘劭认为，人是物质性的实体，人的物质性决定了人的性情特征。他主要从筋、骨、血、气、肌这五种身体构成要素阐述了其对性情的影响，及其与人的社会属性（仁、义、礼、智、信）、自然属性（金、木、水、火、土）之间的关系。

筋决定一个人力量的大小。筋强的人勇敢，对待困境大义凛然，筋弱的人怯懦，胆小怕事。根据这一特点可以判定：筋的社会属性是"义"，梁山好汉信奉的就是一个"义"字——替天行道；筋的自然属性是"金"，因为金属具有刚韧不屈的性质。

骨骼决定一个人的倔强程度。骨骼强的人耿直不阿，不随波逐流，骨骼弱的人随声附和，不彰显自己。根据这一特点可以判定：骨骼的社会属性是"仁"，自然属性是"木"。

血液决定一个人的聪明程度。血液质量高的人有智慧，足智多谋，血液质量低的人愚蠢，遇事束手无策。血液的社会属性是"智"，自然属性是"水"。人们常说"智者乐水"，与此相类。刘劭又说，一个人的智慧程度还与人体的"精"这种物质要素有关。至于精与血的关系，他没有阐述。

气决定一个人的静躁程度。这里所说的"气"不是空气，而是畅行于人体内的特殊物质。气强的人好动，喜欢对别人品头论足；气弱的人不好动，也不对人说三道四。根据这一特点可以判定，气的社会属性是"礼"，自然属性是"火"。好动的人火气大，好静的人火气小。

肌决定一个人的善恶程度。肌肉强的人温和宽容，肌肉弱的人严苛凶狠。根据这一特点可以判定，肌肉的社会属性是"信"，自然属性是"土"。人们常说"土命人心实"，"心实"就是容易相信别人的话，与人为善。刘劭还说，一个人的善恶与"神"有关，至于"神"与肌肉是怎样的关系，他没有说。

上述五体（筋、骨、血、气、肌）与自然属性的五行（金、木、水、火、土）、社会属性的五常（仁、义、礼、智、信）之间的配合，有些看起来合理，有的比较牵强，我们不必在科学意义上考虑。重要的是，刘劭建立了一个宏观的框架，把人的性格特征、社会表现与世界的物质性联系起来，进行了整体性的建构，如下表所示：

体质要素	自然属性	社会属性	社会表现	性情特征
筋	金	义	大义凛然	勇怯
骨	木	仁	耿直不阿	强弱
血	水	智	明理通变	智愚
气	火	礼	品评议论	躁静
肌	土	信	善良诚实	平陂

每个人的身体都包含上述五种要素，但这五种要素所起的作用并不均衡，有强有弱，绝大多数人都是其中一个方面突出，反映在性情特征上都是"偏杂之材"。正因如此，人们得以判断某人属于何种性格。人们常说，有一长必有一短，从相反的角度看，长处就是短处，短处就是长处。"奸贼"与"英雄"同义，立场相反而已。在媒体上看到这样一个例子。一个单身女士喜欢跳舞，在舞场上结识了一位男士，这位男士风度翩翩，很讨这位女士欢心。后来结婚了，婚后出现了矛盾：这位女士反对丈夫再去跳舞，以免与别的女人发生纠葛。大家看，这位男士没有变，这位女士的立场变了，男士的长处与短处在这位女士心里发生了根本性的变化。刘劭认为理想的性格是全面平衡，兼具各种性格而不偏颇，这种人"兼德"、"中庸"，具有"中和之质"，其表现是"平淡无味"，没有明显的个性特色，这种人是"圣人"。也就是说，圣人的性格特征是没有个性特征，或者是全面的性格特征。

在现实生活中，绝大多数人是一种性格特征突出，少数人二种、三种性格特征突出，圣人全面突出，是全才，为什么有这种差异？与每个人的智慧和能力有关，而智慧的获得与学习有一定关系。刘劭认为，学习可以在一定程度上改变人，但难以从根本上改变。这是因为，仁者见仁，智者见智，人们更容易受到符合自己天性的社会现象的启发，以顺应自己天性的发展。这是偏才的必然结局。人们常说，物以类聚，人以群分，也是这个道理。

刘劭把人的性格特点归之于人的体质和物质因素，有没有道理？是牵强附会，还是具有科学因素？我们不妨看一看现代心理学的性格研究。现代心理学的性格研究主要有三种理论：第一种是特质理论，认为个体行为由个体特质主导；第二种是类型理论，它在特质理论基础上，侧重分析不同特质类型之间的差异；第三种是层次理论，它是上述两种理论的融合。当前流行的性格理论，根据人的气质把性格分为四种类型：胆汁质、多血质、黏液质、抑郁质。这四种气质类型的某些外在表现，略如下表所示：

气质类型	外在表现
胆汁质	活泼好群与人无亲，勇敢果断鲁莽冒失，思维敏捷粗枝大叶
多血质	善于交往情义不深，活跃好动而不安稳，思维活跃不求甚解
黏液质	安静稳重行为被动，不大好动缺乏活力，喜欢沉思反应缓慢
抑郁质	孤僻不群亲情专注，死气沉沉没有生机，思维细腻优柔寡断

现代气质类型理论在一定程度上解释了人格的类型特点，因而获得比较广泛的认同。但这一理论建立在一个古老的假设之上：人体内有四种不同液体，这四种不同液体决定了人的性格。然而，关于这四种体液的假说得不到现代医学证实，于是现代一些心理学家试图在血型与性格之间找到逻辑上的联系。比如，目前有一种流行的有关血型与性格关系的模型，如下表所示：

血液类型	外在表现
O	理想浪漫不善思考，顽强自信好恶鲜明，支配欲强勇于冒险
B	敏感好动易受刺激，开朗外露善于交际，思维简单粗枝大叶
AB	介于 A 与 B 两种性格之间
A	理性周全反应迟钝，诚实勤奋不善交际，隐忍持重恩怨必报

上述气质模型与血型模型之间似乎存在一定联系，比如胆汁质倾向于 O 型，

多血质倾向于 B 型，黏液质倾向于 AB 型，抑郁质倾向于 A 型。

在现实生活中，典型的某一种类型的人格并不太多，这是因为人生活在社会中，社会化过程把人的性格改造得比较中庸。也就是说，现实中每个人的性格既与先天因素有关，也与后天环境因素有关。至于先天与后天哪一种因素更重要，很难说。据说日本企业招聘员工有时参考血型。

由此可见，把人的性格与人的体质要素结合起来考虑，刘劭的《人物志》已经进行了系统的尝试。刘劭把人的性格归纳为五种，显然是为了适应中国古代的五行五德学说，是为了构造一个沟通天人的理论体系，因而难免圆凿方枘。尽管这一学说很朴素很粗糙，但在两千年前的古代世界，应该是一种先进的性格理论。

六组要素

在《人物志》中，刘劭同时还阐述了与性格相关的六组要素，这六组要素作为评价指标更切合人们接人待物的日常经验，具有更强的可操作性。

第一组要素，刚毅与软弱。刚毅之人的优点是刚正不阿，缺点是态度激烈与人不和。这种人不知道自己鹤立独行，反而把别人的温和当作软弱。这种人善于执法，但不善讲法理。软弱之人的优点是宽厚容人，缺点是优柔寡断。不知道自己办事能力差，反而把刚强当作伤害别人。这种人善于维持现状，但没有能力改变现实。

第二组要素，凶悍与谨慎。凶悍之人的优点是敢作敢为，缺点是嫉妒憎恨。不记取自己失败的教训，反而把妥协当作怯懦。这种人临危不惧，但难以长久相处。谨慎之人的优点是恭敬端正，缺点是顾虑太多。不知道自己怯于大义凛然，反而把勇敢当作冒失。这种人可以保命全身，但难以舍生取义。

第三组要素，执拗与善辩。执拗之人的优点是坚持立场，缺点是固执专断。不知道自己顽固不化,反而把别人的道理当作错误。这种人可以坚守自己的主张,但难以理喻。善辩之人的优点是能言善辩,缺点是强词夺理。不知道自己言语泛漫,反而把别人的固守一说当作狭隘。这种人可以高谈阔论,但难以持久不变。

第四组要素,耿介与周全。耿介之人的优点是清正廉洁,缺点是执拗死板。不知道自己心胸狭隘,反而把别人的合群当作乱交朋友。这种人可以坚持原则,但难以与时俱变。周全之人的优点是办事周到合群不得罪人,缺点是好歹不分。不知道自己朋友混杂,反而把别人的介意当作心胸狭隘。这种人可以安抚别人,但难以整肃社会风气。

第五组要素,好动与沉静。好动之人的优点是反应敏捷,缺点是粗心大意。不知道自己头脑简单,反而把别人的沉稳当作呆傻。这种人可以进取,但难以守成。沉静之人的优点是洞察细微,缺点是反应迟钝。不知道自己落后于人,反而把别人的反应迅速当作莽撞粗心。这种人长于远虑,却短于近忧。

第六组要素,智谋与坦诚。智谋之人的优点是富于韬略,缺点是主意多变。不知道自己心术不正,反而把别人的正派当作愚蠢。这种人适合当辅佐,但难以整肃风气。坦诚之人的优点是胸襟坦荡,缺点是没有心计。不知道自己不谙人情世故,反而把别人的足智多谋当作奸诈。这种人可以信赖,但缺乏能力。

自己是具有何等性格的人,自己面对的(比如父母、兄弟姐妹、朋友、配偶)是一个怎样的人,有哪些长处或短处,诸位不妨用上面的六组要素评估一下。洞察别人,认清自己,这对人生不无裨益。但有一点:水至清则无鱼,人至察则无亲。人无完人,有缺点的人才是真实的人。

七大失误

刘劭还总结了人们在判断人物时常犯的错误。《七缪篇》把常见的失误归纳为七个方面，供人们自查反省。

第一大失误，盲从——"察誉有偏颇之缪"。很多人任凭自己的耳朵，却不肯用自己的眼睛验证，别人说张三好就跟着说张三好，别人说李四坏就跟着说李四坏，这种现象在现实生活中相当普遍。人们忘记了一点，别人说好说坏通常带有别人的立场和动机，你有自己的立场和动机，怎能随便附和别人。有人声称：我的评价不偏不倚，秉持公正！真否如此，应该学会自己分析。

第二大失误，感情用事——"接物有爱恶之惑"。人们通常赞赏善良憎恶丑恶，但有时却做了相反之事。比如，某人自己性格开朗，便喜欢性格外向开朗的人，与之亲近，殊不知此人从事卖淫嫖娼的行当，结果自己不知不觉陷入了道德泥沼。相反，即便一个道德高尚的人也会有缺陷和不足，而这不足之处正是自己所厌恶，结果自己也就不知不觉地厌恶对方。比如，某人乐于助人但缺点是爱议论别人，自己就讨厌议论别人的人，于是就把对方说得一无是处。这是感情用事，应该学会理智地思考问题。

第三大失误，小处着眼——"度心有大小之误"。有的人办事谨慎，有的人办事粗心，这都无关紧要，要紧的是一个人是否胸怀大志。刘劭说，谨慎而有大志者是圣贤，粗心而有大志者是豪杰；谨慎但没有大志者拘谨懦弱，粗心且没有大志者放荡。人们往往根据一个人是否谨慎来判断其长短优劣，这是见小不见大。应该学会大处着眼。

第四大失误，目光短浅——"品质有早晚之疑"。一个人成才有早晚，有人早慧，少年成才，有人晚慧，大器晚成，有人没有智慧到什么时候也难以成才。因此，不应根据一个人眼下是否成功就断定此人是否聪明智慧。应该学会看本质。

第五大失误，看人际关系——"变类有同体之嫌"。在日常生活中，性格相近的人往往聚集到一起，同时诋毁与自己性格不合的人，所谓"物以类聚，人以群分"。刘劭说，天性相同而才能大小不同的人往往互相依赖，天性相同而才能不相上下的人在一起则彼此争斗。因此，根据一个人与别人关系的好坏很难断定其品性特征。应该学会具体问题具体分析。

第六大失误，以成败论英雄——"论材有申压之诡"。以成败论英雄，社会中绝大多数人都是如此，刘劭说这是目光狭隘的愚夫之见，一叶障目不见泰山。为什么这么说？才能相同而境遇不同，就会有不同的结局。得志者自不必说，那些怀才不遇的人，亲戚不亲，朋友不友，家人埋怨，通常被人们贬为无能之辈。正因如此，才有和氏怀璧泣血的故事。知人方能善任。

第七大失误，迷于表象——"观奇有二尤之失"。非常聪明的人和非常浅薄的人，这两种人表面上不易区分，容易混淆。人们以貌取人，把表象当成本质，把浮夸之徒当成聪明伶俐，这给了浅薄之徒可乘之机。滥竽充数者即为此例。刘劭反对破格提拔人才，他说这只会给浅薄之徒提供可乘之机。他主张按部就班地选用人才，认为这样可以减少用人当中的失误。应该学会透过现象看本质。

八种方法

刘劭讨论了考察人物、识别人物的方法。《八观篇》把考察人物的方法归纳为八个方面，供人们借鉴。

第一种方法，观其所为，明其不纯。人们通常认为，有慈善之心的人肯定会帮助别人，有正义感的人必定坚持原则。其实不尽然，现实生活中人们的实际表现要复杂得多。有的人有慈善之心，见到可怜者伤心落泪，但别人需要帮助的时候，他却十分吝啬不肯施舍，这是"慈而不仁"；有的人有仁爱之心，看到别人陷入困境需要施以援手，却又担心自己受到连累而不肯靠前，这是"仁而不恤"；有的人表面上义正词严，一旦涉及自己的利益便三缄其口，这是"厉而不刚"。因此，在慈善、仁爱、有正义感的人之外，还有很多中间类型，需要仔细辨别。

第二种方法，听其言谈，观其颜面。其一，根据一个人的言谈，可以判断此人的性情特点。言谈话语直白，这是坦率之人；不善言谈，这是把话放在心里的人；当说则说，不当说则不说，这是通达之人；一会儿说东，一会儿说西，这是驳杂之人；未卜先知，这是圣人；能分析判断别人不解之事，这是睿人；对事情的判断超过常人，这是明理之人；道理讲得很含蓄，这是智慧之人；洞察细微，这是妙人；把自己知道而别人不知道的事说出来，这是疏人；越问越往深处说，这是实在人；爱炫耀而不着边际，这是虚人；爱张扬自己的长处，这是浅薄之人；有能力而不露，这是深沉之人。其二，根据一个人的言谈话语和表情之间的关系，可以判断此人的真实心理。一个人说自己很高兴，但脸上的神色却很忧郁，这是言不由衷；一个人话说得不大漂亮，但脸上流露出的神色却很可信，这是不善表达；话没出口脸上先露出怒色，这是内心气愤；话刚出口便怒气迸发，这是强忍怒气。

第三种方法，察其本质，知其名声。一个人的个性特征往往反映在不同方面，把多方面的个性特征综合起来，总结出本质的性格特征，就能够推断出此人的名声和影响。比如，正直清廉的人有美名，清廉刚烈的人有烈名，聪明能干的人有能名，智慧慎重的人有慎名。

第四种方法，观其动机，辨其目的。生活中有些事情表面相似，但本质不同，若要区分这不同的性质，就要分析其动机和目的。比如，尖锐地批评别人的错误，有的人是生性质直，不管是谁都会批评，而有的人则是借机发泄自己的不满；随波逐流的人，通常是因为自己没有主见，而有的人心如明镜却故意不表态，这是别有用心；履行诺言反映一个人的信用，但有的人轻易许诺，却根本没想去兑现，这是不讲信用；指出别人的缺点需要洞察力，但有人只会批评别人，却不检讨自己，这是苛刻待人；当面赞扬你，扭头说你坏话，这是阳奉阴违。以上是似是而非的例子。相反，也有似非而是的情况。比如，有的人大智若愚，有的人大爱似忍，有的人大忠若奸。这都需要仔细加以辨别。

第五种方法，观其爱敬，知其友朋。人们友好的态度通常有两种表现，一种是关心爱护别人，另一种是尊敬别人。但这两者之间的关系，人们却很少注意。一般说来，对别人敬多爱少，少数谦谦君子愿意接近，因为他们自己特别在意被尊敬，但多数人不会靠前；对别人爱多敬少，少数谦谦君子虽不愿接近，但重情义的人愿意为之效力。这是因为，尊敬虽能给人尊严但同时也使人疏远，爱能使人感动而且情深意厚。因此，通过观察一个人在关心人与尊敬人这两个方面的表现，就能够知道其交友的情况。

第六种方法，观其情绪，辨其缘由。人的情绪主要有六种表现，喜（非常喜欢）、悦（一般喜欢）、怨（一般不喜欢）、恶（特别不喜欢）、姻（爱恋）、妒（不爱恋）。人们通常的情形是，愿望实现则喜，对人不满则怨，别人胜过自己则妒。应该学会分析，不要任凭别人高兴或不高兴，不会应对处理。记住，任何情绪都有缘由。

第七种方法，观其所短，知其所长。人们常说，人有一长，必有一短。你如果欣赏对方的长处，就应该接受对方的短处。比如，耿直的人说话毫不掩饰，你喜欢对方说别人的时候耿直，就应该宽容对方说你的时候直言不讳；刚烈的人严厉，你喜欢对方对别人刚烈，就应该接受对方对你严厉；和善的人软弱，你喜欢对方对你和善，就应该接受对方对别人软弱；鹤立独行的人行为拘谨，你喜欢他在社会上鹤立独行，就应该接受他对你拘谨。但应该注意的是，有一短的人未必有一长，不可把问题绝对化。

第八种方法，观其聪明，知其成就。刘劭认为，聪明是一个人取得成就甚至成为圣人的最重要因素。因此，观察一个人是否聪明，就能够大致判断出他是否能够成才和成功。有小聪明有大聪明，大聪明者有大志，有大志的聪明人成大事。放小抓大，这是大聪明。聪明人有三种类型。第一种类型是对事情的反应快，处理事情干净利落绝不含糊，这种人是"明白之士"，但不足之处是不善于细致观察，处理事情往往有疏漏不周之处；第二种类型处理事情周全，对事情的思考细致，这种人是"玄虑之士"，但不足之处是反应迟钝；第三种类型既快又周全，对事情的处理又快又好，这是"圣人"。作个简单的譬喻，普通人的大脑就像电脑的 CPU，圣人的大脑是两个甚至三个 CPU，能够多头同时处理，但这样的人是极少数。

十二类人才

人才学是刘劭人物学的重要组成部分。受历史条件影响，他的人才学讨论的主要是政治人才，很少涉及技术人才。他对历史上的政治人才做了归纳分析，指出哪一种类型的人才适合担任哪一类行政职务，当然是集权君主制度下的行政职务。概括起来是十二类。

清节家——德行高妙，为人师表，适合当国师。这种人没有从政的时候被人们赞誉，从政以后受人尊敬。这种人没什么缺陷，以正直之心待人，认同心胸坦荡的正人君子，对擅长法术者持批评态度。季札、晏婴是典型。在今天，这是廉洁自律、道德高尚的人，适合当楷模。

臧否家——具有清节家的素质，但心胸狭隘，热衷于谈论别人的是非功过，适合任国师的助手。这种人没有成就之前就出名，有成就之后仍受人称赞。其长处是明辨是非，短处是与人结怨，容易被别人疏远。子夏是典型。在今天，这是严于律己、苛刻待人的人，适合任监察官之类的职务。

法家——建法立制，强国富民，适合当"司寇"，即司法部长。他们办事一丝不苟，反对权宜变通。这种人没有从政的时候被人们猜忌，从政以后使人们畏惧。这种人对治理社会有功，但往往得罪别人留下后患。管仲、商鞅是典型。在今天，这是一丝不苟、严格执法的人，适合担任法官之类的职务。

伎俩家——具有法家的素质，虽缺乏治国韬略，但有一定的政治智慧和手段。未成名的时候被视为异类，成名之后被上级器重。其长处是善于处理杂务，短处是搅扰百姓。能有进取之功，但不懂道德教化的作用。张敞、赵广汉是典型。在今天，这是具有一定行政能力的人，适合担任一般行政职务。

术家——善观时变，有奇谋良策，适合当军师、谋士。这种人最初往往不被人知，一旦崭露头角便被君主器重。他们能够建奇策成大业，却不愿意循规蹈矩。范蠡、张良是典型。在今天，适合担任国家智囊工作。

智意家——具有术家的素质，有一定的权变能力，但不能开拓创新，适合任大臣的助手。没有成名之前能被别人所容，成名之后受上级宠信。这种人知进不知退，有时为求自保而放弃道义，常常先得志而后来不如意。他们有些韬略，看不起循规蹈矩的人。陈平、韩安国是典型。在今天，适合担任地方智囊工作。

国体家——兼备清节家、法家、术家三种品质，德足以厉风俗，法足以正天下，术足以谋庙算，是复合型人才，适合当"三公"，即主政大臣。伊尹、吕望是典型。在今天，适合担任政府总理的工作。

器能家——兼备清节家、法家、术家三种品质，但三种品质都不及国体家，德足以率一国，法足以正乡邑，术足以权事宜，适合当"冢宰"。他们能够掌握政治方略，却不通晓为什么要建立制度。子产、西门豹是典型。在今天，适合担任地方官。

文章家——擅长编撰著述，适合当"国史"，即档案管理官员和史官。司马迁、班固是典型。在今天，适合做档案馆、图书馆的管理工作。

儒学家——能传圣人之业，而不能当官施政，适合担任安民的职务。毛公、贯公是典型。在今天，适合从事宣传和教书育人的工作。

口辩家——善于狡辩，不讲公理。这种人只知道眼下的好处，而不懂含蓄是一种美德。乐毅、曹丘生是典型。在今天，适合担任外交家和发言人的工作。

骁雄家——胆力超人，才略卓绝，适合带兵打仗。白起、韩信是典型。在今天，适合当军事将领。

上述十二类人才，前提是集权君主制度和道德政治，"德"居首位，能力居次。现代是民主政治，古代的某些政治角色在当代未必完全合适，只是大致的模拟，以便参照理解。现在很多人愿意当公务员，可以参考一下，反思自己有什么特长，属于哪一类，以便规划人生。

刘劭认为，以上十二类人物，都是为臣的材料。作为君主，不需要也不应该具备某一方面的才能，需要的仅仅是知人善任。如果君主具有某方面的才能，就会偏于某一方面，因而也就难以统驭全局。

德才关系

曹魏时期与刘劭的人物学理论并行的，还有才性"四本论"。"才"是才能，"性"在这里主要指道德品质，选用官员到底应该以才能为本，还是以道德品质为本，这在当时存在争论。官员们在政治实践中形成了四种不同主张，不同主张之间发生了激烈的争论，人们称之为才性"四本论"。

第一种主张，尚书傅嘏的"才性同"。傅嘏认为，说一个人有没有才能，首先要看此人具有的是怎样的才能。如果一个人有安邦治国之术，这当然是政治才能；假如一个人具有的是鸡鸣狗盗之术，这非但不是什么政治才能，相反是祸国殃民的歪门邪道。因此，他主张只有符合公共道德的能力才称得上才能，政治才能不可违背政治道德。在别人看来，傅嘏所说的才能与道德是一回事，故谓之才性同。

第二种主张，中书令李丰的"才性异"。李丰认为，虽然每个人的善良道德源于天性，虽然政治道德是政治的原则，但政治家的才能却有多样性，既有合乎道德的政治阳谋，也有安邦治国所必需的政治阴谋。完全否定政治阴谋不符合政治实际。因此，李丰主张政治道德与政治能力之间有差异，不完全是一回事，故谓之才性异。

第三种主张，侍郎钟会的"才性合"。钟会认为，人的天性既有善也有恶，客观地说无所谓善恶；治国安邦之术既需要阳谋也需要阴谋，境界高一点，无所谓阴阳。一定要为政治技术作道德判断，说哪个好哪个不好，是书呆子作风，不切实际。因此，在钟会这里，人的道德品质与人的才能并存，故谓之才性合。

第四种主张，屯骑校尉王广的"才性离"。王广认为，人无所谓道德，谁生来善良，谁生来邪恶，这很难说。人的社会表现是社会环境的产物，一个原本善良的人在极端恶劣的环境下为了生存会变得丑恶，反之亦然。人的政治谋略也无所谓阴阳，现实需要什么样的办法就应该用什么样的办法来解决问题，用条条框框约束自己，政治难以搞好。王广非常赞同曹操"唯才是举"的政策，认为这是富国强兵之策，坚决反对傅嘏在选用人才上的道德主义。在别人看来，王广的人才观不讲道德，道德与才能完全背离，故谓之才性离。

才性"四本论"是汉魏之际政治环境变迁的产物，是曹魏人才观多样化的产物，这四种理论的主张者就是各自理论的实践者。在这里，有道德优先型，有能力优先型，也有介于二者之间的过渡类型，可以适应不同时期政治状况的需要。一般地说，德才兼备型的人才就是中庸型的人才，他们德不堪楷模，才不如谋士，与刘劭《人物志》中全能型的"国体家"、"器能家"有一定程度差异。

赞曰：性情容貌现，神机眸中藏。问君识得否，谁人不迷惘。

阅读参考：1. 刘劭：《人物志》，梁满仓译注，北京：中华书局，2009年；2. 伏俊琏：《人物志研究》，兰州：甘肃人民出版社，1999年。

第六讲　家训学

在官在家，场合不同，官场有官言，家庭有家语，于是有家训。家训内容包括：家庭须和睦（婚姻素对，职责分工，再婚谨慎，亲情要紧），子女要教育（胎教之法，幼教之法，家长表率，慈威并重），职业有操守（学有专长，进退随缘，知足知止，坚持原则，懂得权宜），行为守礼节，养生有知识，生死随自然。天下父母，殷殷之情，不图子贵，但求儿安。

每个人通常都生活在家庭中，家庭幸福是人生幸福的重要组成部分。为了使家庭生活美满幸福，家长需要晓谕子女人生的基本道理和知识。根据社会学家的统计，"问题家庭"与"问题孩子"呈正向关系，其中的缘由，可能与子女童年失教有关。当前讲国学，在四部之学中，家训被归入子部杂家杂学，似乎家训之学无关紧要。其实，家训对个人、对社会非常重要，家训学应该是中华国学的重要组成部分。中国古代讲修身、齐家、治国、平天下，修身、齐家教育正是家训的任务。历代贤达无不重视子女教育，东汉郑玄作

《颜氏家训》

《诫子书》,此后诸葛亮、嵇康均作《诫子书》,王昶作《家诫》,南朝王褒作《幼训》,北齐魏收作《枕中篇》,颜之推作《颜氏家训》,清代流行《朱子家训》,近年又有人编纂了《曾国藩家训》。古今影响最大、最有理论价值的当属《颜氏家训》。明代王三聘《古今事物考》说:"古今家训,以此为祖。"清代王钺在《读书丛残》中说:"《家训》二十篇,篇篇药石,言言龟鉴。"《颜氏家训》的修身、齐家之道,蕴藏着人生真谛。

当然,《颜氏家训》(后文简称《家训》)形成于传统社会,一些具体内容可能已经过时,但透过现象看本质,应该探寻其中隐含的人生道理。《家训》的治家之道,主要反映在如下几个方面。

家庭的构建

秩序是和谐的前提。一个家庭若要和谐就必须有秩序,就应该建立明确的成员关系规则,没有规则的家庭关系难免混乱,也就谈不上幸福和睦。所以,《家训》对家庭构建进行了阐述。

婚姻素对。《家训》主张"婚姻素对",不攀附权贵之家,选择与自家合适的门户。结婚成家意味着当事人生活环境的改变,如果这种改变过于悬殊会给婚姻中的双方造成不适,严重者会导致婚姻危机,甚至破败,这是《家训》主张"婚姻素对"的基本考虑。选择婚姻中的对方,其实是选择、接受对方的生活方式。在现实生活中,白马王子与丑小鸭之间的婚姻毕竟是极少数。对社会中的买卖婚姻,《家训》作了激烈的批评:"近世嫁娶,遂有卖女纳财,买妇输绢,比量父祖,计较锱铢,责多还少,市井无异。"《家训》认为,在婚姻中掺入过多的金钱因素,往往导致"猥婿在门"、"傲妇擅室",最终导致家庭生活不幸福,应该慎之又慎。在当今社会,有的人在婚姻选择中掺入了过多的金钱因素,这些人的婚姻是否幸福,只有当事人自己最清楚。

家庭分工。一个家庭就是一个小社会，家庭成员之间需要分工协作，应该有主有辅。在《家训》的时代，男士是家庭的主角，决定着家庭的兴衰命运，所以《家训》强调男士在家庭中的主导作用。《家训》讨论了主妇的职责，即负责家庭的日常生活，不可干预国家政治，也不可干涉家庭大政。如果具有聪明才智，可以辅佐丈夫，但不可擅自做主。《家训》宣称："牝鸡晨鸣，以致祸也。"现代社会，生产方式发生了巨大变化，可以根据家庭成员的能力决定家庭分工，但重要的是一定要有分工协作，应该有主辅关系。男女主人没有分工的家庭，大概是没有秩序、没有效率的家庭。

再婚谨慎。丧偶之事时有发生，人们往往再婚，再婚有可能在家庭内部形成复杂的血缘格局和利益关系，从而引发矛盾冲突，颜之推告诫子孙对此应该格外谨慎。他举例说，尹吉甫是贤父，伯奇是孝子，但是，由于有了后妻挑拨离间，导致伯奇被疏远流放。所以，曾参的妻子去世以后，曾参对儿子说：我没有尹吉甫之贤，你们也不及伯奇之孝，我不再续娶。颜之推告诫："假继惨虐孤遗，离间骨肉，伤心断肠者，何可胜数。慎之哉！慎之哉！"

兄弟手足。家庭是血缘共同体，公司是经济共同体。家庭之所以为家庭，是因为家庭首先是一个血缘共同体，其次才是利益共同体。《家训》认为，兄弟同出父母之怀，兄弟之间在血缘上具有亲密关系。兄弟自幼生活在一起，"食则同案，衣则传服"，因此兄弟之间"不能不相爱"。在家族时代，兄弟不睦将导致家族分裂，兄弟之间反目为仇，会使自己在社会上陷于孤立。父母去世后，兄弟之间更应相互关心照顾。在兄弟关系中，颜之推强调"事兄之道"，弟弟应该尊重兄长。他举了一个例子，沛国有刘璡、刘瓛两兄弟，他们隔壁居住。一次，刘瓛召唤刘璡，呼喊几次刘璡才答应。刘瓛责怪弟弟：怎么半天才答应？刘璡回答：我衣帽还没穿戴整齐，怎么答应！颜之推赞赏刘璡事兄的态度，说："以此事兄，可以免矣。"他还举了一个兄弟情深的例子。江陵王玄绍、王孝英、王子敏兄弟三人手足情深，哥哥王玄绍被敌兵包围，两个弟弟争相上前，请求代兄而死，未获允许，结果兄弟三人一同赴难。在实际生活中，造成兄弟之间发生矛盾的一个常见因素是妯娌关系。弟兄原本属于一个经济共同体，但随着各自成家立业，有了自己的小家庭和妻子儿女，于是彼此之间出现了离心因素。特别是妯娌之间没有任何血亲关系，一旦遇到利益纠葛，难免"方底而圆盖"，彼此矛盾。颜之推告诫，在任何情况下兄弟情义都不应动摇，不可因为妻儿而疏远兄弟。他把妯娌关系比作风雨，把兄弟关系比作房屋，认为风雨是毁坏房屋的因素。他劝告妯娌们应该设身处地为丈夫着想，站在丈夫的立场上思考问题。

亲子情深。《家训》认为，父母与子女之间的关系，血缘亲情第一位，经济利益第二位，这与法家把经济关系放在第一位显然不同。重男轻女是中国传统社会的普遍现象，导致这一现象的原因与现实生活状况和经济考量有关。颜之推引用太公之语："养女太多，一费也。"又引用陈蕃的话："盗不过五女之门。"随后他自己也说："女之为累，亦以深矣。"但是，生男生女是自然现象，"天生蒸民，先人传体"，没有女人便没有人类。对于当时"世人多不举女，贼行骨肉"的情形，他严厉斥责，坚决反对。他说自己有一个亲戚，多养妻妾，每当将要生孩子的时候，这位亲戚便派人前去窥伺，如果生了女婴，便夺走处理，结果"母随号泣，使人不忍闻也"。现代生产方式发生变化，传统的男女观念逐渐失去了根基。在近年媒体上不时见到亲子对簿公堂的事例，在亲子之间是重亲情还是重利益，成为一个严峻问题。颜之推的主张是，亲情第一。

早期教育

颜之推认为，对社会上绝大多数人来说，早期教育在人格培养中发挥着相当重要的作用。社会上不学而能的"上智"是极少数，学而无益的"下愚"也是极少数，绝大多数是"中庸之人"，这些人的社会化依赖于教育，教育对这些人的人格培养起着至关紧要的作用:"上智不教而成,下愚虽教无益,中庸之人不教不知也。"

胎教之法。颜之推认为,对孩子的教育应该从胎教做起。中国古代讲究胎教,胎教的方法是:母亲怀孕三个月就独自居住,严格遵守道德规范,"以礼节之",甚至应该"目不斜视,耳不妄听"。中国人传统上计算年龄按照"虚岁",其实"虚岁"不虚,胎儿十个月期间已经是人,孕妇身上承载着两条性命。按照《家训》的教育思想,孕妇的心理活动会对胎儿产生间接影响,孕妇应该修身正己。当代人也认为,孕妇保持良好的行为规范和心态,保持喜悦的情绪,对胎儿有益。近年有一个说法,孕妇听古典音乐有益。为什么听古典音乐而不是听狂躁的摇滚音乐?可能因为后者导致情绪和心态不稳定。

幼教之法。在古代贵族阶层中,要为婴儿确定专职老师和保育人员,负责对婴儿的管理和教育,于是有了"师"、"保"制度。在君主制度下,对储君人格培养的重视,于此可见一斑。一般百姓家庭幼儿不可能有专人教育,太师、太保的角色实际上是由父母担当的。当幼儿"识人颜色,知人喜怒"的时候,就应该规范幼儿的行为,让幼儿知道什么是对和错,树立正确的道德观念和行为准则,"使为则为,使止则止"。有的父母"宜诫翻奖,应诃反笑",使孩子是非颠倒,产生错误认识,这要不得。儿童的时候,应该让孩子懂得受罚的痛苦,知道哪些事情不允许做。一个合格的父母应该是威慈并重,一个合格的儿童应该是畏孝并存,父母的教育与儿童的行为是因果关系:"父母威严而有慈,则子女畏慎而生孝矣。"如果一个人失去早期教育,等到成年之后骄慢成习,再施教育为时已晚,即便捶挞至死也难以改变,生活中不乏这样的教训和悲剧。儿童教育的内容,既包括知识教育也包括道德教育,二者在儿童人格培养中具有同等重要的意义。在中国古代教育中,道德教育和知识教育融会为一,道德就蕴涵在知识当中,是社会知识的组成部分。应该教育子女关心父母,比如"抑搔痒痛,悬衾箧枕",虽是日常生活点滴小事,但对家庭来说事关大局,应该从小培养子女的孝心,这是"不简之教",必不可少。

身教之法。人们常说,身教重于言教,父母的行为是孩子最好的榜样,就是这个道理。在《家训》中,颜之推告诫后人在对子女的教育中应该率先垂范:"夫风化者,自上而行于下者也,自先而施于后者也。"把教育落实在无言的行动中,而不是口头上,最具影响力。表里不一,言行矛盾,这样的教育难以奏效。希望子女未来家庭和睦,父母先要做到家庭和睦;不希望子女将来妻离子散,父母自己先不要离婚析产。切记,父母人格是孩子人格的模具,成圆成方,先看规矩。家庭如此,国家何尝不是如此。

一视同仁。在实际生活中,父母往往有偏爱,这导致对子女的教育产生负面效果。父母偏爱哪个孩子,往往对哪个孩子有害:"虽欲以厚之,更所以祸之。"《家训》举例,春秋时期郑国共叔段的悲剧,正是由于其母宠爱所致;赵王如意的悲剧,从根本上说是父亲刘邦导致。这是前车之鉴。切记:娇宠出败子!

慈威并重。要使家庭教育产生良好效果,家长的威严必不可少。《家训》强调家长对子女不可过于亲昵,否则会造成子女怠慢不恭。为了严肃亲子关系,《家训》谈到礼书中记载的"父子异宫",认为这是"不狎之道"。在这里,距离产生威严。《家训》阐述了"父不教子"的道理。有人问:听说君子远其子,为什么?颜氏回答:儒家经典中早有这方面的例子,强调"君子之不亲教其子",其所以如此,是因为家长很难不宠爱自己的孩子,往往在不知不觉中慈爱有余,约束不足。例如,北齐琅邪王是武成帝之子,太子的胞弟,生来聪慧,武成帝和皇后很是溺爱,衣服饮食与太子相同。武成帝还经常当面称赞琅邪王:这孩子生来聪明,能成大器。及至太子即位,琅邪王居于别宫,僭越礼法,即便如此太后还经常为琅邪王开脱,结果导致琅邪王漠视礼法,器服玩好与皇帝无异。后因小事,竟然擅杀宰相,最终酿成大祸。人们都知道"父不慈则子不孝",但很多人忘记,父不威则家不治。"笞怒废于家,则竖子之过立见。"这里所说的"竖子"是指无教之子。这样的父母如果是平民百姓,那就不要指望子女有大出息;这样的父母如果是亿万富豪,就要当心子女败掉家业。《家训》说，世间的名士，通常的问题是过于宽仁，对子女的要求一概满足，使子女贪得无厌，终至败家。《家训》批评当时社会上很多父母只知溺爱不知管束，使孩子为所欲为，肆无忌惮。在对子女的教育中，罚必不可少。父母过于慈爱，不忍心让子女受皮肉之苦。医生给病人治病，不用汤药针艾怎能除病！体罚子女"诚不得已也"。梁朝大司马王僧辩的母亲魏夫人"性甚严正"，王僧辩在湓城时已是统帅三千人之将，年逾四十，"少不如意，犹捶挞之，故能成其勋业"。相反，梁元帝时有一学士，聪敏有才，为父所宠，失于教育，做点好事终年赞誉，有了错误百般掩饰，结果暴慢日滋，最终走上犯罪道路。当然，处罚并非万能，对于那些罚而不改的孽子，应该刑罚伺候："父慈而子逆……则天之凶民，乃刑戮之所摄，非训导之所移也。"这需要父母有博大的胸怀，当忍则忍，不能失去原则。近年媒体上披露了一个"中国狼爸"的故事，慈威有度，培养出非常优秀的子女，三个孩子上了北京大学，更重要的是，很懂规矩，能成为社会的栋梁之才。

现代的儿童教育重赞扬和鼓励，《家训》的儿童教育重训导轻鼓励，并把过度赞扬与败家联系在一起。这二者之间的差异，值得谨慎考虑。

职业与操守

《家训》主张，人生在世一定要有属于自己的一项专长和职业，没有一种谋生手段，一个人就难以在社会上立足。农民要有耕稼的本领，工匠要有制造器具的手艺，商人要有从事商贸的能力，军人要有用兵作战的智慧。

术业必专精。要想担当好一份职业，就应该精通业务。颜氏是士大夫之家，颜氏向子孙传授的是从政为官之道。颜之推要子孙担当的不是无名小吏，而是国家栋梁。要成为国家栋梁，就要有超人的智慧和才能，就要在特定方面专而精。颜氏告诫子孙，"人性有长短"，不可能方方面面都行，苍天对众生平等,"能走者夺其翼,善飞者减其指,有角者无上齿,丰后者无前足"。他引用古人的话说:"多为少善,不如执一;鼯鼠五能,不成伎术。"用今天的话说:不求百样行,只求一样精。颜之推举例说,自己知道两个人,颇具聪明才智,但缺点是学无所专,读经不足以为政,读史悟不出道理,文章没有过人的文采,书法也无过人的功力,天文、绘画、围棋、博弈、鲜卑语、胡书样样都懂一点,但样样不精,结果"略无成名"。他为这两个人感到惋惜,说基于这两个人的聪明才智,若专心做某一件事业,或为翘楚。全能的人才是综合型人才,也是没有专长的人才,颜之推不要子孙做这样的人才。近年中国的就业市场有一个相反的现象:学非所用。在《非你莫属》《职来职往》等媒体节目中,应聘大学生的专业与所求职业大多无关,现实生活中也有不少这样的例子。何以如此,问题出在哪里,值得深思。

机遇听天命。精通一业并不意味着这个人一定能出人头地,命运在人的一生中起着十分重要的作用。《家训》要求子孙读书做官,但能否走上仕途,以及达到怎样的品级,皆由命运决定。"君子"应该坚守自己的政治道德底线,等待机遇,如无机遇,绝不强求:"君子当守道崇德,蓄价待时,爵禄不登,信由天命。"人们常说"谋事在人,成事在天",《家训》之教与此同趣。对于世俗的政治投机,《家训》持鄙视态度。比如当时有人专门窥伺别人的隐私然后要挟好处,有人歪门邪道以求出名,《家训》说这样的人是"盗食致饱,窃衣取温",这样的做法诚不足取。很多人认为政治上的机会由自己创造,不可坐等,《家训》认为并不如此,时运来了,挡也挡不住,没有机遇,"徒求无益"。对于社会上交结权贵、请托行贿以谋官的现象,颜之推并不认可。他说北齐末年,通过行贿而得官职者,虽然得意一时,但风险很大,一旦被人揭发,即便逃过一死,往往也是倾家荡产。

安身在中品。有了机遇的时候,当然可以出仕,而且应该出仕,这是颜家的传统。在颜之推这里,不是官当得越大越好,而是适可而止,其尺度便是朝官的"中品",前有五十人,后有五十人,好处可以得到,危险可以躲避。

有的人贪图权势，位极人臣，清晨上朝趾高气扬，晚上归家人头落地，这样的场景时有所见。颜氏告诫子孙："慎之哉！慎之哉！"这是"枪打出头鸟"的保身哲学。一旦超出了"中品"水平，就应该向后退缩。颜之推担任的最高职务是北齐黄门侍郎，已经超过中品，风险系数增大，于是开始考虑如何退身："吾近为黄门郎，已可收退；当时羁旅，惧罹谤蕳，思为此计，仅未遐迩。"

道义须秉持。《家训》告诫子孙应该秉持道义。当别人有了困难需要帮助的时候，特别是正义之士有了危难需要救助的时候，应该义不容辞伸出援手："穷鸟入怀，仁人所悯；况死士归我，当弃之乎？"他说，像孔融藏张俭、孙嵩匿赵岐那样的壮举，乃义不容辞之事，"以此得罪，甘心瞑目"。他告诫子孙莫与不义之徒结党，"凡损于物，皆无与焉"。比如，郭解替人报仇，灌夫抱打不平，这些人乃游侠之辈，君子不齿。他特别谈到不可参与逆乱。有些人略通军事，不是尽心竭力效忠君主，而是参与到宫廷内部的争权夺利、政治阴谋之中，这是"陷身灭族"的大祸，应该格外警惕。人们都说墨子之徒是热心肠，杨朱之徒是冷心肠。颜之推说，心肠既不可热也不可冷，应当以道义为原则，应该扬善去恶。

做事有权宜。出仕为臣，就应该遵循职业道德，做一个合格的臣子。他赞赏传统的臣节，如"不屈二姓"、"不事非君"，并以伯夷、叔齐、伊尹、箕子作为榜样。但他同时也谈到，春秋以来国有吞灭，君臣无常，真正按照"不屈二姓"的道德原则去做，会有很大风险，在政治漩涡中往往身不由己，应该灵活处理。然而，无论如何也不得卖身求荣。他批评汉末陈孔璋：为袁绍撰文，呼曹操为豺狼；为曹操制檄，称袁绍为蛇虺。即便不得已这样做，也有损士人声誉。到底应该怎样做？他没有给出标准答案，只是说应该"从容消息之"，见机行事，但绝不搞政治投机。按照名教信条，士大夫为了国家利益不惜"杀身成仁"，但《家训》不赞成子孙这样做。政治中难免存在种种弊端和尖锐的问题，涉及帝王的尊严和大臣的利益，在这种情况下应该慎重从事，切忌引火烧身伤及自己。在朝政中，有人批评皇帝，有人攻击朝臣，有人专挑政治的弊病。这样做即便对国家有益,对自己来说"或无丝毫之益,而有不省之困",严助、朱买臣、主父偃等人皆为前车之鉴。不过颜之推这番意思表达得比较迂曲,他说批评政治的人是"贾诚以求位,鬻言以干禄",是为了牟取个人私利。但在有的场合,他又主张作为臣子应该谏诤,应该尽到规劝君主的责任。他批评那些"就养有方,思不出位"、明哲保身、不担责任的大臣是"罪人"。总而言之,《家训》在涉及个人安危与国家利益之间的关系时,左右徘徊,既思为国,也虑为己,陷于矛盾境地。

知足可怡情。《家训》教导子孙应该遏制欲望,知足常乐。颜氏说"上士忘名,中士立名,下士窃名",道德高尚的人不计名利,这样的人得鬼神福佑。他引用《礼记》"欲不可纵,志不可满"之语,告诫子孙应该克制自己的欲望,宇宙有限,人欲无限,人应该"少欲知足"。他申明颜家祖训:"汝家书生门户,世无富贵。自今仕宦不可过二千石,婚姻勿贪势家。"他告诫子孙要"知足",知足可以免害。人生在世,皮囊一具,使自己的躯体不受饥寒之苦,当然必要。过此以往,穷奢极欲,往往下场堪虞。周穆王、秦始皇、汉武帝,他们富有四海,贵为天子,然而贪得无厌,结局不妙,更何况平民百姓。对颜家来说,二十口之家,奴婢不过二十人,良田十顷,堂室足以避风雨,车马足以代步履,钱备数万以应急需,如此足矣。超过此数,当"以义散之"。

礼仪规范

礼仪是一个民族精神文明程度的表现形式之一。中华民族曾经是一个礼仪之邦,有着悠久而发达的礼仪文化。在日常生活中,我们看一个人是否文明,首先看他接人待物和举手投足。古人注重礼节,这在《家训》中有所反映。《家训》不是礼书,它仅仅就日常礼仪中经常出现的问题进行了讨论,点滴见精神,从中可以窥见当时礼仪之讲究,认识在家庭教育中礼仪的重要性。

迎客礼。颜之推批评说，一些权贵之家的仆人对来访的宾客怠慢无礼，借口主人休息、吃饭、生气，不予通报，将客人拒之门外。他说先贤从未如此，周公一沐三捉发，一饭三吐餐，一日会客七十余人。相反，晋文公以洗发为由拒绝接见竖头须，招致竖头须的讽刺。他还举例，黄门侍郎裴之礼，对怠慢客人的家仆，当着客人杖责处罚，此后奴仆接待客人"折旋俯仰，辞色应对，莫不肃敬"。

见面礼。南北朝时期，南方与北方见面礼节颇为不同，南方人宾至不迎，相见捧手而不揖，送客下席而已；北方人到门口迎送客人，相见作揖。颜之推说，北方的礼节更符合传统，应该采用迎送宾客并作揖的礼节。

离别礼。南方、北方礼节各异，颜之推主张各随其便。江南人离别的时候，泣涕涟涟，难舍难分。比如，梁武帝与兄弟道别，伤感泣涕："我年已老，与汝分张，甚以恻怆。"北方则不同，认为这太女人气，歧路言离，欢笑分手。颜之推说，"人性自有少涕泪者，肠虽欲绝，目犹烂然；如此之人，不可强责"。

吊丧礼。江南人凡遭大丧，亲戚朋友同在一城者必前往吊唁，三日不吊则绝交，虽相遇于路而不理睬。对于路途遥远的朋友，可以采用写唁信的形式，如无唁信，同样也要断绝往来。吊丧的时候，仅仅主人与前来吊丧的人见礼，家中别人则不必。北方的习惯有别。

哭丧礼。《礼记·间传》记哭丧之礼，"五服"不同：穿斩缞孝服者哭丧似痛不欲生，穿齐缞孝服者次之，穿大功孝服者哭丧哀惋不已，穿小功、缌麻孝服者脸上显出戚容即可。《孝经》也记载孝子哭丧痛不欲生。颜之推说，这些记载都是规定哭丧有轻微、沉重、质朴、和缓等种种区别。与哭不同的是号，号是哭中带说。江南哭号，往往是倾诉心曲；山东人哭号，往往号苍天。颜之推主张，家有大丧必哭。他批评民间的一些说法，比如阴阳家说，"辰为水墓，又为土墓，故不得哭"；王充的《论衡》中也说，"辰日不哭，哭则重丧"，于是辰日有丧，往往举家清谧，无声无息，闭门辞吊。道教的经典说："晦歌朔哭，皆当有罪，天夺其算。"于是丧家在晦朔时节也不敢哭。颜之推不赞同这些说法。

礼仪原则。颜之推主张"礼缘人情",任何礼节都不应违背人情,对于违背人情的某些做法,他表示反对。比如,对父母的遗物应妥善处置。礼书中说,父亲遗留下来的书籍,子女不忍读用,母亲遗留下来的日常生活用品,子女不忍使用,此乃睹物思情之故。于是乎,父母曾经居住的寝室,儿子媳妇不忍去住,这便过分。北朝顿丘人李构,母刘氏亡后,所住之堂长期锁闭,不忍去住。吴郡人陆襄,父亲遭刀斧之刑,陆襄终生布衣蔬饭,姜菜有切割,皆不忍食,居家以掐摘供厨。江宁人姚子笃,母烧伤而死,姚子笃终身不吃烧烤的食物。这样做是否值得提倡?颜之推认为不宜,因为这样做违背人情,影响了子孙的日常生活。他直言:如果父母吃饭噎死,子女是否终生不食?由此可见,颜之推虽然重礼,但以不违人情为原则。

称谓规范

称谓是反映一个民族文明程度的语言形式。人们判断一个民族或一个人是否文明,依据之一就是看是否讲究称谓。中华民族是一个文明古国,称谓文化很发达,这在《家训》中有反映。

取名。取名应该注意避开前人之名。比如,周公之子名曰"禽",孔子之子名曰"鲤",对于圣人的做法,颜之推不便品头论足,但言下之意不大赞成。对社会上一些人的取名,比如卫侯、魏公子、楚太子都取名"虮虱",司马相如被父母称为"犬子",王修名"狗子",他认为这太俗气,被人耻笑。"北土多有名儿为'驴驹'、'豚子'者,使其自称及兄弟所名,亦何忍哉?"颜之推告诫,"如此名字,幸当避之"。他还批评了以古人之名作为自己名或字的做法,司马长卿仰慕蔺相如,取名"相如",顾元叹赞赏蔡邕,取名"雍",东汉朱伥字"孙卿",许暹字"颜回",梁朝有庾晏婴、祖孙登,等等,颜之推把这种做法斥为"鄙事",认为不足为训。

自称。颜之推说,古代的时候,王侯自称孤、寡、不谷。孔子是圣人,他与弟子谈话,往往直接称呼自己的名字。也有人以"臣某"、"仆某"称呼自己,但这不大流行。江南地区有一套具体的称谓规则,北方人大多直呼己名。颜之推认为,直呼己名是"古之遗风,吾善其称名焉"。

亲属之称。汉晋时期,社会上曾经流行以"家"自比,称父亲为"家父",称母亲为"家母",如陈思王称其父为"家父",母为"家母",潘尼称其祖曰"家祖",侯霸的子孙称祖父曰"家公",蔡邕在自己的文集中称呼其姑为"家姑"、姊为"家姊",在班固的文集中,称其孙为"家孙"。但是,这样的称呼在颜之推的时代已成流俗,毫无品位:"今南北风俗,言其祖及二亲,无云'家'者;田里猥人,方有此言耳。"由此可见,从两汉到南北朝,"家祖"、"家父"、"家母"已从一种高尚的称谓演变为流俗,这是颜氏不赞同的原因。颜之推主张:"凡与人言,言己世父,以次第称之。"对于已经去世的族人,用"门"表示,称父亲为"大门中",称伯父、叔父为"从兄弟门中"。如果说话的对象是君主,则称"亡祖"、"亡伯"、"亡叔"等。称呼已经出嫁的姑姊妹,以夫姓称之;未出嫁的姑姊妹,以次第称之。他批评称呼姑、姨为"丈人",认为应该称为"某姓姑"、"某姓姨"。有一位周弘让,称呼自己的姊妹为"丈人",颜之推对此甚为鄙夷:"自古未见'丈人'之称施于妇人也。"民间呼岳父为"丈人",岳母为"丈母"等,颜之推也不赞同。

对方之称。称呼对方的父母为"尊父母",叔父母为"贤叔父母",这是为了区分对方长辈与自己的长辈。颜之推批评说,在王羲之的文章中,称别人的父母为"父母",这混淆了别人的父母与自己的父母,大为不妥。

总之,凡是涉及谈话双方亲属的时候都有粉饰性的称谓,用以表示尊敬之意:"凡亲属名称,皆须粉墨,不可滥也。"一个人是否有教养,张口便知。

此外,交往中普遍需要注意的是"名讳"问题,即称呼某些人的名字时要注意避讳,所谓"某些",在中国古代是指尊者和长者,即人们通常所说的"为尊者讳"、"为长者讳"。凡遇到需要言及尊者、长者名的时候，通常需要采用变通办法，不宜直呼其名，否则便有不敬之嫌。比如对一些去世者，可以称呼其官衔（阀阅）或文章（文翰）。在《世说新语》中，人们称庾亮为"庾太尉"，桓温为"桓宣武"，皆为其例。今天的人们习惯称"朱总理"，而不直称"朱镕基"，亦含尊敬之意。"凡避讳者，皆须得其同训以代换之。"所谓"同训"，就是同义词，比如以"皓"代"白"，以"修"代"长"等。我们读古代典籍，有时也会遇到这种情形。

但是，当对一个更尊贵的对象言及次尊贵者名的时候，则应该直呼其名。礼书中说"庙中不讳，君所无私讳"。"庙中不讳"，因为庙中的祖宗比现实生活中的长辈更尊贵；"君所无私讳"，因为君王比臣民的长辈尊贵。所以，讳还是不讳，要依具体情况而定，不可一概而论。

《家训》反对把名讳无限扩大。我们今天泛泛地说"名字"，在古代，名是名，字是字，有的文化人不但有名、有字，还有号。《家训》主张对去世者讳名不讳字，他说这样做于古有征。比如，孔子弟子记事，皆称孔子为"仲尼"；刘邦当皇帝之前，吕后称他为"季"；汉代袁种称其叔父为"丝"，均不讳字。

在早期的名讳中，有人为了表示尊重，避讳同音字，结果导致语言交流障碍。刘绦、刘缓、刘绥兄弟三人都很有成就，其父名昭，于是兄弟三人一生不用照字，依《尔雅》写作"炤"，这不但给自己制造麻烦，也使别人不方便。颜之推质问，"刘字之下，即有昭音"，"刘"字去掉左上边的"卯"，就是"钊"，是否需要把"刘"字也改掉？照此泛滥，吕尚的儿子不得说"上"字，赵壹的儿子不得说"一"字，如此一来，"下笔即妨，是书皆触也"。他还举了一个例子，扬州有个文人名"审"，与一位姓沈者为友，这位沈姓朋友每次给这个文人写信，落款只书名而不写姓。因为别人的名讳，自己的姓都不敢写，显然过分。《家训》主张，"凡文与正讳相犯，当自可避；其有同音异字，不可悉然"。比如，有一个人名"云"，别人给他写信便把"纷纭"改成"纷烟"；有个人名"桐"，别人给他写信便把"梧桐树"改成"白铁树"。诸如此类，皆不足取。名讳的泛滥造成了生活中诸多不便,"吾亲识中有讳襄、讳友、讳同、讳清、讳和、讳禹,交疏造次,一座百犯,闻者辛苦,无憀赖焉。"

养生送死

有生就有死。如何对待生命,如何对待死亡,古今中外人们的想法有无共性?《家训》的生死观提供了一个样板。

避祸为先。所谓"养生",就是修养自己的生命,保持身心健康。《家训》强调,养生以避祸为先,只有保全了性命,才有养的对象。假如命都丢了,无论怎样保养都无济于事。《庄子·达生篇》说,单豹岩居而穴处,与人无争,年七十精神饱满如赤子,然而不幸的是,遇饿虎而丧命。这是养内而丧外,是失败的养生。嵇康写《养生论》,专门讲如何养生,但遗憾的是他处世不当,被杀丧命。《家训》说,无论是单豹还是嵇康,他们的养生从根本上说都失败,养生以全生为本。

身体保健。魏晋南北朝时期,服药是流行的养生手段,《家训》对此表示了兴趣。调息以养心,类似于气功;服药以养身,类似于吃保健药。如何调息养心,《家训》没有具体阐述,仅仅讨论了服药。一个叫庾肩吾的人常年吃槐树籽,七十多岁身体健康,头发不白眼睛不花。也有的人服用杏仁、枸杞等,对身体也颇多益处。颜之推说,自己曾经牙齿松动,饮食冷热便觉疼痛,见《抱朴子·内篇》中有叩齿之法,于是每天清晨叩齿三百,几天之后牙齿便不再疼痛。如果想服药养生,陶弘景的《太清方》中有详细记载,可以参照。但是,《家训》不赞成出家修道炼丹。他不否定出家修道成仙的可能性,但强调受各种因素制约,真正能够成仙者如凤毛麟角,所以不希望子孙涉足外丹道教。

善恶报应。符箓道教讲鬼神善恶报应,《家训》告诫后人勿做不善之事。社会上有人为儿娶妻,怨恨女方嫁资不足,对儿媳百般辱骂虐待,《家训》说

"如此之人，阴纪其过，鬼夺其算"。颜氏也相信佛教的灵魂不死之说，人终会死掉，但认为人的灵魂不灭，这个灵魂会托梦给亲人，有的时候索要饮食，这样的例子不在少数。一些人抱怨自己命苦，并说是由于自己前世没有积下功德，那么，为什么现在不为来世积累功德？人们肯于为子孙留下丰厚的财产，但子孙不过是天地间众生之一，为何不为自己的来世着想？颜氏提醒："一人修道，济度几许苍生？免脱几身罪累？"他让子孙好好思考，希望子孙在日常生活中信奉佛教，遵守佛教戒条，诵读佛经，以求超度。

莫要杀生。佛教讲五戒，其中之一是戒杀生，对世俗信徒来说这是很重要的一条。颜氏说，儒家讲"君子远庖厨"，见其生不忍其死，闻其声不食其肉。有情众生莫不爱恋自己的生命，因此尽量不要杀生。他宣称，杀生者往往遭到报应，并举了一个例子，说是王克在永嘉郡的亲眼所见。有人邀请宾客宴会，准备杀羊。羊挣脱了绳索跑到一位客人跟前，跪下拜了两拜，然后躲到这个客人身后。这个客人却毫无怜悯之心，任由主人把羊捉走杀掉。羊肉炖熟之后，主家把羊肉先给客人，这位客人刚刚吃下一口，就浑身痛苦号叫，发出羊的叫声而死。

教俗并重。颜之推说佛教是内教，儒教是外教，但这两教原本的出发点一样，深浅不同而已。佛教有五戒，儒家讲五常，二者相通：仁就是不杀生，义就是不偷盗，礼就是不邪淫，智就是不饮酒，信就是不妄言。至于名教的刑罚制度，这是社会的需要，使人们不敢妄为。他批评当时有人"归周、孔而背释宗"，说这是忘记了儒家学说的本来面目。《家训》批评儒家宣扬治国平天下而置自身性命于不顾，"亦是尧、舜、周、孔虚失愉乐耳"，似乎佛教重于儒教。这里透露的信息是，个人生命重于公共利益。

生死淡定。《家训》的死亡观比较平和，可能受了佛教的影响。《终制篇》说，人有生就有死，死亡是自然规律。自己一生当中屡经战乱，几次与死亡擦肩而过，年过六十，死而无憾。颜氏制作遗嘱，要求儿子遵照执行。主要内容是：死后沐浴，殓以常衣，不要招魂复魄；死后入葬，薄棺二寸，不得随葬任何冥器;灵筵供奉,白粥清水干枣而已,不得有酒肉饼果;每年七月十五盂兰盆节,希望子女能有斋供。

综上,《家训》的内容涉及人的一生,从早期教育到立身社会,从构建家庭到为人做事,直至生命终结,这是一个线性的过程。因此可以说,《家训》之学就是立于家庭的人生之学,是以家庭为本的人生之学。家训的内容不但涵盖人的社会性,而且涵盖人的生物性。家训为"家",不但是私人教育,而且是为私教育,主旨是使子女度过幸福的一生,使家族传承万代。当然,《颜氏家训》作为被历代官方认可的家训模板,有可能缺省了与官方意识形态相悖的个别内容。《颜氏家训》与儒教训条有同有异:其所同者,教育做人,社会伦理,行为规范,礼仪举止;其所异者,家庭利益重于国家利益,不轻言为国捐躯。父母之于子女,人生幸福、家庭和谐重于一切,功名利禄皆为浮云。我们认为,家训与国训的吻合度标志着国训的有效程度,二者之间吻合度越高,国训的效度越高,社会越稳固。如果家训与国训之间南辕北辙,国训恐怕就形同虚设了。因为,国民教育的基础在家庭。就《颜氏家训》而言,传统的儒教是成功的。

赞曰:颜氏讲修齐,孔子论治平。先贤有遗训,家国两不同。

阅读参考:1. 王利器:《颜氏家训集解》,上海:上海古籍出版社,1980年;2. 朱用纯:《朱子家训》,湘子译注,长沙:岳麓书社,2011年。

第三编　儒家之学

儒家之学，春秋战国为九流十家之一。言人性，倡仁义，宣礼教，重民生。儒学于乱世，虽嵩尚其说，然不切时用，为草莽之学，故有儒墨、儒法、儒道之辩。汉武以降，儒术独尊，而为儒教。儒教是官方政治学术，承载国家意识形态。言权力自天，讲秩序神圣，抛唯利是图，弃个人主义。经学登上政治舞台，乃官方选择。经学与儒学，政治地位有别，精神实质无异。一言以蔽之曰:政治以人为本。

第七讲　先秦儒学

儒学的基本内涵是：讲人性，强调人与动物有别；讲学习，重教育，注重人格塑造；倡仁学，重道义，强调精神重于物质；重秩序，习礼仪，讲究规范和自律；论民本，重民生，关注百姓生活。一言以蔽之：儒学是基于社会整体关照的人学，是以人为关注焦点的政治学。

人们常说战国时期"百家争鸣"，其实战国时期没有那么多家或学派。司马迁的父亲司马谈作《论六家要旨》，谈到春秋战国时期与政治紧密相关的诸子学说有阴阳家、儒家、墨家、名家、法家、道德家。究实而言，当时讨论政治和社会问题并且彼此之间激烈争吵的，主要是儒、墨、道、法四大家，而且，在中国传统政治实践中影响最大的是儒、法两家。今天中国社会正在转型，建设有中国特色的现代化国家，这是中华民族的共识。中国特色在哪里？离不开中华传统，没有中华传统就没有中国特色。因此我们需要了解自己的传统，取其精华，为当今服务。

古往今来，讲儒学的鸿儒博士不计其多。若问何为儒学，或曰"助人君顺阴阳，明教化"，或谓仁学、礼学。这些说法固然不错，但只见枝节，不见大本。儒家学说根本何在？下面略作陈说。

起源和变迁

关于儒学的起源,传统的说法出自《汉书·艺文志》:"儒家者流,盖出于司徒之官。"司徒是西周时期中央政府的主要职官之一,汉代的学者说儒者出于司徒,可能是由于他们认为司徒负责治民和教化。不过他们自己对这一说法也底气不足,所以用了一个"盖"字,表示"大概"之义。目前通行的说法,孔子是儒学的开创者,儒学产生于春秋末年。此后几百年间,孟子和荀子传承了孔子学说,与时变迁。儒学是一个动态的概念。先秦时期儒学的政治地位,总的趋势是走下坡路,与法家刚好相反。

孔子,名丘,字仲尼,生卒年大约在公元前551—公元前479年,"子"或"夫子"是尊称,"老师"、"先生"之义,最初是弟子们对孔丘的称呼。孔子是商族人的后裔。周族取代了商族的统治地位之后,把商族的遗民封在了宋,地域在今天河南商丘一带,宋成了周王国的一个诸侯国。据说孔子的曾祖父防叔为了躲避宋国内乱到了鲁国,他的父亲叔梁纥是鲁国的勇士,孔子是叔梁纥的次子,故称"仲尼"。孔子在鲁国最初曾任基层官吏,后来任

孔子

司寇，负责鲁国的司法。面对社会动荡，孔子很不满意，主张恢复西周的制度，延续传统的道德秩序。他的愿望和主张难以实现，于是辞去官职，教书育人。在教学过程中，他整理《尚书》《诗经》《春秋》等古代文献作为教材，对中华文化的传承有很大贡献。孔子在教育方面卓有成就，过去民间有一个说法，"三千徒弟子，七十二贤人。"孔子是中国古代的教育家，也是人类历史上影响深远的教育家。

孔子是一个恪守传统的道德主义者，一个政治理想主义者。他所处的春秋晚期社会严重失序，生灵涂炭，道德沦丧，诸侯之间弱肉强食。对此他痛心疾首，试图救民于水火之中，于是他周游列国，宣传自己的社会主张。然而，由于他的主张不合当时各国富国强兵之需，所以各国诸侯虽敬如上宾，对他的政治主张却不予采纳。为了宣传自己的学说，他不辞劳苦安危奔走四方，"困于陈"，"厄于蔡"。在当时，孔子不是圣人，而是一个有影响力的贵族知识分子，曾受到持不同政见者的讥讽和辱骂，有人说他"四体不勤、五谷不分"。把孔子奉为圣人，那是汉武帝以后的事。

孔子殁后一个多世纪，儒家又出现了一位有影响的人物，他就是孟子。孟子，名轲，字子舆，邹国（今山东省邹城）人，生卒年大约在公元前372—公元前289年，儒家子思学派的传人。当时，诸侯之间的战争愈演愈烈，各国的变法改革陆续完成。孟子继承了孔子的道德主义，有过之而无不及。在政治上，他主张推行仁政，反对暴政。他理想的社会状态是王道社会，一家百亩之田自耕自食，人们生有所养、老有所依，五十者衣帛，七十者食肉。主张按年龄而非按等级或金钱享受生活，孟子乃千古第一人。他还提出了民为贵、君为轻的政治主张。在人生观方面，他主张修身养性，提倡"思诚"、"寡欲"，以"养吾浩然之气"。有学者认为，这"浩然之气"与传统气功不无关系，这也正是宋明理学家高扬孟子学说的原因。

孟子有宏大的政治抱负。他带领弟子周游列国，游说诸侯，"后车数十乘，从者数百人"。他自信满满地宣称："当今之世，如欲平治天下，舍我其谁也！"

但遗憾的是，他的主张与当时各国的政治诉求南辕北辙，遭遇了与孔子同样的政治命运。这是道德理想主义者的无奈结局。

继孟子之后，先秦儒家出现了一位殿军人物，他就是荀子。荀子，名况，字卿，赵国（今河北省南部）人，生卒年约在公元前313—公元前238年。他是战国晚期最著名的学者之一，曾长期担任齐国稷下学宫的祭酒。稷下学宫是当时最著名的官办学府，相当于现在的科学院，祭酒相当于院长。李斯、韩非都是荀况的学生，但他们青出于蓝而胜于蓝，超越了儒家，走向了法家，这是当时社会思潮的大势所趋。荀子后来当过楚国的兰陵令。与孟子学说的鹤立独行不同，荀子的学说与时俱进，他批判地总结了当时各家各派学说，形成了以儒家为本、兼容法家的政治学说，所以曾有人把荀子学说归入杂家，也有人将其归入法家。他倡导唯物主义，反对迷信和理想主义，对孟子学说进行了批评，在当时思想界影响很大。从根本立场说，荀子仍然属于儒家，是战国晚期的儒家，与早期儒家不同，荀子儒学标志着先秦儒学的终结。

先秦时代的儒家学说涉及内容很多，但其内核是人性论、学习论（教育论）、仁学、礼学，抓住了这几个问题就抓住了儒家学说的根本。

人性论

《三字经》开篇六个字："人之初，性本善。"请问：人有人性吗？如果有的话，人性本来是善的吗？

"性"是一个形声字，表示生来就有的心理素质和天赋，人性就是人的天赋，是不学而能、自发起作用的心理因素。前面讲法家的时候，曾经谈到法家关于人性的观点：人性就是食、色，不食则亡身，不色则亡种，人性与牛性、马性没有区别。法家讲的人性是人的生物性、动物性，不是社会性，法家不承认存在先天的社会性。儒家与法家截然不同，强调人的社会性，认为人不是牛马，不是禽兽，人具有超越禽兽的高尚本质。在社会生活中，一个人道德败坏，干出伤天害理之事，人们痛斥此人是禽兽，意思说这个人没有人性。这是以儒家的人性论为评价标准。不过，先秦儒家内部的人性论并不相同，甚至表面上互为水火。

孔子讲"性相近、习相远"，意思是说，人与人之间的天性本来很接近，只是由于后天环境因素的作用，人与人之间的差别变大了。天性接近不是天性相同，而是有差别，差别不大。经常见到有人把这句话解释成性相同，错了。孔子说，社会上主要有两类人，一类是君子，另一类是小人。君子是道德高尚的人，是有社会地位的人，是社会楷模；小人则相反，为社会所不齿。在社会生活中，人们实际上接受了孔子的观点。比如，经常听到有人评价别人，说这个人天性善良，那个人生性凶恶，这是在强调人的先天因素及其作用。

孟子讲性善，言必称尧舜。中国的性善论，是从孟子这里发端的。孟子说："仁、义、礼、智根于心。"根，表示生根发芽，不是从外部植入的种子，而是内心原本就有，在人的天性中包含仁、义、礼、智等道德基因。这些先天的道德基因是潜在的，是人类区别于动物的根本依据。有这些基因，就成为了人；没有这些基因，马永远是马，牛永远是牛。可是，这些基因不具物理性质，而是非物质的信息，看不见摸不着，怎么证明它存在？孟子说这不难，人们自发的行为可以验证。他举了一个例子。一个人出外办事，路过一个村庄的时候，突然发现一个儿童在井边玩耍，眼看就要跌到井里去，此人大吃一惊，于是毫不犹豫地跑了过去，把这个儿童抱离井边。孟子说，当这个路人这样做的时候，没有想到要"学雷锋"，也没有想到儿童父母会酬谢，什么都没想，完全是本能在发挥作用，这叫"恻隐之心"。孟子说，"恻隐之心，人皆有之"。即使在今天的生活中，我们每一个人可能都会看到、听到类似的例子。《每日新报》2012年1月7日B16版刊登了一篇纪实报道，题目是《最美"90

后"女孩，就算嫁不出去，也不后悔当妈》，题目够啰唆。铁飞燕，1992年出生在云南昭通的一个穆斯林家庭。2009年春节，她在途中看见一个被遗弃的婴儿在严寒中挣扎，就把婴儿抱回自己家中，抚养至今。别人问她当时考虑这样做的后果没有，她说："一点也没有想过小孩会带来什么问题和麻烦，也来不及想这些问题。"2010年5月6日，四川绵阳施工的工人坠落河中，生命垂危，当时铁飞燕与父亲旅游路过这里，见此情景，纵身跃入河中，把落水者救了上来。别人问她，一个女孩为什么这样做？她回答："我只知道自己会游泳，我能救他，然后就跳下去了。"一个善良的姑娘，多么感人的故事。我想，类似事情发生的时候，只要力所能及，很多人都会这样做。孟子说，你看，驱使人们这样做的动因，就是天赋的善性。也许有人不同意，认为动物也有，比如，大象不仅保护自己的幼仔，也保护同类幼仔。孟子可能会回答：大象也有社会性，与人类有相似性。又有人质疑说，这是后天学习来的，并非先天就有。两千多年前的荀子早就提出过这个问题，向孟子发起了挑战。

荀子讲性恶，激烈反对孟子的性善论，强调人的善性不是先天的，而是后天受社会环境影响形成的。他宣称，人的本性是恶的。《荀子·性恶篇》有一句名言："人之性恶，其善者伪也。"何以见得？荀子说，人生来就好利，所以彼此争夺；人生来就有仇恨，所以彼此残杀；人生来就有欲望，所以有声色犬马行为。他的结论是，顺从人的天性，必然导致争夺和混乱。在他的学说里，性是天生的，不是学来的，孟子之所以认为人性善，是孟子混淆了先天与后天的差别，无意中把后天的东西当作了先天的东西。有人质疑荀子：你说人性恶，难道儒家圣人文武周孔也性恶吗？荀子回答：圣人与凡夫天赋相同，都性恶；但圣人又与凡夫不同，因为圣人重视后天的改造和学习，学习在人格培养中发挥了极其重要的作用。荀子的人性学说很有现代性。20世纪30年代美国流行行为主义心理学，代表人物华生（John Broadus Watson）宣称：给我十个儿童，不管是白人、黑人还是男童、女童，我可以把他（她）们全都培养成科学家,或者把他(她)们全都培养成窃贼！这是荀子学说的现代版。孟子反对法家的主张,反对把生理本能当作人性。荀子接受了法家的食色人性论,反对孟子的性善论,明确提出性恶论。这是一个强烈的信号:儒家的人性论在向法家学说靠拢。

学习与教育

虽然先秦儒家内部的人性论不同,但他们的学习论和教育论相同,因而终极目标一致。由于儒家重视人,把人作为政治的焦点,所以儒家重视对人的培养和改造。从单个人的立场看,一个人的一生就是不断学习的过程;从社会的立场看,人的一生就是不断进行教育的过程,失去教育的人难以成为君子,难以成为高度社会化的人。学习与教育,两个命题,一件事情。

孔子是中国最伟大的教育家。他一生从政的时间不长,教书育人的时间不短,积累了丰富的教学思想,比如有教无类、因材施教、启发式教学等,我们这里不作具体讨论,我们需要讨论的是他的学习论。《论语》的第一篇是《学而》,其中有一句脍炙人口、传诵古今的名言:"学而时习之,不亦说乎！"孔夫子把学习作为一件愉快的事情,批评懒惰,这对中华民族影响至深。中华民族勤奋好学,犹太民族精明强干,均与民族传统有关。孔夫子让弟子学哪些内容呢？从理论上说是六艺,即礼、乐、射、御、书、数,从实际情形看,主要是社会知识(礼、乐)和专业知识(书、数),既学做人,也学做事。《论语》是孔门弟子记录的老师教学的内容,其中主要是社会知识。为什么这样？因为"学而优则仕",在古代学习是为了从政,为社会服务。今天的情况有所不同,从小学到大学,学习的主要是自然科学知识,社会知识相对较少,这有必然性,时代发展使然,但也有问题。小学、中学、大学各级学校都开设了德育之类的课程,教育学生学雷锋,爱祖国,讲道德,守法纪，但效果并不理想。问题之一是课程内容如浮萍，没有根，离开了文化传统。种瓜种豆、孔融让梨，"文革"以前小学语文的课文，一辈子都忘不掉，不是德育，胜过德育。再如爱国主义教育，日本的爱国主义教育很成功。美国虽然仅有三百多年历史，但绝大多数美国人很爱国，有自豪感。我们中华民族有五千年文明，当世界上很多民族还在茹毛饮血的时候，中华民族已经发展了青铜文明。近代以来落后了，中国人挨打，蒙受屈辱，但如今中华民族已然觉醒，中华民族迅速崛起，同学们将见证中华民族的富强。一个不爱国的人肯定不爱自己，这样的人不但被自己的同胞看不起，也被外国人看不起。因为谁都懂得这样的道理：一个不爱母亲的人，很难想象他不薄情寡义。

孟子同样重视学习。他说人性善，但并没有说社会上都是善人，他并不否认社会上也有恶人。这岂不自相矛盾？非也。孟子认为，虽然每个人内心深处都有善的基因，但要使善的根苗茁壮成长，需要后天环境的培育，需要每个人勤奋学习。他"言必称尧舜"，希望社会上的人们向尧舜学习，向君子圣人学习，使内心深处善的根苗成长壮大，主导人的一生，成为君子，而不是小人。孟子崇尚大丈夫精神，他说："富贵不能淫，贫贱不能移，威武不能屈，此之谓大丈夫。"说起来容易，做起来难。我们有些同学家庭条件优越，想要什么有什么；有的同学家庭条件比较差，生活艰苦，感觉在同学跟前抬不起头。物质条件优越本身不是错，但盛气凌人、目空一切不好；经济条件差也不是错，不勤奋励志不是"大丈夫"。人应该志向高远，做被人尊敬的人。从对人的社会导向来说，孟子的性善学说更有益。20世纪前半期天津有很多"善人"，其中最著名的是"李善人"家族，自晚清到民国，亦儒亦商，富可敌国，乐善好施。老百姓赞颂说："高台阶，黑大门，冰窖胡同李善人！"看，社会下层的人们并不仇富。

荀子的学习理论很有现代性，特别值得我们重视。他说人性恶，但他没有说现实生活中的人必然恶，相反，他批评社会中的恶人恶事，宣扬真善美。

在《性恶篇》中，他主张"化性起伪"，认为人们应该改造自己先天的恶性，培养后天的善性，这后天的善就是"伪"。在荀子学说中，"伪"不是贬义词，而是褒义词，是社会性和文化性的表征。在社会生活中每个人都应该戴上人格面具，做君子而不做小人。一个儿童到了超市，看到好吃的东西就往自己口袋里装，家长连忙阻止，告诉孩子不可以这样做，应该花钱买。一个儿童随地大小便，家长告诉儿童这样做耻辱，应该去厕所。家长教育孩子应该遵守规矩，循规蹈矩就是"伪"。人们常说某个人"虚伪"，在荀子看来，如果每个人都虚伪，如果每个人真虚伪，并且一贯虚伪坚持到底，这对社会有好处。荀子专门写了《劝学篇》，阐明学习的重要性和意义，其中有很多佳句，大家耳熟能详，我们看几句。比如谈学习的重要性："吾尝终日而思矣，不如须臾之所学也。"只要肯学习，就会有进步。有的人一沾学习就犯困，一沾玩乐就来精神，这样的人将来不会有出息。"君子博学而日参省乎己，则知明而行无过矣。"一个人勤奋学习并且付诸行动，随时反省自己的行为，就会少犯错误。"青，取之于蓝而青于蓝；冰，水为之而寒于水。"一个人努力学习，就有可能胜过自己的老师。又比如荀子谈学习贵在持之以恒："学不可以已。"活到老学到老，永无止境。"不积跬步，无以至千里；不积小流，无以成江海。"知识是点滴积累起来的，不可能一蹴而就。"锲而不舍，金石可镂。"我们常说做事情应该"锲而不舍"，这话来自荀子。我清楚地记得，在20世纪60年代的小学语文课本中，有一篇课文的题目就是"铁杵成针"，据说是关于李白的故事。又比如荀子谈社会环境对人格培养的重要性："蓬生麻中，不扶而直；白沙在涅，与之俱黑。"后来，这句话被人们凝练为"近朱者赤，近墨者黑"。了解一个人的人品，可以拿他的朋友作样板分析，物以类聚。在现实生活中，家长为了培养自己的孩子，想尽办法让孩子上重点小学、中学、大学，不但因为师资好，而且因为周围的同学素质较好，免受不良习气影响。经常听到有人批评我们的教育不公平，西方的教育多么公平。就我所知，一些中国人移民到了美国，同样质量的房子不买贱的却买贵的，主要的原因就是为了让孩子进好一点的小学,越是有钱人聚居的地方社会越安定,教育质量越高。这应验了两千多年前荀子之言:"君子居必择乡,游必就士,所以防邪辟而近中正也。"这是"孟母择邻"的国际版。

仁学

儒家之教,孔门之学,一言以蔽之曰"仁学"。不讲仁学,为人不仁,进不得孔门。什么是仁学?诸位上网查一查,找各类辞书翻一翻,众说纷纭。我们不妨看一看"仁"这个字。"仁"是一个会意字,表示二人之间的关系,引申之是指维系人与人之间关系的道德规范和内在精神。我们对仁学的定义是:仁学就是维系良好人际关系的道德学说。人的行动受思想支配,良善的行为受良善的思想支配,这个良善的思想就是仁。仁的内容很广,凡是美好的品德都包括在内。孔夫子有一句简明扼要的解释:"仁者,爱人。"仁,就是爱别人。孔子说,"己欲立而立人,己欲达而达人","己所不欲,勿施于人"。你愿意做的,别人也愿意做,那你应该替别人着想;你不愿意得到的结果,别人也不愿意得到,那你应该替别人想一想。仁人志士具有刚直不阿的品质。反言之,"巧言令色,鲜矣仁",花言巧语,献媚讨好,这样的人算不得仁义之人。一个仁义的人,宁肯牺牲自己的生命,也不做败坏道德、有违良心的事情:"志士仁人,无求生以害仁,有杀身以成仁。"中国古代有很多"杀身成仁"的例子,比如宋代的文天祥,率军抗击蒙古人的入侵,被俘之后,坚贞不屈,英勇就义,用生命捍卫了自己的信念。"文革"时期,把"杀身成仁"用于贬义,就像今天把"小姐"、"同志"等词用于贬义一样,这很恶劣。中国古代是伦理社会,重视伦理,所以孔子说"孝弟也者,其为仁之本与"!一个不孝不悌的人,无论如何也不能算是仁义之人。每个人都爱自己的孩子,这是天性,把这颗心发扬光大,也爱别人的孩子,这就是仁;每个人都爱自己的父母,把这颗心发扬光大,也爱别人的父母,这就是仁。总之,如果社会上的每一个人都将心比心,问心无愧,社会一定和谐,世界必定太平。

儒家的仁学很简单,做起来却不容易。讲一个发生在天津的真实故事,故事的主人公叫白芳礼,生活中的仁者。1913年他出生在河北沧州,家境贫寒,没钱念书,后来一辈子蹬三轮车谋生。1974年退休。1987年的一天,他回沧州老家,看到几个孩子在田里干活,就问:怎不上学念书?孩子们回答:大人不让。他去问家长,家长回答:庄稼人哪有钱供孩子上学。这深深地刺痛了老人的心,在旧社会,自己没钱念书,怎么今天还有孩子因为没钱不能念书。这一夜,老人无眠。回到天津家中,七十四岁的白芳礼对老伴和子女说:"我要把以前蹬三轮车攒下的钱交给老家办教育。"这是老人积攒了一辈子的钱,也是他和老伴的养老钱。从这个时候起,老人又干起了蹬三轮的工作。1994年,老人卖掉了自己的两间旧房,贷了些款,在天津站前用铁皮建了个八平米的小房,成立了"白芳礼支教公司",赚的每一分钱都用于支教。1999年,天津站清理整顿,所有商亭一律拆除。"白芳礼支教公司"没有了,老人哭了,以后用什么挣钱供孩子们读书?那年冬天,老人在车站附近一个自行车棚里看了三个月自行车,每天把所得的1角、2角的钱整整齐齐码在饭盒里。存满了五百元,他揣上饭盒,蹬上车,在一个飘着雪花的冬日来到天津耀华中学。他的头发、胡子全白了,衣服已经被雪浸湿。他把饭盒里的五百元钱交给学校,然后说:"我干不动了,以后也许不能再捐了,这是我最后的一笔钱。"此情此景,在场的老师被感动了。在将近二十年光阴里,老人靠着一脚一脚地蹬三轮,靠着支教公司,把赚来的三十五万元人民币全都捐给小学、中学和大学,资助了三百名贫困学生。谁曾想过,老人自己过的是怎样的生活:他没为自己留下一分钱,从头到脚的穿戴都从街头路边捡来。老人很开心,对人说:"我从头到脚、从里到外的穿戴没有一件是花钱买的,今儿捡一样,明儿捡一样,多了就可以配套了。"每天在外的午饭是两个馒头

和一碗白开水,有时候会加一点酱油。在家吃饭的时候每顿最多吃一块肉或一个鸡蛋,劝也没用,他总是说:"吃多了白瞎。"一年三百六十五天,无论刮风下雨,他从不休息。早晨六点准时出车,晚上天黑回家,周而复始。他曾在三轮车上昏过去,曾在雪天摔到沟里……

这就是仁学的真实案例,一种真诚朴素的精神;这就是仁者,感动每一个中国人的善良老人。仁者的精神,善良而纯洁。

白芳礼

仁学落在政治层面是仁政。孔子讲德政,告诉政治家应该"为政以德",比如富民足君、先德后刑、举贤才等。他说当权者应该以身作则,百姓有了好的表率,就会像众星围绕北斗一样,社会风气自然洁净,政治也会进入良性循环。相反,如果当政者行为不正,社会风气无论如何也好不起来:"政者,正也。"孟子讲仁政,主旨是让百姓安居乐业。孟子曾为梁惠王画了一张仁政蓝图:"五亩之宅,树之以桑,五十者可以衣帛矣;鸡豚狗彘之畜,无失其时,七十者可以食肉矣;百亩之田,勿夺其时,八口之家可以无饥矣;谨庠序之教,申之以孝悌之养,颁白者不负戴于道路矣。"荀子讲王政,他宣称:"百里之地,可以取天下。"战国时期,弱肉强食,何以如此说?关键是得到人民的拥护:"得百姓之力者富,得百姓之死者强,得百姓之誉者荣。"相反,失去人民的支持,政权就会颠覆,荀子引用当时的谚语说:"君者,舟也;庶人者,水也。水则载舟,水则覆舟。"在政治思路上,先秦儒家一以贯之:以民为本,而不是以当权者为本。与法家以当权者利益为本的思路比较,泾渭分明。

礼学

礼是以人为核心的社会制度，其表现形式是社会礼仪，礼的功能是把人们的社会行为限制在一定范围内。法家基于物质关系偏向于法律强制，儒家基于人际关系偏向于道德自律。儒家不反对法治，但儒家的法治以礼治为归依，在立法原则上，法为人服务，考虑人情，不但看结果，而且看动机。在儒家这里，有礼，是人类；无礼，是禽兽。所以荀子说"礼者，人道之极也"。政治的最高境界是礼，不是法。礼与仁为表里，仁是内在精神，礼是外在约束和行为表现，所以孔子说"克己复礼为仁"。

首先，礼是社会制度和社会礼仪。中华民族号称礼仪之邦，历代正史中通常都有《礼书》或《礼志》部分，专门记载政治生活中的典礼。儒家典籍有《礼记》，专门记载相关的制度，尤其是政治祭祀仪式制度。北京有天坛，是皇帝祭拜天神的场所，南郊祭天是最重要的常规典礼。故宫旁还有祖庙，是祭祖的地方，典礼也很隆重。大臣上朝议政，也有特定的礼仪，丝毫不爽，这是制度。刘邦乃一介匹夫出身，打天下当了皇帝，君臣之间在朝廷上议政，乱糟糟一片没有秩序。儒家士大夫叔孙通帮助他制定了礼仪，朝廷上变得井然有序，刘邦十分感慨：我今日方知当皇帝的尊严！这朴素的话语道出了礼仪的功能：使政治行为有序，使社会行为有序，有序才有效率。有人说，那是古代的东西，过时了。从形式上看，君臣之礼的确过时，但问题的关键在于，秩序要求永不过时，无论什么时代的政治都必须有秩序，而礼仪是秩序的表现形式。中国政治正在转型，还没有完全制度化的礼仪体系。即便如此，也有一定的秩序。比如，开党代会、人代会的时候，进入会场的先后顺序，坐次位置，都有规矩，只是没有写进国家的相关典章而已。这其实就是礼仪。

在社会生活中，也有繁琐的礼节。中国古代有一部经典叫《仪礼》，共十七篇，记载了周代士阶层的各种礼节，如冠礼、昏礼、相见礼、乡饮酒礼、乡射礼、燕礼、射礼、聘礼、觐礼、丧礼、既夕礼、虞礼、馈食礼等。学生拜孔子为老师，行束脩之礼，一条咸肉必不可少，这是规矩。唐代开元年间制定了《大唐开元礼》，分为吉、宾、嘉、军、凶五类。近代以来，中国人把自己的礼节尽情抛弃，但日本人、韩国人把从中国传去的礼仪运用得很好。内阁开会，企业开会，无论谁登台讲话，首先鞠躬行礼。即便是普通百姓，见面的时候也要拱手作揖，就像西方人的贴脸、握手。记得在"文革"以前，小学生在校园里见到老师都要立正鞠躬。"文革"破四旧，师道尊严没了，人与人之间的相互尊重也被破坏了。改革开放后，日本、韩国学生到中国留学，见到老师的时候立正鞠躬，反倒让中国的老师觉得有些不适应。现在的校园里，很多学生见到老师如同陌生人，理也不理。上电梯，应该是先出后入，现在国内的情形是，里边的人刚开始出，外边的人一拥而入。不信，到公共场所体验一下。购物办事排队，很多场合也是乱作一团，不成秩序。"文革"破四旧，这是恶果之一。不信你到欧洲、美国、日本、韩国走一遭，看看人家的社会如何守规矩。有趣的是，"文革"破四旧，有的礼仪恢复得很慢，有的礼仪恢复得很快。比如，丧葬礼的仪式，在基层社会中，打幡、抱罐、跳火盆，七七四十九天，一应俱全。听一听很多人的名字，特别是同学们父母一代的名字，什么"跃进"、"文革"、"红旗"……这是特定时代的痕迹。同学们这一代很少听到这样的名字，时代进步了。你们当了父母的时候，给孩子取名字应该向前再走一步，看看台湾同胞的名字，女士叫"惠娴"，男士叫"孝川"，多有文化含义！

其次，礼的功能是约束人们的行为。荀子作《礼论篇》，专门阐述礼的功能。他认为，礼起源于对人们欲望的约束。人生来就有欲望，有欲望就要寻求满足，人们对自我满足的追求不可避免会导致人与人之间发生争端，争端导致社会动乱，任其发展会导致人类文明毁灭。在这种情况下，人们制定了礼，对每个人的行为进行约束。根据文献记载，早在先秦时代君主就有冠冕制度。

君主戴的冕，前后有十几串旒。为什么上朝要戴这样的冕？当然有威严的因素，但更重要的是它限制君主的举手投足，使君主不得随意摇头晃脑，从而显得有威严。诸位不信亲自试一试，然后你就会明白，礼仪的功能包括约束，而不仅是享受。但是，与宗教禁欲主义不同，荀子不是消极看待礼，而是从正面做出评价。他说礼的功能首先是"养"人：日常生活的礼仪养人的身体，人们需要吃饭，于是制定出吃饭的礼仪以供养身体；人们要生育，于是制定出结婚的礼仪以供养身体。也许有人不同意荀子的观点，认为没有礼的话更能满足人的欲望，比如不采用结婚典礼，恢复原始时代的野合方式，岂不更能满足人的欲望？荀子说，那样做是禽兽，不文明。可见，礼的根本功能是文明的约束。

礼的另一项功能是"别"，即区分社会人群，把人们区分成有形无形的群体或等级。用荀子的话说，这叫"贵贱有等，长幼有差，贫富轻重皆有称"。"称"是天平，"有称"就是贫富贵贱的差距合适，不太大也不太小。太大了，社会分裂；太小了，社会没有秩序，因而失去效率。现代社会学有一个术语叫"基尼指数"，与此有点类似。古代的礼是有明确外部特征的，看得见摸得着。比如周代的乐舞制度，天子用八佾，诸侯用六佾，大夫用四佾，士用二佾。纵横一人为一佾，八佾就是由八行八列六十四人组成的舞队，六佾就是三十六人组成的舞队。所以，当孔子听说鲁国的季孙氏使用了八佾乐舞的时候，愤怒地说："是可忍也，孰不可忍也！"因为，如果卿大夫使用了天子的乐舞，那天子与卿大夫还有什么区别！中国古代的婚姻制度是多妻制，皇帝有后宫制度，有钱有势的人纳妾。用荀子的理论解释，这既满足了不同阶层的欲望，也把欲望限制在一定范围内。在古代文献中可以看到，违背礼法、穷奢极欲的人，历来受到主流社会的贬斥和鄙弃。即便在古代，即便制度允许，有些事情仁者不为。

一言以蔽之：儒学让人讲道德守秩序，做社会化的文明人。儒学是以人为焦点的政治学。

赞曰:人性存善恶,人格有高低,儒学重教育,君子恪仁礼。

阅读参考:1. 杨伯峻:《论语译注》,北京:中华书局,1980年;2. 杨伯峻:《孟子译注》,北京:中华书局,1981年;3. 梁启雄:《荀子简释》,北京:中华书局,1983年。

第八讲　儒学与子学

诸子学说各具怎样的特点？有比较才有鉴别。墨家学说以人为本，崇尚没有差别、一视同仁的兼爱，反对巨大的贫富差距，厌恶上层社会的奢侈腐化，期望建立一个人人平等、幸福纯洁的人间社会；与之相反，法家学说以物为本，不讲爱，只讲利益，强调法律，对外推行弱肉强食的霸道；儒家学说兼顾人与物，以人为主，赞成有区别的仁爱，主张有限度的等级差别，对国民教罚并重以教为先，在国际事务中推行王道。墨家学说最讲人情，法家学说最讲效率，儒家学说兼顾人情与效率，以人情为主。

先秦时代，诸子相争，在一系列问题上聚讼不已。到底应该何去何从？需要具体问题具体分析。讨论这些问题，有助于我们认清政治真谛，把握当前政局。

自爱与兼爱

人们常说，每个人都需要爱，社会也需要爱，没有爱的社会阴森冰冷。但是，先秦时代各家对爱的看法却大相径庭。法家否定爱，杨朱学派讲自爱，墨家讲兼爱，儒家讲仁爱，可谓百家争鸣，各具特色。

法家不讲爱,把人当作逐利的动物,从根本上否定爱的价值和意义。商鞅说,如果当政者想爱民的话,那就用法律说话,用刑罚爱民:"法者,所以爱民也。""重罚轻赏,则上爱民,民死上。"这哪里是爱民,分明是憎民。为什么这样?因为你虽爱别人,但无法保证别人爱你,所以,"爱"是靠不住的,不能用以治天下。韩非说,君主绝不能爱别人,否则会使自己陷入危险境地,"爱臣太亲,必危其身。"法家讲法,无论奖赏还是处罚,都强调证据。爱是情感,看不见摸不着,不足为据:"诚有功则虽疏贱必赏,诚有过则虽近爱必诛。"国家救济贫困者,是无功者得赏;国家赦免有罪者,是有罪者不诛。无功得赏、有罪不诛,国家怎能富强!韩非甚至说,谁推行仁义谁亡家亡国,中原各国就是例子。韩非强调,爱是十分有害的东西。爱会害己。弥子瑕年轻貌美有宠于卫君,母亲有病,她矫诏调用国君的乘舆看望母亲。卫君听后没有怪罪,反而赞赏说:弥子瑕爱母情深,不怕矫诏触犯刑律。又一次,弥子瑕与国君在果园游玩,吃到一个桃子很甜,就把剩下的半个给了卫君,卫君说:她真正爱我,都忘了是自己吃剩的!弥子瑕年老失宠,卫君降罪说:你矫称诏命,还让我吃剩桃,有欺君、辱君之罪!爱也会害别人。楚共王与晋厉公战于鄢陵,楚将司马子反渴而求水。侍从谷阳知道子反嗜酒如命,于是给子反递上酒。子反说:拿走,我要水。谷阳说:这就是水,喝点放松神经。于是司马子反接而饮之,酩酊大醉。楚共王命司马子反率军与晋军决战,发现子反醉酒而大怒,斩子反。侍从谷阳本来是爱自己的主人,结果反而害了主人。

杨朱主张爱己,自己爱自己,不劳别人来爱,那样太麻烦。当然,也不要爱别人,那样对不起自己,太亏待自己。因此,杨朱反对儒家的仁爱,更反对墨家的兼爱。杨朱是战国时期的思想家,他的学说别具特色。杨朱的学说不是一般意义上的利己主义,而是极端的自私自利,据说他主张"拔一毛而利天下,不为"。在日常生活中,人们在不影响自己利益的前提下,通常不会拒绝帮助别人。拔一根汗毛无伤于身体,但杨朱不肯,他认为这不是伤害不伤害自己的问题,而是观念和意识问题。杨朱宣称,自己的身体重于一切,世界上的一切都是为自己的身体服务的,而不是自己的身体为世界服务。如果社会上的每个人都这样做,将会天下大治:"人人不损一毫,人人不利天下,天下治矣。"

《列子》一书的《杨朱篇》,保留着后人搜集的有关杨朱或杨朱一派的思想资料,借助这些资料可以勾勒出杨朱派学说的大致轮廓。杨朱学派认为,人生一世如白驹过隙,长寿百年者百不有一。即便活命百岁,童年懵懂和老年痴呆大概占了一半时间,夜里睡觉和白天打盹又占了一半时间,生病痛苦焦虑不安再占一半时间,剩下的真正快乐的时光也就占一生的八分之一,十几年光景而已。这十几年光阴怎样度过?这是杨朱学派给自己提出的问题,也是给社会中每个人提出的问题。他们的回答很干脆:满足自己的欲望,及时行乐。他们赞赏废除政府,认为社会中有那么多道德和法律,使人们的行为处处受到限制约束,几乎与囚徒无异。

杨朱学派主张人生一世应及时行乐。人的一生,贫富贵贱并非自己能够决定,死后变成粪土也并非自己能够改变。活十年是死,活百年也是死,平民百姓会死,王公贵族也会死,这是绝对的无奈。每个人自己能做的,是过好有限的时光,不要管死后的事情,更不要奢望流芳千古。他批评儒家的道德教条害人,伯夷、柳下惠并非无情无欲之人,但他们抑制自己的情欲,使自己不得善终。有人问:孔门弟子原宪生活清苦伤身,孔门弟子子贡辛苦发财也伤身,到底如何是好?杨朱学派的回答是:少干活,多享受,"可在乐生,可在逸身",既要享乐,也要安逸。"乐生"就是过好每一天,乐在当下,乐在眼前。

老庄道家讲养生,杨朱派也讲养生。道家的养生是制欲,杨朱派的养生是纵欲。《列子·杨朱篇》编撰了一些荒诞故事,以讲述纵欲的道理。晏婴向管仲请教如何养生,管仲回答:"肆之而已,勿壅勿阏。"有了欲望就满足,不要忍耐和压抑。让耳朵听美妙音乐,让眼睛看繁花似锦,让鼻子嗅椒兰秋菊,让嘴巴吃天下美味,让躯体从其所欲。遏制自己的欲望,那不是养生,而是害生。该篇还编造了公孙朝、公孙暮两个极端纵欲的例子。公孙朝嗜酒,他家的院子就像酿酒厂,在很遥远之处便酒糟之气扑鼻,酒窖里储酒千瓮。公孙朝嗜酒如命,到了无法自制的程度:整日里醉酒醺醺东倒西歪,既不管国家安危,也不顾家人冷暖,外界发生的事情,他一概不知。公孙穆好色,他家的后院是女人社会,美女群集。公孙暮好色不要命,把自己关在后院,让管家看好门户禁止任何人打扰,断绝与亲戚、朋友的往来,与爱姬美妾耳鬓厮磨不舍昼夜。只要他听说哪里有美女,一定千方百计弄到自己家里。真可谓:"酒色无限好,生死早忘了。朝暮今何在,谁人可知晓。"

杨朱派的死亡观很是潇洒豁达。他们认为人死之后留下的只是一具臭皮囊,没有任何价值和意义,随意抛弃而已。抛弃的方法任其自然,可以焚烧,可以投河,可以坑埋,可以弃之荒野,爱怎么处理就怎么处理,或者说根本就不需要处理。杨朱派引用了一句古谚:"生相怜,死相捐。"活着的时候爱惜自己的身体,使这个身体得到安逸、满足、享乐;死了以后就把这个臭皮囊彻底抛弃,不必口含珠玉,不必重棺锦衣,也不必随葬珠宝玉器,因为这样做对逝者丝毫无益。

对于杨朱派的自爱行径,儒家孟子很是愤怒,大加挞伐。他说,如果每个人只知道爱自己,不懂得爱别人,那社会怎样维系?这是无君,是无政府主义,是禽兽。

墨家主张兼爱,反对杨朱派的自爱。兼,表示同时、两个一样,没有差别;兼爱,就是没有差别的爱,完全相同的爱。当今有"兼职"一词,"兼"表示次要的、附属的,与墨家所说"兼爱"的"兼"不同。《墨子》中有《兼爱篇》,记录了墨子的兼爱理论。墨子的口号是"兼相爱,交相利"。"兼相爱"就是兼爱,兼爱就是没有差别的爱:把别人的国家当作自己的国家去爱,把别人的父母当作自己的父母去爱,把别人的孩子当作自己的孩子去爱。墨子认为,如果社会上每个人都这样做的话,社会将成为一个美好的世界:诸侯国之间没有战争,人与人之间没有勾心斗角,社会上再也不会有骗子骗人。兼爱的具体表现是"交相利",即互利,彼此为对方着想,在社会交往中彼此双方都得到好处,而不是一方得到好处。在国际交往中,不但要考虑自己国家的利益,还要考虑对方国家的利益。因为兼爱,所以墨子反对战争,主张"非攻"。他批评说,在日常生活中,如果谁到别人的果园里偷了几个桃子,被人发现会受到谴责,说这样做不仁不义;如果谁杀了人,会被判死罪,认为杀人是不可饶恕的罪行。可如今的正人君子,派遣军队侵略别国,杀人无数,不但没有受到惩罚,反而受到赞扬,被吹捧成英雄,这岂不是颠倒黑白是非!墨家把大禹作为楷模,据说大禹治水九年,三过家门而不入,"腓无胈,胫无毛,沐甚雨,栉疾风,置万国",为了大众利益忘却了自己。墨家认为,兼爱是消除社会矛盾、避免战争的良方。墨家的兼爱精神很纯洁、很高尚,与基督教"天下之人皆兄弟姊妹"的教义很接近,所以近代曾有人说墨家具有宗教的博爱精神。但也有人认为,这种高尚脱离实际,没有可行性。儒家特别反对墨家的兼爱主张,认为这违背社会伦理,不合人情。孟子义愤填膺地斥责说:按照墨子所说,对待别人的父亲像对待自己的父亲一样,那自己的父亲被置于何等地位?如果没有区别,那岂不是认人作父!庄子则批评说,墨家一生辛劳,只为别人不为自己,"使人忧,使人悲",这样的人生观不可取,这样的人生是悲剧!

儒家讲仁爱,既反对法家的冷酷无情和杨朱派的自私自利,也反对墨家的爱无等差。仁就是爱别人,仁学就是爱别人的学说。不过,仁爱并非毫无条件,而以秩序和规则为前提。在儒家讲"三纲"的时代,儒家的仁爱就是以三纲为原则的爱。君为臣纲,君主对臣民之爱是高高在上的爱,臣民对君主之爱是忠心耿耿的爱;父为子纲,父母对子女之爱是长辈的爱,子女对父母之爱是敬顺的爱。有人说,社会发展了,三纲过时了,儒家的仁爱不再有意义。这样的看法大可商榷。社会固然会变,儒家重差别、讲仁爱这一精神仍有意义。在现代社会生活中,儒家仁爱的精髓是"老吾老以及人之老"、"幼吾幼以及人之幼",是一种由己及人、由近及远的爱。我爱我的孩子,所以我也应该善待别人的孩子。我只有一块糖,当然留给自己的孩子;我的糖有很多,也不妨分给别的孩子。儒家的仁爱虽然不够纯洁伟大，但现实可行，人们做得到，容易接受。

平等与差异

当代的人们普遍秉持这样一种信念：古代是等级社会，没有平等可言；现代是民主社会，人人平等。比如美国联邦宪法规定：政府官员不得接受外国政府和组织授予的贵族爵位和称号。然而问题的真相是：现代是否真正的平等社会？未来能否建立一个真正平等的社会？

较早关注平等问题的，是战国时期的墨家。墨家从下层民众的立场出发，强烈反对等级制度，主张人与人之间应该相对平等。墨家的平等思想体现在主张贵族节食、节用、节葬、非乐诸多方面。

墨家主张贵族节食。他们认为，吃饭不过是为了填饱肚子，这是生存之需，无可非议。但问题是贵族阶层在饮食方面挥霍无度，"美食刍豢，蒸炙鱼鳖，大国累百器，小国累十器，前方丈，目不能遍视，手不能遍操，口不能遍味"，过于奢侈浪费。这种社会风气上行下效，影响极坏。贵族们或许忘记，他们的享受来自国家赋税，取于百姓，他们挥霍的是百姓的血汗，天下的百姓想要粗茶淡饭都不可得，在忍饥挨饿。所以，墨家呼吁贵族节食。

墨家主张贵族节用。节用涉及生活的诸多方面，墨家讨论甚多，这里仅以宫殿为例。他们认为，远古时代本无宫殿，人们陵居穴处，易处而居。后来社会进步，懂得了穴居对健康不利，于是修造了宫殿。墨子说贵族住在宫殿无可非议，但宫殿不是越大越好，也不是越多越好，够用即可。他的标准是，屋墙的厚度足以抵御风寒，屋顶足以遮蔽风霜雨露，屋子里干干净净足以供祭祀神灵使用，院墙的高度足以防止男女混迹，这样就足够了。看，这是社会大众的实用主义，是百姓的生活观念。

墨家反对贵族音乐制度。人们常用"钟鸣鼎食"来描述古代贵族的生活，意思是说贵族吃饭的时候旁边有乐队伴奏。其实，不仅在吃饭的时候，在很多场合都奏乐，这是制度，不仅是隆重，也是一种节奏。古代是贵族社会，贵族的个人生活是政治生活的一部分。对于政治活动中的音乐制度，墨子提出异议，认为这没有必要。他质问：在政治生活中使用大钟、鸣鼓、琴瑟、竽笙等音乐器具，奏出百般美妙的音乐，虽然感官得到了享受，但对社会到底何益？墨家认为不但无益，反而有害：官员听了耽误政事，百姓听了耽误生产。音乐制度还浪费了物质财富和人力资源，影响了百姓生活。墨子说百姓有三患：饥者不得食，寒者不得衣，劳者不得息。这三患怎么造成？就与音乐制度有关，所以他说"为乐非也"。

墨家主张贵族节葬。当代中国考古事业卓有成就，特别是墓葬考古的成就举世瞩目。为什么？因为古代中国人重视丧葬，认为死是去了另一个世界，同样需要吃喝享受，于是有了陪葬制度。这给后人留下了一笔宝贵的考古学遗产。对于是否应该留下这笔遗产，墨家持否定态度。墨家认为，生活资料乃人们生活所必需，活着的时候需要节俭，更何况死后，不该让死人掠夺活人的财富。埋葬是必要的，以实用为限度。棺木的厚度三寸，足以坚持到骨头腐朽即可；寿衣三层，足以坚持到肉体腐烂即可；墓葬的深度，不影响农田的耕作、臭气发泄不出来即可。不仅如此，下葬以后也没有必要长时间守丧，应该尽快恢复生产，恢复正常生活。

总之，墨家坚决否定不平等的礼乐制度。墨家并非不懂享受的快乐，而是他们认为少数人的奢侈快乐不合理，既违背圣人之道，也伤害多数人的利益。墨家的主张很有现代气息。现代人主张人权和平等，两千多年前的墨家就有类似主张，岂不高尚？

法家突出个人，反对平均主义。法家强调个人利益，主张个人利益高于一切，每个人活着都是为了自己，人不为己天诛地灭，这是动物界的普遍规律。因此，若要富国强兵，别无它法，只有以利害为驱动。商鞅在秦国实施二十等爵制度，不同等级的人享受不同的待遇，这不仅包含利益，而且包含等级身份差异。法家主张，如果你有能力，你完全有理由穷奢极欲，不必顾及下层民众的生活和感受。韩非曾评论说：尧舜身为君主，饮食起居与平民无异；大禹身为君主，治水九年，三过家门而不入，臣虏之劳不烈于此。当这样的君主还有什么意义！在秦始皇统一中国的过程中，每攻破一个国家，都要仿照该国宫殿在咸阳城北复建，所得诸侯美人钟鼓以充之。《三辅旧事》记载说："始皇表河以为秦东门，表汧以为秦西门，表中外殿观百四十五，后宫列女万余人，气上冲于天。"秦二世为皇帝，他宣称："贵有天下者，得肆意极欲。"天下是他个人的财产，他想怎样享受就怎样享受。

儒家讲礼制，既不赞成墨家的平等，也反对法家的极端个人主义。礼制就是有限度的社会差别和尊卑秩序。儒家的孔子和荀子都极端重视礼制，认为没有礼制就没有人类文明，也就没有社会秩序和政治效率。荀子认为，如果把社会财富平均分配，会使整个社会陷入贫穷；如果让社会中的人们没有尊卑等级，会使整个社会失去秩序；如果让社会中的人们没有贫富差别，就没有人愿意勤奋努力，社会的发展就失去动力。这是由于"两贵之不能相事，两贱之不能相使"。两个有钱人到了一起，彼此不服气；两个没钱的人到一起，谁也不听谁使唤。荀子强调，古代的圣王明白这个道理，于是制定了尊卑贵贱制度，使社会建立了秩序。当然，礼法应该有一定的限度，应该控制在合理的范围内，兼顾社会整体利益，考虑社会各阶层的心理承受能力。自然界有天高地卑，人类社会有贵贱等级，这天经地义。荀子继承了前人"维齐非齐"的思想，认为只有使社会区分成等级，使人与人之间"非齐"，社会才有秩序和效率，才会"齐"。他把等级制度说成是"养天下之本"，在这里，社会差异不但不是负面的，相反具有使社会井然有序的意义。

墨家的平等与法家的个人主义，两种学说尖锐对立，到底孰是孰非？我们不妨回顾一下中国大陆近几十年的风雨经历。大概是在1967年的一天，突然又发生了一个重要事件，"两报一刊"（《人民日报》《解放军报》《红旗杂志》)发表了重要社论,于是人们蜂拥上街,敲锣打鼓游行庆祝。两报一刊社论的核心内容是消灭资产阶级法权,实现人与人之间真正的平等。社论说,资产阶级的平等是形式上、字面上的平等,不是真正的平等,因为在资本主义国家存在着严重的贫富差距。建设共产主义,就是要实现真正的平等,每个人都不受歧视,都真正成为社会的主人。粗略回忆,大致如此。后来从事历史研究,才明白这样的事件并非偶然。中国共产党建立时期的宗旨,就是要消除社会上的不平等,建设共产主义。从民国早期的打土豪分田地,到20世纪中期以后的公私合营、人民公社,一直在向这个理想前进,"文革"中两报一刊的思路,不过是继续和延伸。从超然的立场来说,平等、平均是一种高尚的追求,没有压迫,没有剥削,无论能力高低,人们共同享受劳动成果,这是一个多么令人憧憬、类似基督教天国和佛教净土的世界!但实际结局却是悲剧:这条路走不通,它带来的是生产的低效率,政治的动乱。记得20世纪80年代姜昆说过一个相声:一个人在家做饭忽然发现酱油用尽了,跑到副食店去买,副食店的售货员在柜台里聊天,不予理睬。买酱油的人着急催促,售货员严词斥责:你以为自己是谁,有什么资格指挥别人为你服务!这是"文革"期间中国企业、商业状况的真实反映。那时候,人们出工不出力。在农村,社员到田里不卖力;在工厂,工人上班干私活。今天看来,邓小平改革开放解放生产力没什么奥秘:让每个人的劳动与自己的利益相联系。包产到户,农民不会到自己承包的田里消极怠工;商铺私营,店主不会不理睬顾客。从私有制到公有制再到私有制,中国社会走了一段崎岖的道路,然后重新复归过去。中国的这场政治实验并不孤立,19世纪早期,英国人欧文早就实验过,也失败了。这是令人遗憾却无奈的结局。

当前随着中国社会变革的深入,人们从过去的大锅饭逐步转向注重功利,从追求平等转变到讲究效率。在这一过程中,新的社会阶层正在形成,人与人之间拥有的财富出现巨大差距。失落的人们内心陷入深深的痛苦,痛苦中的人们怀念相对平等的过去。但是,从过去的苦难中刚刚走出来的人们理性地知道，回到过去是一条死路，社会上的每一个人都应该有尊严，社会作为一个整体也应该有效率。墨家强调每个人的尊严，见人不见物；法家注重物的效率，见物不见人。墨家追求人际平等，代价是社会失去前进动力；法家追求富强和效率，代价是社会矛盾加剧。儒家在注重人际和谐的同时，也注重物质效率，是一种现实的中庸主义。

人本与物本

新世纪以来，中华人民共和国政府提出"以人为本，执政为民"的政治理念，强调关注民生，建设和谐社会。在学术界，有学者把"以人为本"解读为传统的"以民为本"，用儒家民本思想进行诠释和阐述。这样做，无意中忽略了一个理论前提："以民为本"是君主政治的产物。中国古代儒家有民本思想，《尚书》中说："民惟邦本，本固邦宁。"意思是说，民安则国安，民乱则国亡。《孟子》说："民为贵，社稷次之，君为轻。"《荀子》也说："天之生民，非为君也；天之立君，以为民也。"孟子和荀子明确地把君主与民众之间的关系提出来，强调民的重要性，告诫君主不要把自己看得太伟大，否则会灭家亡国。远距离鸟瞰，儒家之所以强调民本，是因为既定的政治体制是君主制度，君主一人牵系国家命运。在现代民主政治体制下，不可能产生"民本"主张，更不适用民本主义。

先秦儒家政治理念的焦点是以人为本。儒家没有直接提出以人为本的政治命题，但他们的关注点在社会的和谐与稳定，政治活动关注的焦点在人。儒家讲人性论，无论是性善还是性恶，都注重人的学习和教育，都提倡道德仁义，都强调对人的培养和改造，都注重以人为对象的社会秩序。因此，儒家之学是政治人学。离开了人，儒家学说便无所归依。先秦法家没有直接提出以物为本的政治命题，但他们的关注点在物质关系和法律。法家不讲人性和爱，把人当成经济动物，强调人与人之间的虎狼关系，政治上重视经济和行政效率。因此，法家之学是以物为本的法律之学。离开了物，法家学说会成为空中楼阁。以人为本和以物为本两种政治理念，各有利弊，都有存在的道理。然而，"以人为本"与"以物为本"两种主张根本对立。

战国是一个兵荒马乱的时代，各国之间弱肉强食，诸侯各国纷纷败在秦国手下。关于诸侯各国惨败于秦的原因，韩非曾做出深刻总结。他指出，中原地区的诸侯国家在与秦国的较量中之所以败下阵来，是因为受到了儒家文化的影响，在政治活动中有以人为本的因素；秦之所以越战越强，就是因为秦国重视物质建设和强化法律。韩非的总结固然有理，但只对了一半，另一半他没有看到。还是法家的以物为本的理念，几乎还是原班人马，秦帝国十几年而亡。其原因，西汉早期的思想家也有总结：攻守异术。就是说，秦帝国时期没有实行以人为本的政治策略，结果导致亡家亡国。

当今的人们有一种愿望，既想保持经济的高速发展，又想维系过去那样和谐的人际关系，鱼和熊掌兼得。这完全是美好的一厢情愿，实际上行不通。经济高速发展以社会的不和谐为代价，社会和谐以经济低速发展甚至停滞不前为补偿。学术界几十年前曾经热烈讨论中国"封建社会"为什么长期停滞不前，为什么失去发展动力。学者们提出过各种各样的观点，如地理环境、亚细亚生产方式、重农抑商政策等等，但均未切中要害。帝制时代的中国社会发展缓慢，原因有二。第一，过于注重以人为本，轻视功利，儒家政治意识形态是主因；第二，以老大帝国自居，缺乏外部威胁刺激，因而不思进取。秦帝国以物为本自取灭亡，汉朝至清朝以人为本社会稳定，却失去了发展动力。既缺乏内驱力，也缺乏足够的外部刺激，怎能不停滞！

当代西方世界至少有两种不同的社会发展模式。一种具有以人为本的倾向，北欧国家为典型，这里曾经是近代文明的先驱，但社会的稳定使社会在某种程度上丧失了蓬勃发展的活力。另一种具有以物为本的倾向，以美国为典型，起步虽然相对较晚但充满经济活力，成为当今世界最强大的国家，但社会贫富分化相对严重。直观的感受，只需看看世界上哪个国家富人最富，哪个国家职场上最刺激，哪个国家的刑罚更重，结果便知。挪威人布雷维克制造爆炸枪击案，死亡七十七人，受伤二百余人，经过一年多的审理，最终被法院判处二十一年监禁。根据挪威法律，布雷维克十四年后便可假释，在监狱里的物质条件比某些发展中国家普通公民的条件还优越。许多国家的人不理解，但挪威人理解，有见地的社会学家和有识之士理解。美国有民主、共和两大政党，民主党倾向于平等，操作上偏向于以人为本，实际效果是社会和谐。共和党倾向于资本效率，操作上偏向于以物为本，实际效果是富国强兵。有人说，民主党倾向于代表劳工利益，共和党倾向于代表有钱人利益。这大体上差不多。民主党推行普遍的社会医疗保障制度，共和党坚决反对，指出这会拖住美国经济。社会和谐与国家富强怎样取得平衡，取决于两党斗争的结局，这个结局就是美利坚共识。这是儒家与法家两种政治路线之争的现代版。

对于当前的中国社会来说，情况比较复杂。一方面，我们面临动荡不安的国际环境。当今不是一个安定的世界，在一定程度上，当今仍是一个弱肉强食的世界。明清时期，西方列强打上门来，古老帝国开始陷入生存危机。在这种情势下，中华民族警醒奋起，从追求以人为本变成随后的注重以物为本——早期是"师夷之长技"，近年是重视GDP。绝大多数中国人认识到，中华民族要图存就必须自强，要自强就必须富国强兵积极进取。另一方面，在经济快速发展的同时，社会各阶层也急剧地分裂，社会分裂孕育着社会危机。也正是在这样的背景下，官方提出"以人为本"的政治策略，要使GDP成为绝大多数国人的GDP，加强社会保障和社会福利制度。这样一来，势必放缓经济增长速度，这是无可奈何的结局。问题的关键在于，如何在外部威胁和内部矛盾中找到一条中间的道路，在人本与物本之间找到一个平衡点，这是当前迫切需要解决的宏观政治文化问题。解决这一问题需要以史为鉴：不但借鉴先行一步的其他国家的经验，也要借鉴中国历史上曾经的经验。解决中国的问题，要靠中国人自己，简单地照搬某种模式未必符合中国实际。

以人为本的宏观策略是一个系统工程，涉及因素很多，比如重人性，倡导人与人之间关爱重于利益，在国民教育中注重人文素质的培育，弘扬社会公德，建立基于人的社会秩序，等等。人本政治的表现之一是注重执政者的表率作用。春秋末期，鲁国执政者季康子苦于盗贼蜂起，问计于孔子。孔子的回答是："苟子之不欲，虽赏之不窃。"如果你不贪婪，百姓就不会这样。季康子后来又向孔子问政，孔子告诉他："政者，正也；子率以正，孰敢不正！"上梁不正底梁歪，人本政治表率很重要。

道德与法律

道德是社会中人们行为的自律机制，法律是社会对每个人的强力约束机制。任何一个稳态的社会都是道德自觉与法律强制的统一。总体看来，儒家把道德自律放在第一位，法家把法律强制放在第一位，两家之间相互对立。

先秦儒家讲仁义礼智信，号召人们自我改造，"吾日三省吾身"，做一个自觉的君子和道德完人。所以，儒家重视教育，崇尚圣人，宣扬楷模。这对整肃人心和稳定社会发挥了重要效用，但副作用是压抑了人们建功立业的积极性，增加了社会惰性。孝道是传统道德的核心，尊老被认为是中华民族的传统美德，但在古代的时空条件下，尊老与"三纲"的"父为子纲"互为表里，它牺牲了子孙的利益。当泰坦尼克号邮轮即将沉没的时候，按照现代的道德规则，应该让孙子首先逃生；而按照中国传统伦理，应该让爷爷保命。两种不同的道德取向，一个着眼未来，一个盯着过去。惰性与进取，一事毕现。

先秦法家轻视人情，强调物质利益和法律。极端的法家人物主张，每一个人活着都是为了自己，世界上没有道德良心，也不存在真正的圣贤良善。法家贬低血缘伦理，用物质利益衡量家庭内部的人际关系。在社会上，人们为了利益你争我夺，彼此之间就是虎狼关系。在政治上，谁创造物质财富就得到奖励，谁杀敌多就得到更高的爵位，只看结果不看动机，衡量每一个人是非功过的依据唯有法律，法律是调节社会关系的准绳和利器。法家强调枪杆子里面出政权，谁有暴力谁当皇帝。除了君主以外，在法律面前人人平等，没有治外法权。法家学说的特点是激励进取，有利于国家富强，但缺陷是激化社会关系，容易使社会陷入动荡和危机。

中国古代儒家政治术的特色之一是教罚并用，以教为先。以教为先还是以罚为先，这是儒法两家政治术的分水岭。儒家重道德，道德离不开教育，所以儒家重视教育，提倡做道德君子，不做小人。法家重利益，解决物质利益离不开法律，所以法家重视法律，主张完善法制体系。在先秦晚期大儒荀子那里，实现了教与罚的儒家统一。荀子既重视法律，又强调道德人心。他说"水行者表深"，法律就是人们的行为准则；他又说法律为人服务，而不是人为法律服务，终极的裁决者应该是人，而不是法律，所以他又说"有治人，无治法"。当前中国社会转型，一方面在加强法制建设，跟上现代社会的步伐；另一方面在加强道德教育，把国民培养成现代化的公民。从历史经验看，转型期的社会法律建设与道德建设不应脱节，否则有可能酿成严重的社会危机。

霸道与王道

"道"的本义是道路，在社会领域是指行为取向和方法。法家讲"使民之道"、"用兵之道"、"霸王之道"、"君之道"，泛指政治方法策略。儒家讲"王道"、"霸道"、"无道"，既指政治策略，也指政治道德。"霸道"与"王道"，既是国际策略，也是国内策略。

法家直言不讳地奉行"霸王之道"，简称"霸道"。奉行霸道靠武力，而不是靠道德仁义。商鞅说："国之所以重，主之所以尊，力也。"若要武力超越别国，在政治措施上一要富国，二要强兵，富国是强兵的基础。反映在秦国政治中，就是推行耕战政策。商鞅提出，农民想致富，唯有多打粮；士卒想有功，唯有多杀敌。这既是务实精神，也是强盗逻辑。韩非至秦，向秦王嬴政论述秦所以"失霸王之道"，乃在于秦先后接受楚、魏的议和请求，坐失吞并别国良机。秦国后来在十几年的时间里，风卷残云般吞并中原各国，毁人宗庙，亡人社稷，丝毫不存怜悯之心，虽被称为"虎狼之国"，却是法家霸道的成功实践。

与法家截然相反，儒家奉行王道。《荀子》书中有《王霸篇》，专门阐述了儒家的国际战略。荀子认为，国家的产生乃因应社会生活需要，是为了社会整体利益，而非少数人的利益。因此，他以义、信、利为三种不同的道德标准，对儒家的国际策略进行了阐说。儒家的最高理想是行"王道"。王道的核心是行道义，行道义的表现是讲礼义，举义士，行义法，有义志，具体说就是前面谈到的以人为本、重道德、行仁爱。荀子认为行王道则天下归心，不战而王。商汤、周武最初仅有百里之地，最终得到了天下，原因正在于"义立而王"。其次是"霸道"。霸道的核心是重信用，重信用的表现是讲法律，令行禁止，不但取信于民，而且取信于邻。这样的国度虽然达不到王道的境界，不能践行道义，不能使天下人民风随影从，但能守住信用，不致人心离散。这样的国家能够富国强兵，威震天下，春秋五霸是成功的范例，他们的成功在于"信立而霸"。等而下之者是"无道"。无道就是不讲道义，政治行为没有任何规则，只贪求自己的利益，不讲礼义，人们之间相互欺诈，整个社会分崩离析，与邻国之间互不信任，彼此猜忌。这样的国家可以强盛一时，却难以长治久安，齐闵王、孟尝君是其例，他们的覆灭乃在于"权谋立而亡"。儒家的国际策略听起来高尚，但在战国时期全然无效，导致中原诸侯国破家亡。

法家讲"霸道"，儒家也讲"霸道"，名同而实异。法家的"霸道"近似儒家所说的"无道"，但与儒家所谓"无道"也有不同。比如，儒家说推行"无道"而社会分崩离析，但法家之道并非无道，仅仅是不符合儒家之道而已，况且战国中后期推行霸道的秦国非但没有分崩离析，而且越战越强。如果说在和平时期推行法家的霸道属于"无道"，这大体上可以成立，因为秦政使帝国崩溃解体。儒家的"王道"与法家的"霸道"分别属于两个对立的话语体系，没有彼此交流沟通的余地；"王道"与"霸道"分别适应不同的国际环境，没有高下优劣。在中华民族崛起的今天，到底应该行王道还是霸道，主要取决于当前所处的国际环境，同时也要考虑国内情况，综合起来考虑。因时而变，不守一是，根据具体情况采取相应的国际策略，这应该是转型期中国政治应予规划的重大问题。

赞曰：自爱与兼爱，人本或物本。畸轻与畸重，儒家取折中。

阅读参考：1. 孙诒让：《墨子闲诂》，北京：中华书局，1986年；2. 杨伯峻：《列子集释》，北京：中华书局，1979年。

第九讲　汉代经学

经是传统文献的神圣化和权威化形式，经学是根据现实需要和学术规则而进行的文献诠释。经学的功能是为政治提供支撑，奠定政治秩序、政治伦理、政治操作的理论基础。表面上，现实遵循经典；实际上，经典屈就现实。当二者完全无法相容的时候，政治转型也就来临。中国传统经学是官方政治学说，是官方意识形态的学术形式，它以儒学为内核，促成了中世纪社会的和谐稳定。

前两讲，我们谈了儒学的主要内容和基本学术特征。我们指出，儒学本质上是政治学术，功用在于指导政治。正是由于这一特质，秦汉时期的儒学跌宕起伏波澜不已：秦代遭遇"焚书坑儒"，跌入地狱；汉代欣逢"独尊儒术"，升入天堂。儒术独尊之后，儒家的部分著作被官方奉为宪政经典，其内容被推崇为政治的指导思想，并被赋予神圣的性质，官方经学由此产生。近几年，社会上兴起了读经热，人们对"四书五经"颇感兴趣。那么，什么是"经"？"经"讲的是什么内容，对社会和人生有什么意义？这是值得讨论的问题。

经与经学

"经"与"经学"是两回事。"经"是经典，它不是一般意义上的文献，而是一个民族文化的核心和精髓;"经学"是对"经"的诠释,是特定社会环境下人们对"经"的理解,为特定的社会服务。"经"是圆心,"经学"是圆周。从表面看,"经学"围绕着"经"转,"经"是本,"经学"是末;但实际情形恰好相反。

1. 什么是经?

从字形结构看,"经"是形声字,词源与"巠"字有关。据许慎《说文解字》:"巠,水脉也,从川在一下。一,地也。"清人段玉裁解释说:"巠之言濥也。濥者,水脉行地中濥濥也,故从川在地下。"这把问题复杂化了。"巠"表示水流长长,"经"表示"经纬"之"经",指丝帛纵向的纤维,引申为社会生活的原则精神,横向的纤维称"纬"。广义上的"经"指某一学派、某一方面的重要著作,如《黄帝内经》《甘石星经》《山海经》《水经》《墨经》等,狭义上的"经"仅指被官方指定的用于指导社会和政治生活的文献。我们这里讨论的是后者。

汉武帝罢百家,尊儒学,这个儒学不是我们今天泛泛而言的儒学,而是狭义的儒学。从汉代到清代,作为官学的儒学有特定的内容。汉武帝立五经博士,官方确认的五经是《诗》《书》《礼》《易》《春秋》。唐代的《五经正义》,还是这五经。宋明时期理学居主导地位,"四书五经"立为官学,具有特殊地位。清朝的时候,理学衰微,又有"十三经"之说。反过来看,秦始皇"焚书坑儒",而不是"焚经坑儒",因为秦朝不认为儒家经典是"经"。在特定的儒家文献名称上冠以"经",并使其神圣化,是政治行为,不是学术行为。我们今天用《诗经》《易经》等名称,不过是沿用了古代的传统,约定俗成罢了。

2. 五经概述

汉代有五经,即《诗经》《书经》《礼经》《易经》《春秋经》。

《诗经》是中国最早的诗歌总集,凡三百零五篇。西汉立于官学者有三家:《鲁诗》《齐诗》《韩诗》。三家诗均已失传,现今流传的是汉代的《毛诗》《毛诗》分风、雅、颂三部分。风是周南、召南等十三个地方的民歌；雅包括大雅和小雅，是贵族诗歌，其中有周人的史诗；颂有周颂、鲁颂、商颂，是祭祖时赞颂祖先的庙堂诗，其中有些诗篇是商族、周族人的史诗。

《书经》又称《尚书》，是中国上古时代档案文献的汇编，大多是君主的诰命。早期政治不发达，君主有重要的讲话，史臣记录下来，这就是诰命。《尚书》中既有实录，也有传说资料。《尚书》又有今文、古文之别。今文《尚书》汉初的时候传自济南人伏生，凡二十八篇。古文《尚书》汉武帝时出自孔壁，凡四十五卷。汉武帝时立于学官的是今文《尚书》。保存在"十三经"中的《尚书》五十八篇，一些学者怀疑其中一些篇章是后人伪造，不是孔壁所出。今文《尚书》记载了传说时代尧舜的事迹，也有夏、商二代口耳相传的资料，但主要的是西周早期国王的诰命。

《礼经》又称《仪礼》《士礼》，是关于士阶层礼节的文献，凡十七篇，主要有冠、婚、丧、祭、射、乡、朝、聘八纲。如冠礼，详述了加冠时的陈设、仪式、致辞等。

《易经》，凡六十四卦，前面已作专门讲述。

《春秋经》又称《春秋》，是春秋时期鲁国的大事编年，上起鲁隐公元年，下迄鲁哀公十四年，凡二百四十二年。约定俗成的说法是"孔子作《春秋》"，准确地说是孔子编《春秋》，把鲁国的档案编纂起来，用作教材。《春秋经》文字简略，需要解释，于是有了"三传"，《左传》《公羊传》《谷梁传》，是左氏、公羊氏、谷梁氏三家对《春秋》的解释，角度和风格不同。汉武帝时立于学官的是《公羊传》。

西汉立于官学的五经与孔子有着比较紧密的联系。在教授生徒的过程中，孔子对古代典籍加以整编当作教材，对内容的取舍隐含着他个人的政治观点和思想倾向。比如，孔子选西周以来士大夫礼节文献十七篇而为《仪礼》，编古代占筮文献而为《周易》，编鲁国历史档案而为《春秋》。孔子与五经的关系，是"述而不作"，即对原有资料加以整理，而不是撰写。

3. 经学

经典是先哲留下的文化遗产。汉代政府开始把某些经典钦定为政治上的"经",是因为先哲留下的文化遗产对安邦治国有用,现实离不开传统。但另一方面,"经"毕竟是文化遗迹,未必完全与现实生活相适应,需要对"经"作现实化的诠释,这种具有时代特征的诠释便是经学。经学是一个既依附于"经",又相对独立的诠释体系。从理论上说,经学是对"经"的解释;从实践上看,经学是现实生活的产物,经学的内容随着现实生活转移,现实生活是"经"复活的土壤和依据,违背现实需要的"经"没有立足之地。在中国,约定俗成所说的经学,仅仅指汉武帝以后立于官学的以"五经"或"四书五经"为核心的政治学术,经学的功能在于对现实政治提供理论支持,并在一定程度上用传统的权威约束政治。因此,中国传统经学是学术,更是政治,是这二者的有机统一。

有些学者不注意区分"经"与经学,将先秦时期的儒家著作与帝国时代的经学混为一谈,往往造成误解。战国至秦,儒家著作是诸子学术的一部分,没有特殊地位,特别是秦帝国时期儒学在政治上还受到严厉打击。汉代至清代,儒经是官方意识形态的精髓与核心,在政治上具有神圣性。战国时代,道家、法家对儒学肆意攻击,这是学术,与官方没有必然的瓜葛和联系;魏晋时代,嵇康"非汤武而薄周孔",贬"六经为污秽",结果人头落地,这是政治。古代这样,后世何尝不是如此。

经学的神圣性

凡是被奉为"经"的东西,都具有不同程度的神圣性,宗教经典神圣性最强,政治经典次之,专业性的经典又次之。当今一些高考学子为求吉利,高考前到文庙拜孔子，把孔子奉为文曲星，祈求圣人能给自己带来好运。这一传统其来有自，发端在汉代，从汉代开始孔子被奉为神明，五经被认为是神灵赐予汉家王朝的政治宝典。

经被说成是神圣的，作经典诠释的经学同时也获得了神圣性，这反映在汉代的谶纬经学中。汉代的"经"经过了一个神圣化过程，肩负这一使命的是谶纬，谶纬是两汉经学的主导形式。谶的特点是"诡

黄河水清，

气顺则治；

主客不分，

地支无子。

图谶

为隐语，预决吉凶"，谶纬就是预言。举个例子。题名唐代"司天监袁天罡、李淳风撰"的《推背图》是谶的例子，第三十三图，左为图，右为谶。明清之际的金圣叹解释说，"黄河水清"指清朝，"气顺则治"指顺治，"主客不分"指满族作为客族入主中原，"地支无子"殆指时间在"丑"。纬的特点是"经之支流，衍及旁义"，即发挥经义。纬与经并存，纬书是经书的附属物，纬书属于经学。经的内容是死的，不会变；纬书的内容是活的，与时俱变。汉代经学、宋代经学、清代经学各不相同，便是例证。

汉代的纬与谶往往分不开，纬中有谶，谶中有纬，所以人们通常泛称谶纬。譬如《春秋演孔图》说："孔子母徵在梦感黑帝而生，故曰玄圣。""玄"是黑的意思，"玄圣"就是黑色的圣人。这是启示人们，《春秋》中早就有记载，孔子是黑帝之子，是上天的使者，他来到世间承负着上天赋予的重要使命。这样一来，《春秋演孔图》就有了政治预言的性质。遗憾的是，《春秋演孔图》的"图"已不存，我们只知道内容的片断，否则它图文并茂或许不比《推背图》

逊色，从而为后人了解汉代谶纬提供一个范本。明清时期，在民间流行的连环画《孔子圣迹图》中，孔子就是神圣，具有半神半人色彩，大家不妨看一看该书的《麒麟玉书》《二龙五老》《钧天降圣》，便可一目了然。谶具有神秘性质，谶纬经学自然也就具有了神秘色彩。汉代经学的主流是谶纬。当前讲汉代经学的著作，大谈今古文经学之争，淡化汉代谶纬学说，容易使人产生误解。

麒麟玉书

汉代谶纬经学发端于汉儒董仲舒。董仲舒是春秋公羊学经师，公羊学被立为官学就有他的功绩。董仲舒的代表作《春秋繁露》，就是对《春秋经》的演绎发挥，他的天人感应政治学说，把天描绘成人类社会的主宰和政治的监督者，把既存的社会秩序和政治秩序说成是天的意志，把特定的政治伦理说成是天道，进而构建了一个新的官方意识形态体系。谶纬经学的大规模兴起是在西汉后期，当时出现了一批方士，如夏侯胜、眭孟等人，他们活跃于政治舞台，用谶纬解释政治现象。东汉建国后，"宣布图谶于天下"，谶纬典籍篇目被国家钦定。在东汉的宪政文献《白虎通义》中，谶纬神学是经学和政治的支柱。由于谶纬容易被政治野心家利用，造成政治上人心不稳，所以魏晋以后逐渐被官方限制。但在帝国时期，谶纬从未绝迹，经学始终具有不同程度的神圣性质。

下面举个汉代经学神秘主义的简单例子。汉代易学的做法之一是把坎、震、离、兑四卦称为"四正卦"，每卦六爻，四六二十四爻，正好配每年二十四个节气，于是经学家把某爻与某节气对应起来，并且标示出这一节气应该出现的物候特征，在物候与卦爻之间建立起对应关系，如下表所示：

卦名	卦爻	节气	物候
坎	初六	冬至	蚯蚓结，麋角解，水泉动
	九二	小寒	雁北向，鹊始巢，野鸡始鸲
	六三	大寒	鸡始乳，鸷鸟厉疾，水泽腹坚
	六四	立春	东风解冻，蛰虫始振，鱼上冰
	九五	雨水	獭祭鱼，鸿雁来，草木萌动
	上六	惊蛰	桃始华，仓庚鸣，鹰化为鸠
震	初九	春分	玄鸟至，雷乃发声，始电
	六二	清明	桐始华，田鼠化为鴽，虹始见
	六三	谷雨	萍始生，鸣鸠拂其羽，戴胜降于桑
	九四	立夏	蝼蝈鸣，蚯蚓出，王瓜生
	六五	小满	苦菜秀，靡草死，小暑至
	上六	芒种	螳螂生，反舌无声
离	初九	夏至	鹿角解，蜩始鸣，半夏生
	六二	小暑	温风至，蟋蟀居壁，鹰乃学习
	九三	大暑	腐草为萤，土润溽暑，大雨时行
	九四	立秋	凉风至，白露降，寒蝉鸣
	六五	处暑	鹰祭鸟，天地始肃，禾乃登
	上九	白露	鸿雁来，玄鸟归，群鸟养羞
兑	初九	秋分	雷乃收声，蛰虫培户，水始涸
	九二	寒露	鸿雁来宾，雀入大水为蛤，菊有黄华
	六三	霜降	豺乃祭兽，草木黄落，蛰虫咸俯
	九四	立冬	水始冰，地始冻，野鸡入水为蜃
	九五	小雪	虹藏不见，天气上腾，地气下降，闭塞而成冬
	上六	大雪	鹖鸟不鸣，虎始交，荔挺生

然而，物候与时令往往不一致，如暖冬春雪，汉代的易学家便宣称气候异常是由人事引起，说这是"灾异"。汉代的易学家谷永说，皇帝秉承天意，躬行道德，博爱仁恕，就"卦气理效，五徵时序"；相反，如果穷奢极欲，湛湎荒淫，妇言是从，就会发生"卦气悖乱，咎徵著邮"的灾异。今天会有人说，批评政治直接说就行了，为什么要弄得这么繁琐？问题并非这么简单，在当时，政治已经被神圣化，皇帝具有神圣性，只有用神圣化的教条批评被神圣化的皇帝才有权威和说服力，也容易被接受。近代康有为搞改制，仍然在耍这种把戏，明明是搞西化，却一定要把西化的内容说成是老祖宗的东西。

经学的学术性

中国传统经学是学术。判断一种文化现象是否具有学术性，至少要看它是否具备两项要素：学术规则，学派。

1. 经学的规则

任何学术必有规则，这规则不依个人权威而转移，否则不成为学术。经学是诠释学，具有诠释学的规则性。当代西方有诠释学，专门研究经典诠释这一学术现象。西方诠释学发端于圣经学。中国古代的经典诠释术十分发达，清代的《皇清经解》规模可观。两汉是儒家经学的发端时代，为当代诠释学提供了丰富的案例。汉代的经典诠释规则有两大表现：一是体例可循；二是形式上以经为指归。

汉代经典诠释有各种各样的体例，有法可依。两汉儒生注经的体例有"传"、"内传"、"外传"、"故"、"解故"、"解诂"、"说"、"说义"、"记"、"章句"、"注"、"笺"、"释"、"解"、"解说"、"条例"、"训旨"、"同异"、"训诂"、"微"、"通论"、"异义"等。从这些名目不难看出，当时的人们搜肠刮肚，费尽心机别出心裁，以求标新立异。归纳起来，可为"传"、"注"、"章句"三种主要体例，而以"章句"体例最为完备。"传"既可以独立于经之外，也可以跟随在经文之后，对经文作解释发挥，《春秋左氏传》《春秋公羊传》属于此例。"注"夹在经文之中，跟在被解释的句子之后，不便脱离经文单独存在，尤其适于文字训诂。"章句"是逐句、逐章的解释，对每一句的解释与"注"类似，每一章有"章旨"，是该章的内容宗旨。在汉代，"章句"很流行，是官方学术的基本形式。

大学章句

汉代经学的传承也有一定规矩。第一，根据老师传授的内容解经，如《毛诗》有仲梁子、孟仲子、高子三说。第二，根据"传"和其他经学文献解经，相互发明，如用《易传》解释《易经》。第三，以字解经，求其原义，这大致相当于今人所说"训诂"。说明一个字怎么读，注为"读如"、"读若"；如果是假借（通假），注为"读为"、"读曰"；如果经中某字是误字，注为"当为"。第四，举例解经，用事例作说明。

汉代经典诠释在形式上以经为指归，虽演绎发挥，但表面上不得违背经的宗旨。西汉晚期的刘歆曾经批评其弊端说，当时的经典诠释"分文析字，烦言碎辞，学者罢老不能究其一艺"。据东汉桓谭说，秦延君诠释《尚书·尧典篇》篇名"尧典"二字，用了将近十万字，诠释开篇的"曰若稽古"四字，用了三万字。《尚书》的经文不过三万言，桓荣跟随老师朱普学的《欧阳尚书》

是四十万言，张奂传的《牟氏尚书》四十五万言。汉代经学之所以如此发达，是由于经典诠释围绕着经这个圆心，在圆周的位置有巨大的发挥空间。汉代这样，后来又何尝不是如此。

2. 经学的学派

因为有不同的传承，所以有派别。汉代的经学派别，从大处说是今文经学与古文经学，从小处说是不同的师法或家法。

关于今文经学与古文经学。我们今天看保留下来的汉代某些经学著作，已经较难分清哪些是古文经学著作，哪些是今文经学著作了，因为今文经学与古文经学已经融合。但是在汉代，今文经学与古文经学之间壁垒森严，彼此之间曾经水火不容。根据学者研究，今文经学与古文经学主要有如下差异：

（1）今文经学以《公羊传》为代表，古文经学以《周礼》为代表；

（2）今文经的师承传授有脉络，古文经的传授没有明显脉络；

（3）今文经西汉立于学官，古文经西汉行于民间；

（4）今文经盛于西汉，古文经盛于东汉；

（5）今文经学尊孔子，古文经学崇周公；

（6）今文经学认孔子为受命的"素王"，古文经学认孔子为圣人；

（7）今文经学斥古文经为刘歆伪造，古文经学称今文经是秦火之余；

（8）今文经学与谶纬关系紧密，古文经学与谶纬关系疏远；

（9）今文经学重师承，古文经学不完全重师承；

（10）今文经学繁琐，古文经学相对简明。

关于不同的师法或家法。今文经学尤重师承，对同一部经典，不同的老师有不同的解释，弟子必须原样传授，由此形成不同的经家、派别。举个例子，关于西汉《尚书》传授的情形，《汉书·艺文志》的著录是：

《尚书古文经》四十六卷。

《经》二十九卷。

《传》四十一篇。

《欧阳章句》三十一卷。

《大夏侯章句》《小夏侯章句》各二十九卷。

《大小夏侯解故》二十九篇。

《欧阳说义》二篇。

刘向《五行传记》十一卷。

许商《五行传记》一篇。

《周书》七十一篇。

《议奏》四十二篇。

凡《书》九家，四百一十二篇。

由上面的记载看，西汉《尚书》的传授至少有大夏侯、小夏侯、欧阳三家。清代经学家皮锡瑞说，汉代官方经典的传授，"师之所传，弟之所受，一字毋敢出入。"

师法的形成，事出有因。先秦时代，学术传承以口耳相传为主，学生各自记下老师所讲的内容，于是有了学生之间各自所记内容的差异，看一看《墨子》书中同一篇中详略不同的记录可知。学生来自不同的方言区，老师的一句话学生记录下来，音同字不同，所以古代有"通假"现象。这样一来，原来老师讲授的内容，学生的传授就有了不同版本，对一部经典的解释出现了不同的家派。

两汉时期，遵守师法是经生的基本学术规则，遵守师法者被别人称颂，违背师法者受到批评；奉行师法者被优先选拔任用，不守师法者受到排斥，甚至断绝仕途。汉宣帝的时候，张禹受到儒士们的一致推荐，汉宣帝命太子太傅萧望之核实情况，萧望之对张禹十分赞赏，"奏禹经学精习，有师法，可试事"。孟喜则是相反的例子。他随田王孙学习《周易》，后来不知道从哪里搞到一部易家有关灾异阴阳之书,于是诈称老师田王孙临终时独传给他。当时的儒生把此等事看得很重,羡慕不已。他的同学梁丘贺揭发说,田先生去世的时候施雠在跟前,当时孟喜远在家乡,他怎么会得到老师的书?后来,易学博士有了缺额,有人推荐孟喜,但不被朝廷录用。两汉时期,讲求"师法"、"家法"是经学的主流。经学师生的任何思想和政治活动,都要贴上"师法"的标签。有了师法这块招牌,一切都会畅通无阻。西汉中后期经师们言灾异,为了使灾异说具有权威,往往托言师法。

经学的政治性

经学地位确立之后,经过汉代政府的大力提倡迅速蔓延开来。它渗透到大众日常生活中,在官场上更有淋漓尽致的表现。皮锡瑞在《经学历史》中对汉代的通经致用有过概要的揭示:"以《禹贡》治河,以《洪范》察变,以《春秋》决狱,以三百五篇当谏书。"下面我们做简要介绍。

1. 引经据典之风

汉武帝时期置五经博士,拉开了经学登上政治舞台的序幕。崇立五经的主要意图是规范引导人们的思想,用经典证明现实秩序合理。《汉书·儒林传》说五经是"明天道、正人伦、致至治"的根本原则,这是高度概括。

在政治活动中引经据典,汉家皇帝可谓一马当先。无论在朝议政或下发诏书,皇帝都竭力引经据典,以示言而有据,合先圣之道。例如,汉武帝立卫氏为皇后,他在诏书中说:"朕闻天地不变,不成施化;阴阳不变,物不畅茂。《易》曰:'通其变,使民不倦。'《诗》云:'九变复贯,知言之选!'朕嘉唐虞而乐殷周,据旧以鉴新。"汉武帝引经的主题是一个"变"字,其用意是为废陈氏、立卫氏之"变"找根据。汉武帝对臣下有时也明确要求以经答复他提出的问题,"毋以苏秦纵横"。宣、元、成三帝时期的诏书形成一种习见的格式,即皇帝在讨论政事之后,往往引用一句经文作为结语,大抵都是诸如"《诗》不云乎"、"《书》不云乎"之类,显示出此一时期引经用典的风气。汉元帝以崇儒闻名,他发扬了汉武帝要求大臣引经论政的传统,召集敢于直言政事的儒士到白虎观,要求他们回答下述问题:"天地之道何贵?王者之法何

汉武帝

如?六经之义何上?人之行何先?取人之术何以?当世之治何务?"回答的时候必须有理论依据:"各以经对。"值得注意的是,即使宫中的皇太后,往往也是引经据典的行家里手。王莽专权,太皇太后王氏听政。孔光慑于王家的权势,请求告老还乡。王太后给孔光下诏书:"《书》曰:'无遗耆老。'国之将兴,尊师而重傅。"言之有据,冠冕堂皇。当然,帝王论政引经与大臣草诏制度的兴起可能不无关系。

  同皇帝相比,儒臣引经据典的水平更胜一筹。在蜂起读经的群儒当中,杨震引经据典论政的水平堪为翘楚。杨震自幼好学,随从太常桓郁学《欧阳尚书》。据《后汉书·杨震列传》记载,杨震"明经博览,无不穷究。诸儒为之语曰:'关西孔子杨伯起。'"杨震被誉为活着的孔子,足见其通经的功力。杨震勤学不仕,屡次拒绝官方的征辟。别人议论杨震学而不仕徒劳无益,他听后不为所动,更加潜心读经。据说,一日杨震正在讲学,忽见一鹳雀衔三条鳝鱼飞落到讲堂前。负责管理讲学的人取过鳝鱼对杨震说:蛇鳝乃卿大夫之

象,三鳝象征位至三公,先生该步入政坛了。杨震时年五十。汉安帝时,杨震官至司徒。当时,安帝的乳母王圣自恃对皇帝有褓育之恩,行为放纵,她的子女随便出入宫禁,目无法度。于是,杨震上疏:

> 阿母王圣出自贱微,得遭千载,奉养圣躬,虽有推燥居湿之勤,前后赏惠过报劳苦。而无厌之心不知纪极,外交属托,扰乱天下,损辱清朝,尘点日月。《书》诫牝鸡牡鸣,《诗》刺哲妇丧国。昔郑严公从母氏之欲,恣骄弟之情,几至危国,然后加讨,《春秋》贬之,以为失教。夫女子小人,近之喜,远之怨,实为难养。《易》曰:"无攸遂,在中馈。"言妇人不得与于政事也。宜速出阿母,令居外舍;断绝伯荣,莫使往来,令恩德两隆,上下俱美……令野无《鹤鸣》之叹,朝无《小明》之悔,《大东》不兴于今,《劳止》不怨于下。拟踪往古,比德哲王,岂不休哉!

一篇二百多字的谏书,经语连珠,或径引经文,或间称经义,前后竟达九处之多!经历过"文革"的人们都知道,当时写文章引用经典成为通例,但同汉代相比,差之远矣!

2. 以经义决策

从字面看,"以经义决策"是以经典为中心,当遇到具体问题后从经中找答案,从而解决现实问题。这种削足适履的教条主义虽不能说没有,有也极少。在大多数情况下,是人们已经有了解决现实问题的方案,然后从经书中找字句,为自己的政治行为作注脚,从而增加政治决策的权威性。这是"以经义决策"的实质。汉代以经义决策有三大表现:以《禹贡》治河,以《诗经》当谏书,以《春秋》决狱。这里以《春秋》断案为例,以窥一斑。

《春秋》一书是春秋时期鲁国的历史档案大事编年,记录了当时的重大事件,其中包括政治处罚的案例。《春秋》虽不是刑律,但作为宪政经典,却有超越刑律的权威和地位。有各种各样的例子。

援引《春秋》从重处罚之例。汉哀帝时期，丞相朱博与御史大夫赵玄、孔乡侯傅晏，秉承傅太后旨意，追奏傅喜、何武从政不善，请求免其官职，削其封爵。此事招致皇帝怀疑，经审查，证实朱博等人"执左道，亏损上恩，以结信贵戚，背君向臣，倾乱政治"。汉哀帝召集大臣廷议，问如何处置。右将军蠕望认为应按规定处理，而谏大夫龚胜认为，"《春秋》之义，奸以事君，常刑不舍"，应从重处罚。

援引《春秋》从轻处罚之例。汉和帝时，何敞任汝南太守。何敞厌恶当时官吏用刑苛刻以博得声誉，用刑尽量从轻。他派部下懂儒术的官员巡行属县，提拔那些有德义的人。"及举冤狱，以《春秋》义断之"。汝南政平民安，人民刻石颂扬何敞功德。

援引《春秋》处理疑难案件之例。汉昭帝时，有一男子乘坐黄犊车，身穿黄衣，头戴黄帽，来到皇城北阙，自称是武帝的卫太子。卫太子是汉武帝的卫夫人之子，十二年前受巫蛊之祸蒙冤而死。此时长安吏民闻听卫太子没死，蜂拥前去围观。在任的汉昭帝是汉武帝的赵婕妤之子，由于卫太子死去才得以继位为帝，皇位原本不属于他。消息传到宫中，昭帝心虚，下令公卿百官前去察辨真伪。百官来到现场都不敢表态，生怕站错队将来吃亏。京兆尹隽不疑毫不犹豫地命令将此人缉拿归案。当时有官员提醒他：还没弄清是不是卫太子，万一搞错不怕掉脑袋？隽不疑大声道：诸君为什么怕卫太子！春秋时卫灵公的太子蒯聩得罪了他的父亲，逃到晋国。卫灵公命令他的孙子辄继承君位。卫灵公去世后蒯聩回国抢夺君位，即位的新君、他的儿子拒不接纳。《春秋》肯定了这一做法。卫太子是武帝的罪人，即使他未死，今日回到宫阙依旧是罪人！审问的结果，原来是个冒牌货，遂即斩首。昭帝听得隽不疑一番阔论，赞叹道：公卿大臣只有认真读经才会明白大道理呀！

经学介入司法领域具有道德意义。判罪的时候不仅应该依据犯罪事实，还应该考虑犯罪动机。"父子相隐"，维护社会伦理。最近我国实施的刑法修正案，就借鉴了这一传统，更近人情。从本质上说，以《春秋》决狱是法律道德化，道德法律化，将道德与法律二者打通，使刑罚更人道。向法律中注入意识形态因素，提供一些惯例，使死的律条变成活的精神，可丰富法律体系。

3. 通经做官

"学而优则仕"。在中国帝制时代，"学"的主要内容是官方经典，读经成了文人儒士的晋身之阶，成了步入宦途的敲门金砖。这在汉代很典型。

五经博士的资格由汉朝政府认定，享受国家俸禄，有很高的地位，他们的职责是教授生徒。依照朝廷制定的标准和定额，博士生徒或由太常选拔，或由郡国选送。博士弟子学成以后可参加国家举办的抽签考试——射策，考题内容是对经义的阐释。考试合格，授予相应官职。汉武帝时通一经者补文学掌故缺，成绩优异者为郎中。西汉末，每岁取仕甲科四十人为郎中，乙科十二人为太子舍人，丙科四十人补文学掌故。东汉桓帝时，通二经者补文学掌故；二年后能通三经者为太子舍人；又二年后能通四经者，择其高第为郎中；再满二年后能通五经者，择有才能者补吏，量才录用。五经成了登上官场的阶梯，越来越多的学子挤上了读经的狭路，通过读经当官越来越不容易。"征辟"也与学经相关。所谓"征辟"，是皇帝、公卿将有名望的大儒直接选拔上来，委以高官要职，其中包括经学大师。汉武帝为示尊儒，曾派使者"安车蒲轮"、"束帛加璧"征鲁申公。此外的"察举"也和读经有关。两汉时期，通经做官已成常例。汉代通经取丞相之位者比比皆是，如公孙弘、匡衡、韦贤和韦玄成父子、张禹等，这成为汉代政坛的一道风景线。当时邹鲁民间流行这样的谚语："遗子黄金满籝，不如一经。"

汉代有一个读经成为帝王之师的典型例子。桓荣生活于两汉之际，自年轻时就离家到首都长安求学，拜朱普为师学习《欧阳尚书》。家境贫寒无以为学资，于是一边劳作一边刻苦学习，十五年在外未曾还乡。西汉末年天下大乱，老师朱普去世，桓荣带着老师留下的经书逃匿山谷之间，饥困不堪而讲经不辍。东汉建国,桓荣年届六十,受到光武帝刘秀赏识,拜为议郎,赐钱十万,以经教授太子,后又拜为《欧阳尚书》博士。桓荣讲学宫中,有儒雅之风,颇受皇太子尊重,被委任为太子少傅。此时的桓荣已非昔比,一次在群儒际会的场合,桓荣把皇帝赏赐的辎车和印绶展示给众人道:我桓荣有今天的荣耀,靠的是古人的力气,诸君努力!有一位桓荣的同族人桓元卿,当年见桓荣穷困潦倒仍痴心读书,讥讽说:别白费力气啦,经又不能当饭吃!如今见桓荣高官厚禄,万分感慨:我等农家之子,哪晓得读经的妙用!刘秀去世,太子即位,是为汉明帝,桓荣从太子少傅一跃而为帝王师。此时桓荣八十有余,官任太常。因年老,屡次上疏请求告老还乡,而每次上疏后汉明帝都是大加赏赐,不提解职之事。明帝曾亲自驾临太常府,让桓荣坐在上座,自己与随从大臣、桓荣的门生共同讨论经义,并口口声声称曰"老师在此"。桓荣每次生病,明帝都派使者慰问,钦差、太医不绝于途。桓荣病重,上疏谢恩,归还关内侯爵号和食邑。皇帝亲幸桓荣府,刚到街口就弃辇舆步行,来到桓荣床前,伤感流涕。这是中国古代知识分子"为帝王师"最精彩的一幕。《后汉书》的编者范晔赞叹:"中兴,而桓氏尤盛。自荣至典,世宗其道。父子兄弟代作帝师,受其业者皆至卿相,显乎当世!"

4. 道德建设

与经学伴生的,还有汉代的道德建设。秦帝国时期,人们重利益轻道德,社会道德秩序趋于瓦解。儒术独尊之后,经学兴起,传统道德逐渐恢复,并日益深入人心,由此奠定了社会和谐的心理基础。

汉代号称以孝治天下,孝被作为衡量人们品行的第一标准。汉章帝刘炟告诫国民:"夫孝,百行之冠,众善之始也。"孝的主要表现是顺从父母。讲一个江巨孝的故事。江革,人称"江巨孝",临淄人,以孝顺闻名乡里。新朝末年天下大乱,盗贼并起。父亲早逝,江革背着母亲四处逃难,艰难困苦难以言说,经常靠采拾野菜为生。一日,江革正为母亲觅食,被寇贼捉住。江革苦苦哀求:我死不足惜,只可怜上有老母,无人供养！强盗见此情景,也不忍心,放之而去。东汉初年,百姓每年必须到县衙"案比",即每个人都要亲自到县衙比对画像,核实户籍。母亲年老,江革担心牛车摇摆颠簸,于是亲自挽车去案比。母亲死后,江革哀痛至极,经常在坟地茅庐居住,不忍离去。"求忠臣必于孝子之门",孝是社会道德的根本。

精忠报国也是人们的道德信条之一。君主政治时代,忠于国家表现为忠君。俗语说,国乱出忠臣。西汉末年,王莽专权并最终建立新朝,这是臣篡君位,属大逆不道。鲍永反感王莽篡汉,鼓动太守苟谏起兵反莽。新莽后期,群雄并起,更始政权立刘玄为皇帝,刘玄是刘邦的后代,于是鲍永投到更始政权旗下,任尚书仆射,兼任大将军,立下汗马功劳。更始政权不久被赤眉军攻破。当时刘秀在河北起兵称帝,他派谏议大夫储大伯迎请鲍永。鲍永为刘玄发丧,将自己的上将军列侯印绶封存,遣散兵众,随后与数百名心腹投奔刘秀。东汉初年,鲍永任司隶校尉,在巡视地方的时候,途经更始皇帝刘玄之墓,顺便前去祭奠。从官提醒说事有不妥,鲍永答曰:"亲北面事人,宁有过墓不拜！"光武帝刘秀对此不满,准备治罪,大臣劝谏说:"仁不遗旧,忠不忘君,行之高者也。"《后汉书·鲍永传》的编者范晔也赞扬说:"鲍永守义于故主,斯可以事新主矣。"一个重感情的人,这样的人上级用着才放心。

夫妻关系是重要的道德内容之一,在帝国时代具体表现为"夫为妻纲",于是产生了"顺夫"、"事姑"、"慈爱前遗"、"不事二夫"的妇德。举一个"不事二夫"的例子。沛人刘长卿之妻,是"为帝王师"的桓荣的玄孙女,生一男五岁而刘长卿物故。桓氏女为了避免父母兄弟让她改嫁,坚决不回娘家。祸不单行,当儿子十五岁的时候又遭夭折,剩下桓氏女一人。孤苦零丁,她担心娘家人强迫她改嫁,用剪刀把耳朵剪残,自己毁容。对自己何以如此残酷？桓氏女有自己的信念:"昔我先君五更（桓荣）,学为儒宗,尊为帝师。五更已来,历代不替。男以忠孝显,女以贞顺称……是以豫自刑翦,以明我情。"班昭是东汉前期绝代才女,班固著《汉书》,"八表"及"天文志"未成而卒,班昭继兄志而成之。她曾著《女诫》七篇，系统地阐述了女德。

"义"也是一个重要的道德观念，内涵比较模糊，"重义轻利"、"大义凛然"、"义不容辞"是具体表述，总而言之是高尚人格。试举一例。赵孝是两汉之际人，当时天下大乱人相食。赵孝的弟弟赵礼被流寇捉住，马上就要被烹食。赵孝闻听消息，叫人把自己绑起来送到贼匪那里。他说：我的兄弟挨饿体瘦，不如我体肥肉多，你们吃我吧！贼人大惊，把他们兄弟二人放开，说：你们走吧，弄点米粮来。赵孝去寻粮食，终无所获，再次来到贼处，说：粮食弄不到，你们还是吃掉我吧！贼人也不忍心加害，"乡党服其义"。

在今天看来，汉代社会培养的是忠臣、孝子、节妇、义士，是"封建"时代的产物。但透过现象看本质，经学整肃了汉代社会的道德风气，而道德是一个社会长治久安的基础。我们今天建设和谐社会，社会不仅需要法律，也需要道德信念，因而需要新时代的经学。

赞曰：世俗与神圣，动乱或安宁。仲舒何所趣，汉武得从容。

阅读参考：1.皮锡瑞：《经学历史》，北京：中华书局，1981年；2.马宗霍：《中国经学史》，上海：上海书店，1984年；3.本田成之：《中国经学史》，孙俍工译，上海：上海书店，2001年。

第四编　道家之学

死亡总是令人不寒而栗。古往今来人类一直在寻求长生不死之道，中国本土的道家之学便是这一背景的产物。道家之学，有老子道学，有庄子道学，有道教之学。老子之学讲道理，庄子之学兼寓言，老庄道学的精髓在于揭示生命真相与人生真谛。道教之学是老庄道学的后续发展。外丹道教属于采用物理手段，内丹道教属于采用生理手段，符箓道教属于采用心理手段，均为冀求长生不死的实践。老庄道学与道教之学，追求永生是其同也。

第十讲　老子道学

老子身出巫史，仰观宇宙，俯察人生，著五千言，曰《道德经》。字字珠玑，句句药石。老子论道德，谈万物，辨社会，析人生。其宗旨，一言以蔽之：不求利禄功名，只为久视长生。长生之方，抱朴守一。

先秦诸子，从宏观上说分为两大阵营：一大阵营立足于社会，儒家、墨家、法家等属于这一阵营；另一大阵营立足于宇宙和自然，阴阳家、道家属于这一阵营。谈到道家学说，我们自然会想到老、庄，老子和庄子均属道家。道家学说的总体特征是，基于宏观宇宙的立场看世界，基于自然界的立场看人和人类社会。因而，道家学说与儒家、墨家、法家学说存在根本分歧。

由于道家立足于宏观宇宙，所以他们对社会和人生极为悲观消极，否定社会的进步和人类文明，漠视现实人生的意义。道家的诉求是抛弃物质人生，追求生命道德永恒。只不过，老子学说和庄子学说的表达形式各异：老子学说精于阐明道理，庄子学说长于讲述故事。这一讲，我们先讨论老子的《道德经》。

老子与《道德经》

老子姓李，名耳，字聃，楚国苦县厉乡曲仁里（今河南省鹿邑县）人，周王朝的史官,有人说他活了一百六十岁,也有人说他活了二百多岁,因为高寿,故人们称他老聃、老子。西周王朝的中央机构分为两大系统。一个是太史系统,负责星象历法、祭祀、占卜、档案记录等,充当"究天人之际"的角色。老子就是这一系统内的精英。另一个是卿事系统,负责一般的行政事务。在商周时期,占卜是最重要的政治决策程序之一,进行任何重大的政治决策前都要占卜,所以太史系统非常重要。这种情形事出有因。在人类文明早期,巫史不分,西周时期延续着这一传统,所以,早期史官不但是文化精英,更是神秘文化的精英。老子就是这样的精英之一。

据《史记·老子列传》记载,孔子到周王朝的时候曾向老子问礼。老子讥讽孔子说,制作这些礼仪制度的人早已死去,礼制不过是那些人留下的破烂而已。对于君子来说,政治环境适宜就入仕,不适宜就隐逸不仕。我听人说,有能力的商人储存很多货物却像没有一样,君子胸怀大德在别人看来却像痴呆一样。抛弃你的政治抱负吧,它对你的生命没有任何益处。孔子对老子的见解极为钦佩,回去后对弟子们说:我知道鸟能飞,鱼能游,兽能走;能飞的会被弓箭射中,能游的会被鱼钩钓住,能走的会被网罟拦截。龙,乘风而行,没有任何障碍能够阻挡陷害,老子就是龙啊!眼见周王朝日趋没落,老子无奈离开周王室,西出函谷关隐居。出关的时候,守关的官吏知道老子将要隐居,坚持让他写下真

老子

知灼见，于是老子"著书上下篇，言道德之意五千余言"。早期的著作，作者自己不刻意起个书名，别人往往以作者的姓氏冠为书名，如墨翟的著作称《墨子》，孟轲的书称《孟子》，商鞅的书称《商君书》，所以老聃的著作被称为《老子》。

《老子》凡八十一章，约五千字，所以人们习惯说《老子》五千言。《老子》一书由两篇组成，一篇讲"道"，一篇讲"德"，故此书又被后人称为《道德经》或《德道经》。历代流传的主要有两个版本：汉代河上公《老子章句》本；魏晋之际王弼《老子注》本。1973年马王堆汉墓出土了帛书《老子》，有甲乙两种版本，都是《德经》在前，《道经》在后。在敦煌藏经洞中发现的《老子》，也是《德经》在前，《道经》在后。不同版本之间文字稍有出入，但根本旨趣不异。

道是什么

我们说老子立足于社会之外，站在自然界和宇宙，主要依据是老子讲"道"和自然世界。什么是"道"？西方人对《道德经》感兴趣，他们把《道德经》翻译成英文，早期的时候把"道"翻译成 The Way，相当于中文的"道路"。后来发现不对，于是不得不采用音译，翻译成 Dao，在采用汉语拼音以前，采用威妥玛式拼音方案，翻译成 Tao。什么是"道"？

"道"是非感官世界的存在，所以没有办法用常规语言解释。"道可道，非常道。"人类的语言所能定义和描述的，一定是现象世界的、用人类的感官能够感知的东西。人类身处现象世界中，眼睛看见树木，耳朵听见歌声，鼻子嗅到气味，树木、歌声、气味都是现象。有人问：我夜里做了个梦，梦是现象吗？梦不是自然现象，而是精神现象，与人类有关。总之，现象是感知的结果，因此人类可以用自己的感觉给现象下定义，词语就是这样产生的。

可是,"道"无法用感官感知,无法用词语表示,无法形成概念,所以老子说"非常道"。

人类对世界的认识有主观性,人类的知识也有主观性。因为人类的知识有主观性,所以自古至今人类的知识在不断更新,并且这一过程永不会终结。在传统知识中,空间与时间是两个不同的维度,二者无关;空间本身是三维的,时间是单向的;但在相对论中,空间与时间相互依存,空间与时间交织在一起。在四维时空中,空间是弯曲的,时间是可逆的。按照当代物理学家的说法,四维时空只能通过数学方程表示,无法用感官知识表达。当然,相对论也不是终极真理,或许,人类永远也得不到终极真理。对于理性的智者来说,我们所知道的永远不如不知道的多。认清自我认识的局限性,认知知识的相对性,对理解"道"十分重要。

"道"不是感官世界中的存在,对于人类来说,"道"是隐形的,"道隐无名",人们用感官看不见、听不到、摸不着,所以老子说"视之不见"、"听之不闻"、"搏之不得"。"道"有两重性,既是"物",也是"非物"。一方面,老子说"道"是物,说得很肯定:"道之为物……"但"道"这种物不是普通的物,而是特殊的存在物,在直觉中它恍恍惚惚,在恍惚中能看到它的精髓,发现它是真物,而且这个真物还是全息的:"惚兮恍兮中有象,恍兮惚兮中有物。窈兮冥兮,其中有精,其精甚真,其中有信。"所以老子有时干脆称之为"惚恍"。老子说这个"道"是特殊的混合物,"有物混成"。这个特殊的混合物是独立的、永恒的存在,在万物没有产生之前既已存在,万物毁灭之后它仍将存在,所以老子说"道""独立而不改"、"先天地生"、"周行而不殆",因而"道"这个名字永恒不变,"自古及今,其名不去"。当然,称之为"道"也是不得已,老子有时也称之为"一",用我们今天的话说,称呼它什么都可以,比如称"X"或"Y"都行,它本来"不可名"。反正在"道"的宇宙里,只有它一个,没有别的。另一方面,老子又说"道"不是物。"天下万物生于有,有生于无","物物者非物",孕育、产生万物的那个东西一定是非物质性的,否则就会陷入逻辑矛盾，没有了起点。就其居于万物起点而言，"道"不是物质性的。在有的场合，老子干脆说"道""不可名，复归于无物"。

"道"是物，又不是普通的物，这不免令人感到困惑。在以唯物主义定是非的时代，有人说老子学说属于唯物主义，因为他说"道"是物；有人表示反对，因为老子明确地说"道"不是物，而是"无"，说宇宙万物起源于"无"，这是唯心主义。画圆画方，坐井观天，庸人自扰。"道"究竟是什么，需要结合万物来说。

道与万物

阐述"道"不能离开万物，离开万物没有办法把"道"讲清楚。我们人类身处的世界中有万物，人类的肉体也是万物之一，"道"与万物的关系，就包括"道"与人类的关系，与"我"的关系。"道"与万物之间的关系，既是"始"的关系，也是"母"的关系。在老子那里，"道"是超时空的，没有古今之别，也没有大小之异。但是，这样的"道"我们难以理解，不得不用可以理解的方式来解释，或许，这样的解释多少歪曲了老子的原意。

"道"是万物的来源和起点，这是从时间维度说的。老子说"道"没有名字，宇宙万物来源于"道"："无名，天地始。"老子又说宇宙万物的产生经历了一个从少到多的过程："道生一，一生二，二生三，三生万物。"这句话不该作机械式的理解，也不宜作玄学式的发挥。哲学家们通常把这作为一种思辨，一种玄学，一种思维的游戏。对此，我很怀疑。看一看当代物理学对宇宙产生的解释吧。按照霍金在《时间简史》中的阐述，宇宙起源于大爆炸，大爆炸之前的世界不可知，因为它超时空。由大爆炸的物质产生了星云、类星体，然后产生了星体和生命，由低等生命到高等生命，高等生命中包括人类。从大爆炸到我们今天看到的世界，就是物质世界从"无"到"有"、从"少"到"多"

的过程,"道生一,一生二,二生三,三生万物",说的就是这样一个物理学、生物学过程。有人反对这样的解释:老子怎么能够有这样的智慧,他又不懂现代物理学。确实,老子不可能学到现代物理学,但他讲的道理与现代物理学知识相通。老子是春秋末期人,在西周和商朝,甚至在更早之前,人们相信世界是神灵创造的,最高的神灵是上帝,有时也泛泛称之为"天"。道家学说作为一个新兴的理论体系,用"道"解释整个自然世界和人类社会,将上帝从人们的思想中清除出去。所以,在道家学说中,"道"取代了上帝的位置,也正因如此,老子说"道"不是由上帝创造的,不仅不由上帝创造,相反,上帝似乎由"道"创造:"吾不知谁子,象帝之先。""道"不是根据某种神圣意志产生的,"道"在上帝之先。老子学说的重要意义,在于用一个以"道"为始点的理论体系代替了上古的神学体系。有人说道家学说是一个人文主义理论体系,这有一定道理,但不完全准确,因为道家也讲神,肯定鬼神的存在,只是讲法不同,神的性质不同。

"道"也是构成万物的最细微的元素。老子说,"道"是"万物之母"、"万物之宗",万物都离不开它,只不过每一种物都"负阴而抱阳,冲气以为和",已然是一个宏观的存在体。对这个宏观的存在体,老子通过特殊的手段"挫其锐,解其纷,和其光,同其尘",发现了其中微观的存在。万物都有生有灭,只有这个微观存在的"道"不变——"湛常存",所以它"可以为天下母",它孕育万物,拥抱万物,抚养万物,构成万物。有人会问:有什么根据说"母"、"宗"表示唯一元素的意思?当然有根据,只不过不在《道德经》里,而在《庄子》里。《庄子·知北游》中有个故事:有一个叫东郭子的人问庄子:你整天讲"道","道"在哪里?庄子的回答很干脆,"道"无所不在,遍及宇宙万物。东郭子不明白,让庄子说具体点,庄子说:"在蝼蚁。"东郭子还是不明白,让庄子再举个例子,庄子说:"在稊稗。"东郭子继续问,庄子回答"在瓦甓。"东郭子像个儿童一样,仍然追根寻底,庄子可能有些不耐烦,随手一指:"在屎溺。"这一次,东郭子无语。他明白了吗?我们不管东郭子是否明白,在座的诸君明白了吗，谁能解释一下？

就道论道，永远讲不明白，这是自古及今对"道"的诠释普遍存在的问题。我们需要换个角度。现代物理学和化学告诉我们，万物由元素构成，有的东西由单元素构成，如氧气、氢气；有的东西由多种元素构成，如盐、糖。但是，"道"作为构成万物的元素，不是现代化学水平上的元素，比这要微观得多，或者说是微观到极点，不能再小，是构成万物的最小元素。对于"道"来说，万物太大了，分子太大了，原子也不小。最近有个新闻，欧洲核子研究组织的大型强子对撞机接近证明发现一种新的更小的粒子，可能是叫"希格斯玻色子"，从而探索出比目前所知的基本粒子更微观的元素。据说，霍金会为此输掉一百美元。这让我们想起战国时期惠施提出的伟大哲学命题："一尺之棰，日取其半，万世不竭。"因此，道家所说的"道"更接近于理论上的预言，即那个万世之后的终极存在。此说信否，诸君思考。

简言之，道是万物的来源和构成万物的基本元素，它有物质和非物质两重属性。用哲学术语说，道是万物的本体。无论是空中的太阳，还是杯中的一滴水，把它们分析到最微小的极点，便是同一种元素，这就是"道"。

道与社会

老子站在自然界看社会，站在社会之外看人，所以他把人看得很渺小，对社会的评价很负面，对人类的未来很悲观，对人类物质文明极为唾弃。

在老子学说中，我们看不到科技文明给人类带来的喜悦，也看不到物质财富给人们带来的刺激，相反，我们看到的是人的堕落，社会的败坏。老子的著作分为"道经"和"德经"两部分。什么是"德"？先看甲骨文和金文中的"德"字。在甲骨文中，"德"是一个会意字，一只眼睛向前看着行走的道路，在金文中，增加了一个"心"形，更强调行为的心理因素。

所以，从词源上说，"德"是指人类与行为相关的心理活动和精神活动，最初是中性词，后来偏向于褒义，也就是现今所说的道德。在道家这里，"德"是指修道的人应该怎样想怎样做，是指修道行为，《庄子》说"心彻为德"，接近其含义。所谓《道德经》，道讲宇宙世界的大道理，德讲宇宙世界中的人应该怎样做，应该怎样修行。在《道德经》中，"道经"主要讲"道"，但也讲"德"；"德经"主要讲"德"，但也讲"道"。这是因为道与德二者分不开，分开以后无法讲。

甲骨文　　　　　　　　　　　金文

儒家讲仁义，讲忠孝，教导人们学习和自我塑造，认为这样能使人们培养良好的人格。老子对此表示失望，认为这无济于事，现实社会完全不可救药，大道已废，六亲不和，国家混乱，即便勉强维持也是徒劳无益。老子说："大道废，有仁义；智慧出，有大伪；六亲不和，有孝慈；国家昏乱，有忠臣。"儒家讲礼义，老子坚决反对，他痛斥说："夫礼者，忠信之薄，而乱之首！"礼不但没有使人类社会走向文明，反而玷污了人们纯洁的心灵。法家关注物质生活，主张社会进化论。道家关注人的精神生活，张扬社会退化论。老子说："失道而后德，失德而后仁，失仁而后义，失义而后礼。"在他看来，社会的变化是人心的堕落，是走向万恶的深渊。

老子要彻底拯救社会和人类。他提出的方案是，抛弃物质文明，回归原始社会。具体做法是，消灭圣人，不要智慧，抛弃仁义道德，废除科技文明："绝圣弃智"、"绝仁弃义"、"绝巧弃利"。没有了这些文明社会的要素，社会也就回到了原始蒙昧时代，人们混混沌沌，呆傻痴茶，不使用任何先进工具，即便有舟车、兵器也不会使用："有什伯之器而不用，使人重死而不远徙。虽有舟舆，无所乘之；虽有甲兵，无所陈之。"不使用先进工具怎样生活呢？没问题，人们恢复原始的传统，结绳记事，吃着天然的食物，穿着天然的衣服，过着自然主义的生活，没有社会组织，更没有国家和政府："使民复结绳而用之。甘其食，美其服，安其居，乐其俗，邻国相望，鸡狗之声相闻，民至老死不相往来。"这便是老子理想的"小国寡民"世界。后来的庄子学派走得更远，他们甚至要"同与禽兽居"，住到树上，过纯粹自然主义的生活。可见，老子讲社会，不是要人们社会化，相反，是要人们自然化。这与儒、墨、法诸家的主张，是截然相反的行径。

智慧人生

按说，老子反对文明、厌恶社会，应该属于痴傻呆茶之类，然而诡谲的是，《道德经》中处处闪烁着人生的大智慧，两千多年来对中华民族的思想和行为产生了深远影响，甚至在一定程度上影响了当今世界。这是对世俗人们知识能力的挑战，也是对人们智慧水平的讽刺。下面我们从中择取数条，大致归类，切磋其大意。

1. 认清自我。"知人者智，自知者明。"知道别人心里想什么，这样的人是智者；知道自己的长处与短处，这样的人聪明。生活中我们都有这样的体会，有的人善于揣摩别人想什么，做事情考虑别人的感受；有的人则不行，我行我素，不在乎别人怎么想，只在意自己的感受。也有人有自知之明，做事比较谨慎，自己能做的做，不能做的不勉强；有的人则不然，认为自己无所不行，从不怕高估自己，这样的人不是自傲，就是自大。"自见者不明，自是者不彰，自伐者无功，自矜者不长。"这四个"自"，活脱脱地描绘出一个自以为是者的形象：自我表现，自我彰显，自我表功，自端架子。老子告诫说，一个自我表现的人不是聪明人，一个说自己有能力的人难以得到别人的称许，一个大讲自己功劳的人让别人反感，一个端架子的人不久就会被别人识破真相。民间有句老话:半瓶子醋最响。可是,大千世界中又有几人听得老子规劝。

2. 识人辨物。"轻诺必寡信,多易必多难。"轻易许诺的人,你不要相信他,他说做什么事情都很容易,你真正找他做的时候,他往往会说出一堆困难理由,言而无信。想一想:在我们日常生活中,谁轻易许诺,结果如何;谁总说"这事包给我",结果又怎样?"信言不美,美言不信;善者不辩,辩者不善;知者不博,博者不知。"实在话不好听,漂亮话不实在;真正明白的人表面上不善言谈,爱与人辩论的人往往是半瓶子醋;专精的人不可能面面俱到,面面俱到的人不专精。三组句子,正反两个方面作对比,堪为生活中的警句。别人对我说好话,听了以后感觉很舒服,不过要想一想:对方说的是否真心话?他为什么这样说?一个人夸夸其谈,上了"××论坛",给人的印象是什么专家学者,老子说,八成不是。一个人自诩什么都懂,世界上有这样的人吗?

3. 完成事业。"企者不立,跨者不行。"踮着脚尖的人站不久,拼命跑的人跑不远。人生在世,做成任何一件别人做不到的事业,不付出艰苦卓绝的努力肯定不行。你想当一流的物理学家,要有多方面知识的积累,不可能一蹴而就。当前人心浮躁,一些人想出名,搏出位,种种手段无所不用其极,这样的做法往往被人唾弃。"图难于其易,为大于其细。天下难事,必作于易;天下大事,必作于细。"无论多么难做的事情,都需要从容易处入手;无论多么大的事情,都需要从小处做起。每个人年轻的时候都想干一番轰轰烈烈的事业,这很好,但不要忘记脚踏实地,从最简单处做起。"合抱之木,生于毫末;九层之台,起于累土;千里之行,始于足下。"这是众所周知的成语,不讲自明。"大器晚成"说得也是这个道理。

4. 超然真理。"大白若辱……大方无隅……大音希声,大象无形。""大成若缺……大盈若冲……大直若屈,大巧若拙,大辩若讷。"这里的关键是"大"字,指超越人们感官认知的知识。超然的白看起来似乎不纯净,超然的空间看起来没有角落,超然的音听起来没有声,超然的图像看起来没有形状,超然的直线好像弯曲。这是怎么回事？宇宙空间大吧，它没有角落，当代物理学家给了个说法，叫"有限无界"，宇宙不是无限的，但又找不到边界。这听起来自相矛盾，但与老子的说法殊途同归。航空飞行，从北京到洛杉矶，从北极和阿拉斯加"绕着"飞，而不是沿着纬度线"直"飞，这两条航线哪一条直？航空人员最清楚。震耳欲聋的声音，太大了，但它传不远，传得远的我们听不见，无线电波谁听得见？宇宙背景噪声谁听得见？人们常说"巧夺天工"，表示做的东西像天然的一样美，这仅仅是个比喻。园艺师做的山水盆景好看吧，让园艺师到张家界、九寨沟自然景区看一看，马上无语。古代埃及人修建的金字塔，中国人修建的长城，多么雄伟，但看看喜马拉雅山，看看美国的大峡谷，岂可同日而语。真正参破人生的智者不给人讲道理，因为是非完全颠倒，没有办法讲，讲了对方也不明白，干脆"讷"而不言罢了。

老子上面讲的道理与人们日常生活的经验大多相悖，对还是不对？这取决于每个人的人生追求，人生追求决定了每个人看问题的角度。世俗社会中的人们追求的是功名利禄，遵循的是世俗生活的道理，按老子说的去做，八成会失败。老子站在自然界看人和人生，人生的意义不是功名利禄，而是生命，人来到这个世界上不是为了钱财，而是为了自己这条命，修养性命才是人生真谛。他要告诉人们这个道理，他宣称自己要当"教父"。有人说老子也关心社会和人生，于是大谈老子的社会思想和人生思想。这是皮相之见。老子批判社会，否定物质人生；不仅批判腐败的社会和肮脏的人生，而且在老子看来根本就没有不腐败的社会和不肮脏的物质人生。

生命修行

众所周知，老子讲"无为"。请问诸君：什么是"无为"？"无为"不是什么也不做，什么也不做那是行尸走肉。基于生命修行的立场，老子的"无为"

不是消极的，而是积极的，是"为无为"，即做什么也不做，在有为中无所作为。"为无为"的要诀是"抱朴守一"。

先说"抱朴"。"抱朴"又叫"见素抱朴"，意思是说要做一个朴素的人。老子所说的朴素，既指吃饭穿衣等外在形式，更指心灵和精神上的纯真无邪，是这二者的统一。现实生活中有些人，穿着很朴素，内心很复杂，利欲熏心，这样的人是假朴素，真阴谋，老子反对这样的为人作风。

"抱朴"的第一项要素是抛弃世俗知识。若要内心朴素，首先不要学习世俗的知识，世俗的学习与生命修行背道而驰，学习的知识越多，越妨碍修道："为学日益，为道日损。"学习会使人不安，使人焦虑，使人心态变坏。世俗法律让人们遵守社会秩序，这会使人变得虚伪；世俗道德让人们做善事，无意中让你懂得了什么是邪恶。变得虚伪，懂得邪恶，这本身就污染心灵。所以，老子对世俗道德表示质疑："唯之与阿，相去几何？善之与恶，相去何若？"他告诫人们应该"学不学"，不学习那些肮脏的世俗法律和道德，使心灵保持纯洁，"绝学无忧"，心灵纯洁了也就心静了，脏心烂肺的人静不下心。

"抱朴"的第二项要素是"寡欲"。在老子学说中，欲望是生命修行的障碍，必须克服。应该克服感官欲望，因为"五色令人目盲；五音令人耳聋；五味令人口爽；驰骋田猎令人心发狂；难得之货令人行妨"。为什么说"五味令人口爽"？最近读到一本书，《天才在左，疯子在右》，里面记述了一个人"闭关"的经历：一个男士把自己关在幽静的屋子里，眼不见强光，耳不听噪音，口不食五味，馒头加白开水，连续数日。闭关结束，他吃苹果的时候，感受到过去从未体验过的苹果的味道，经验了人类感受味觉的生理过程，这个时候他真正明白了老子"五味令人口爽"的含义。对于生命修行来说，不知足是最大的祸害，贪欲是最大的过错："祸莫大于不知足，咎莫大于欲得。"老子主张"少私寡欲"，欲望与私心联系在一起，私心少了，欲望也就少了。应该遏制自己的生理欲望——"味无味"，应该视金银财富如粪土——"不贵难得之货"，因为圣人一无所有——"圣人不积"，越是一无所有，在生命修行方面积累越多——"既以与人己愈多"。在功名利禄与生命的关系上，他提醒人们："名与身孰亲？身与货孰多？"他的回答是，生命是本，财富是末。这道理，谁都明白，但就是实践起来困难，只有经历了生死劫难的人才有深切的体会。

"抱朴"的第三项要素是以德抱怨。老子教导人们应该"报怨以德"，别人做了对不起我的事，我根本就不往心里去，根本就没记着那件事，在别人看来，我是一个不记仇、没心没肺的人，也是一个不知道感恩戴德的人，纯粹的傻子一个，因为我有一颗"愚人之心"，一点也不开化，像一个婴儿——"若婴儿未孩"："俗人昭昭，我独若昏。俗人察察，我独闷闷。"但我不是一个婴儿，而是一个成年人，这样的成年人在别人看来"独顽似鄙"，超级的痴傻呆苶。这很容易使人想起耶稣基督的一句话：别人打你的左脸，就把你的右脸给他。老子与耶稣，何其相似乃尔！换个角度看问题，宽恕别人就是善待自己。你对别人耿耿于怀，气得吃不香睡不好，对方根本不知道，人家照吃照睡。你这是跟自己过不去！

再说"守一"。在《道德经》中，除了表示数字的"一"之外，还有意义完全不同的"一"，这个"一"与修行手段有关，是修行者意念观照的特定对象，故称"守一"，老子有时也说"抱一"："圣人抱一为天下式"，"营魄抱一"。"抱"是拥抱，通常是指手的动作，这容易使人产生误解，认为是一个肢体动作，还是"守一"表达的确切。"守一"，就是意念固定在一处。做个简单的实验：诸位右手轻握，向上竖起拇指，伸直胳膊举到自己头的正前方，两只眼睛聚焦凝视自己拇指的指甲，凝视30秒……请问：有什么感觉？感觉到自己的心里宁静了，不再想乱七八糟的事情，不但不乱，而且在某种程度上大脑凝固了。道家所讲的"守一"，不是使用外部感觉器官，不是使用眼睛、耳朵，恰恰相反，是闭目塞听——"塞其兑、闭其门"，是"内视反听"，意识向自己身体内部看，向自己身体内部听。有人会说：闭上眼睛看，塞上耳朵听，这样的人恐怕有精神病。老子说不然，在我们的心灵内部，存在着一个自己从不知晓的世界，在这个世界中，既有景象，也有声音，还有气味，总之，外部世界能感觉到的，内心深处都有。有人说:老子病得还不轻，应该找个心理医生看看了。给大家说个我自己的亲身经历。大概是在1990年的春天，我得了感冒，引起扁桃体发炎，发烧很厉害，医生给用了青霉素普鲁卡因针剂，老百姓俗称"双效"，每日一支，共一个星期。第四天，卫生院的护士给我注射后，我隐隐约约听到从遥远的地方传来丝竹音乐般的声音，开始很纤细，声音渐渐大了起来。我感到奇怪，我在那个社区已经生活了几年，周围的情况我很熟悉，没有学校，更没有乐队，怎么会有乐队奏乐？奇怪之际，我突然意识到:莫不是药物过敏！于是，马上告诉了护士，护士命令:趴在床上别动！我乖乖从命。从未有过的体验发生了:耳朵听到的声音越来越大，可以用震耳欲聋来形容，而且，当我闭上眼睛的时候，看见了无法用语言表述的光怪陆离的景象，有点恐怖，我急忙睁开眼，不敢再闭。这时，护士已经找来了医生，准备好了抗青霉素过敏药，准备给我注射。我请求护士:先不要用，我还能坚持住。我一直睁着眼睛，一闭眼就出景，所以干脆不闭，声音渐渐地变小直至消失，前后大约一刻钟。这次经历，使我从一个新的角度思考老子所说的"大象无形,大音希声"。老子说"守一"，这个"一"是什么位置，《道德经》中提到"圣人为腹不为目"，可能是下丹田。在后来的道教中，"守一"有下丹田、中丹田、上丹田不同的位置，这涉及修行技术，讲内丹道教的时候再作阐述。意念守住一个位置后，就不要离开——"能无离乎"，要调整自己的气息，放松自己的身体，像婴儿那样——"专气致柔，能婴儿乎"，保持这种状态到了一定时间，或者是两三个月，或者是两三年甚至更久，杂念去除了——"涤除"，就会有一系列特殊的心理体验——"玄览"、"天门开阖"等《道德经》对修行中的感受和内在经验有一段集中的描述:"致虚极，守静笃，万物并作,吾以观复。夫物云云,各归其根。"大意是:"守一"到了很深程度的时候，心里完全是空虚的，什么也不想，心里完全是寂静的，什么声音也没有，这个时候奇异的内心景象出现了，万物同时呈现出来，只见万物纷纭，并且处于变幻之中，是一种"复"、"归"本初的运动，比如一个人从中年变成青年，从青年变成少年、童年、婴儿、细胞……直到世界的本根。这很奇怪,但老子就是这么说的。泰国高僧阿姜查讲小乘佛教修行,主张戒、定、慧循序渐进,戒而能静,静而能定,定而能慧,与老子教导同归。

在老子学说中,"抱朴守一"的道理简单易行,只是人们不肯照办:"吾言甚易知,甚易行。天下莫能知,莫能行。"惭愧得很,对吾等俗人来说,老子讲的道理不但难知,而且难行。"抱一"的目的是"营魄"。我们通常说的魂魄,就是这个东西。魂魄修得好,成为圣人。老子讲圣人,与儒家的圣人不同。圣人"无为",却能"无不为",能做凡人做不到的事情。圣人足不出户能知天下之事,眼不看窗外能知天道,"圣人不行而知"。人们常说实践出真知,老子的训导完全相反,越注重感官经验知识越少:"其出弥远,其知弥少。"在圣人这里,鬼神不能施加任何伤害,圣人本身具有超越鬼神的能力:"以道莅天下,其鬼不神。非其鬼不神,其神不伤人。非其神不伤人,圣人亦不伤人。"在表面上,"圣人被褐怀玉",与凡人无异。但圣人"知不知",能洞察凡人所不知的现象外世界,即阴界。魂魄经营得好可以长寿,可以死而不亡:"死而不亡者寿。"人们常说"死亡",人的肉体失去活力,生命也就终结。老子以为不然,他说肉体可以死,但经过修行魂魄可以不亡,死与亡可以分开,死是死,亡是亡。他问人们"得与亡孰病",就是说经过修行的人可以魂魄不亡。

如何理解老子的"抱朴守一"?这是个大问题,当代哲学家们不讲,古代道教徒大讲特讲,把《道德经》作为修行的经典,其中自有道理。我认为,老子的"抱朴守一"之术与佛教禅宗的"三无"修行法有类似之处。禅宗修行的方法,我们归纳为"三无":无念、无相、无住,简言之,就是心灵中不留下任何记忆,保持心灵寂静。详细的情形,佛教禅学一讲再说。老子反对世俗的学习,要人们寡欲,告诫人们无怨,要人们"守一"。老子既不讲炼外丹,也不讲炼内丹,似乎没有讲修行方法,但这恰恰是老子道学修行方法的奥秘所在。"学不学","为无为",与顿悟禅的"三无"修行宗旨暗合;"抱朴守一",则与渐悟修定方法一致。

老子讲自然，论社会，说人生，谈修行，如何判定老子学说的整体性质？我认为老子学说是一个不可分割的有机整体，各部分内容相互依存，它代表了一种古典的宗教思想体系。在过去，哲学家们戴着狭隘哲学的有色眼镜从《道德经》中过滤出"哲学"的内容，于是说老子学说是一个哲学体系；道教徒戴着狭隘宗教的有色眼镜从《道德经》中过滤出宗教的内容，说《道德经》是修道经典。仁者见仁，智者见智，斯而已矣。

赞曰：宇宙一苍苍，人生亦茫茫。何来又何往，尽在道中藏。

阅读参考：1.朱谦之：《老子校释》，北京：中华书局，1984年；2.陈鼓应：《老子注译及评介》，北京：中华书局，1984年。

第十一讲　庄子道学

　　《老子》讲道理,《庄子》讲故事,形式不同,本质无异。庄子论"指非指"、"马非马",貌似"谬悠之说,荒唐之言,无端崖之辞",实蕴恢宏宇宙智慧。庄子"齐是非"、"齐生死",与佛教破法执、破我执殊途同归。真人有真知,真知不难知:弃名利于粪土,求生命于永恒。

　　《庄子·逍遥游》开篇曰:"北冥有鱼,其名为鲲。鲲之大,不知其几千里也。化而为鸟,其名为鹏。鹏之背,不知其几千里也;怒而飞,其翼若垂天之云。是鸟也,海运则将徙于南冥……蜩与学鸠笑之曰:'我决起而飞,枪榆枋而止,时则不至而控于地而已矣,奚以之九万里而南为?'"

鲲鹏之喻

　　上面这段话,学者们有不同的解读。文学家们说,庄子的文章富于想象力,文笔恣肆,生动浪漫,采用了寓言、重言等形式,对后世文学影响甚巨。哲学家们说,庄子宣扬自然主义,主张逍遥自由,有精神解放的意义。上述判断不无道理。但需要追问的是:庄子到底是一个怎样的人,他为什么要编造这样的故事,在这故事背后隐含着怎样的道理?

庄子事迹

庄子名周，宋国蒙（今安徽蒙城）人，生卒年大约在公元前369年至公元前286年。据说他是楚庄王的后裔，因动乱迁至蒙地，在一个叫漆园的地方当过小吏，后来辞官归隐。根据《庄子》一书从不同角度透露的信息，庄子生活过得很是清苦。他住在偏僻的穷街陋巷，靠编草鞋卖钱糊口，面黄肌瘦，身上穿着带补丁的粗布衣衫，脚上穿着用绳子捆绑的破鞋。由于生活贫困，他曾向一个监河侯（监管河道的官吏）借粮，这个监河侯看不起庄子，故意推托，说：我封邑的俸禄就要收取了，你稍等一下吧。遭遇这种尴尬，庄子冷冷地说：我昨天在路上听到有呼喊我的声音，仔细一看车辙里有一条小鱼，小鱼对我说：请君弄一升水来救我活命吧！我对小鱼说：我马上就到越国去，让越国的国王挖一条河引水过来救你。小鱼愤怒地对我说：一升水就能活我性命，你却如此这般推托，岂不是见死不救！监河侯后来是否帮助了庄子，我们不得而知。

庄子

像先秦诸子中的许多领袖人物一样，庄子也有弟子随他学习。庄子到山里去，看见一棵大树非常茂盛，伐木人从旁边走过，视若无睹，庄子问为什么不伐，伐木人说：此树不成材。出了山，借宿在一个朋友家里，朋友很高兴，让家人杀鹅招待庄子。家人问：杀那只会叫的，还是那只不会叫的？主人说：杀那只不会叫的。归来后，弟子问庄子：山里的树因为不成材而保命，主人的鹅因为不会叫而丧命，做人到底应该成才还是不成才？还有一次，庄子到雕陵的一个园林里，一只雀从他面前飞过，几乎撞到他的身上，随后落在旁边的树林里。庄子奇怪：这是什么鸟，眼睛很大竟然置人于不顾。他掏出弹弓准备射这只雀，只见不远处有一只蝉在树荫处忘情地歌唱，突然一只螳螂向蝉奋力一击，而那只雀正准备向螳螂冲去。庄子顿时感悟，转身离开，此时发现看园子的虞人正奔自己而来，于是仓惶逃窜。回家之后，庄子三日不曾出屋。弟子蔺且问：老师莫非病了？庄子于是讲了"螳螂捕蝉，黄雀在后"一事，并说自己差点做了螳螂之事。庄子将要去世的时候，弟子准备安排老师的下葬事宜。庄子告诉弟子：天地是我棺椁，日月星辰是我珠宝，万物是我的随葬品。弟子说：只怕鹰隼啄食老师遗体。庄子淡淡地回答：露天被鹰隼吃，埋在地下被蝼蚁吃，没什么两样。

庄子是一个鄙弃功名利禄的人，《史记》和《庄子》中记载了不同版本庄子不仕的故事。据说楚威王曾"以千金聘庄周为相"。庄周对楚王的使者说：千金是重礼，卿相乃尊位，但阁下没有看见用于祭祀的牛吗？平时好吃好喝好供养，等到被牵往太庙用于祭祀的时候，后悔已晚。你赶快离开，不要玷污我，我这辈子不会受别人约束。

庄子蔑视那些追逐名利的人。《庄子·列御寇》中记载着这样一件事：曹商作为宋国的使者出访秦国，秦王很高兴，于是赏给他很多车舆。回到宋国见了庄子，曹商故意炫耀。庄子很是反感，讥讽说：我听说秦王有病找人医治，为他嘬脓者赏车一乘，为他舔痔者赏车五乘，干得越下流，得到的赏赐越多！

庄子是一个机敏的辩者。惠施是战国诸子中的辩士之一，比庄子年长。一次惠施与庄子从濠水桥上走过，庄子看见河里自由自在的鱼儿，感慨地说：你看那鱼儿从容自在多么快乐！惠施反问："子非鱼，安知鱼之乐？"庄子也反问："子非我，安知我不知鱼之乐？"惠施辩解："我非子，固不知子矣；子固非鱼也，子之不知鱼之乐，全矣！"惠施的推论逻辑性很强，自然能够成立。庄子却强词夺理："请循其本。子曰'汝安知鱼乐'云者，既已知吾知之而问我。我知之濠上也。"

根据《史记》的记载，庄子"著书十余万言"，《汉书·艺文志》载"《庄子》五十二篇"。今本《庄子》三十三篇，十余万言，或有亡佚，或分篇不同。晋人向秀、郭象作《庄子注》。从内容看，《庄子》一书不是一个严整的思想体系，是庄子及其弟子作品的集大成，属于庄周学派的著作。该书由内篇、外篇、杂篇三部分构成，依据战国文献构成的惯例，内篇是核心，外篇次之，杂篇又次之。所以，内篇应该最能反映庄子的学术思想。《庄子·天下篇》对庄子本人的思想有概要的阐述，其核心内容是讨论宇宙万物及其变化，以及人的生死存亡问题："芴漠无形，变化无常，死与？生与？天地并与，神明往与！芒乎何之，忽乎何适，万物毕罗，莫足以归。"其语言特征是纵横恣肆："以谬悠之说，荒唐之言，无端崖之辞，时恣纵而傥。"其行为特征是身处世而心不入世："独与天地精神往来，而不敖倪于万物，不谴是非，以与世俗处。"这里我们就参照上述要旨对庄子学说的精髓予以阐述。

马非马

《庄子·齐物论》中有一段传诵古今的名言："以指喻指之非指，不若以非指喻指之非指也；以马喻马之非马，不若以非马喻马之非马也。天地一指也，万物一马也。"文言理解起来费劲，翻译成现代白话是："用手指说明手指不是手指，不如用手指不是手指的本质说明它不是手指；用马说明马不是马，不如用它不是马的本质说明它不是马。宇宙犹如一个手指，万物犹如一匹马。"这话还是有点绕，再说简单点：指非指，马非马。

马非马

这就不对了。手指就是手指，马就是马，庄子说反话，莫不是文献记载错了？没错,庄子就是这样说的,他把自己的这种做法称为"是不是,然不然"：别人说对的，他偏说不对；别人说不对的，他偏说对。好，问题出来了:这是一匹马，庄子说它不是马。不仅马，其他一切东西都是如此。看来庄子疯了，而且疯得不轻。下面我们就诊断一下庄子发疯的病因吧。

庄子认为，自然界存在的万物与人类看到的万物是两回事，不应混为一谈。他把外部存在物称为"彼"，这个"彼"是与人类并存的自然存在；他把人类认知的存在物称为"是"，是非的"是"，这个"是"是人类的判断。庄子说，基于存在物自身的立场，它不能被人类真正认知，人类没有这个能力，任何认知主体（犬、乌龟、狐狸等）都没有这个能力；基于人类的立场，人类自以为能够认知存在物，小学生都能信誓旦旦地做证。于是，在存在物与人类的认知之间就出现了一种微妙的关系:人类所谓的存在物依赖于认知主体，没有认知主体就无法说明其存在；人类的认知也依赖于存在物，没有存在物，人类的认知就会悬空。简单地说，人类的认识能力与认识对象互为条件。从正面说，对一个存在物可以有无限多的认知视角，可以说它什么都是；由于有无限多的认知视角，也可以说认知对象什么都不是……这个道理太难讲，简直无法说清楚。庄子举了几个例子，以说明人类认知的局限性。

第一个例子，人类与动物之间的认知不同。人类居住在潮湿的地方容易得风湿病，可是泥鳅在泥塘里却悠然自得；人类爬上高树就惴惴不安，猿猴在高树上却自得其乐。请问：哪里是理想的居所？人类喜欢吃粮食和家畜，麋鹿喜欢吃草，乌鸦喜欢吃老鼠。请问：到底哪一种是真正的美味？人们都说毛嫱和丽姬乃天下之绝美，可是，"鱼见之深入，鸟见之高飞，麋鹿见之决骤"，为什么勾人目光的美人在动物世界没有回头率？

第二个例子，人与人之间的认知有别。我与你辩论，我辩不过你，你就真对吗？或者反过来，你辩不过我，我就真对吗？我们两个人当中一定有一人对一人错？或者我们两个都对、都错？如果增加一个裁判，又有了新问题：他与我们二人当中一个人的观点相同，那他不适合当裁判；他与我们两个人的观点都不同，他也不适合当裁判。这是个难题。庄子的结论是：人们之间谁也不能完全理解谁，没有想法完全一样的两个人。还有一个例子。阳子到宋国去，住在客栈。客栈的老板有两个妾，一个长得漂亮不受主人宠爱，另一个相貌丑陋却讨主人欢喜。阳子问客栈的伙计：这是什么原因？伙计回答："其美者自美，吾不知其美也；其恶者自恶，吾不知其恶也。"萝卜白菜各有所爱，我不知道别人爱吃什么菜。这让我们想起了一个有趣的现象。战国时期以瘦为美，据说"楚王好细腰，国中多饿人"；而唐代以胖为美，大家看一看唐代的陶俑便知。到底是骨感美，还是肉感美？庄子说：没标准，完全取决于你自己。

按照庄子的意思，应该超越认识的主体性，居于超然的立场，或者说抛弃任何主体立场，然后再考虑问题。《庄子·齐物论》中说"忘年忘义，振于无竟，故寓诸无竟"，"无竟"就是无境，就是丧失立场。取消了认识上的主体性，马就不是马了吗？当然。如果你是一只虎豹，虎豹眼中的马肯定不是人类眼中的马，至少没有人类看到的马的颜色，因为虎豹只能分辨黑白，不能分辨色彩，这是动物学家的教导。如果你是马肠子中的一个细菌，不但分辨不出马的颜色，而且不会分辨马的形状，细菌天生没有这种能力，细菌没有获得产生这种能力的环境条件。这样的解释，在道理上虽然说得通，但庄子仍然有精神病的嫌疑。其实，具有精神病嫌疑的人不仅是庄子，还有中外著名哲学家，以及当代杰出科学家。

先看德国哲学家康德。康德写了一部震惊同侪的著作，叫《纯粹理性批判》。这本书的主旨，是指出人类认识的主观性。康德把人类对外部世界的感知结果叫"现象"，比如，我们看见一片白云，听见鸟的叫声等，白云、鸟啼都是现象。康德把不依赖于人的感知而存在的外部事物叫"物自体"。"现象"比较好理解，因为它与人类的感知一致；"物自体"很难解释，因为它超越人类的感知。说简单点，"物自体"绝不是人类感知到的那样的东西，人类不可能知道"物自体"是什么东西。康德的语言很晦涩，当然是为了表述得准确；康德的论证也很繁琐，很不清晰，这与当时科学还没有能够提供有力的证据有关。总之，康德所说的"物自体"有神秘感，所以两百多年来，对《纯粹理性批判》的研究成果数不胜数，人们不断揣摩其义。如有兴趣，可看一下牛津大学公开课"康德的纯粹理性批判"，由丹·鲁滨逊（Dan Robinson）主讲，看过肯定受益。

再看当代心理学家。当代心理学家把人类的感官称作"感受器"，比如眼睛叫视觉感受器，耳朵叫听觉感受器，总之，感受器就像仪器，只不过这个仪器不是钢铁或塑料做的，而是天然肉质的，有生物活力。同人类制作的任何科学仪器一样，人类感受器的感受能力是有限度的。我们只能看到特定波长范围内的光波，这叫可见光，可见光的波长大约在380~780纳米之间，比这短的伽马射线、X光射线、紫外线，比这长的红外线、雷达、广播频带、交流电波，人类都感觉不到。在心理学领域有一个经典的例子。欧洲一个男孩的视觉出了问题，没有立体视觉能力，看到的东西都是平面的。要他区分墙上母亲的画像与站在画像旁边的母亲，有一定困难。感觉障碍是心理医学中常见的疾病，既有感觉缺失，也有感觉过敏。有的人一到春天花开时节就不舒服，医生说这是花粉过敏，是疾病。其实，过敏者可以理直气壮地说：花粉对身体有这么严重的影响，你们竟然感觉不到，你们有生理缺陷！人类吃了腐败的食物就得肠胃疾病，食腐动物觉得这很好笑：这么好吃的食物怎么能说是腐败，看来是人类有病！

最后看当代物理学家。薛定谔是当代杰出物理学家，诺贝尔物理学奖获得者。记得在他所写的一本书中曾经这样描写道：站在我面前的是一位漂亮的女士吗？如果我有一双电子显微镜一般的眼睛，那将是无数高速旋转的原子团啊！持有类似看法的，还有玻尔和海森堡。特别值得一提的是德布罗意，长期以来人们一直认为光是波，他却说光也是物质性的粒子，甚至说一切物质都有波粒二象性。请问：我手里这支笔，它有波的性质吗？答案是肯定的，物理学院的同学可以做证。阳光是无色的吗？当然不是，光学专业的同学可以做证。耶鲁大学有一门公开课，课程名称是"天体物理学之探索和争议"，由查利斯·贝林主讲。他谈到，光的颜色由光源与观察者之间的运动关系决定：彼此距离固定获得固定的光色，彼此高速远离会使光波变长，从而产生光谱红移效应；彼此高速靠近会使光波变短，从而产生光谱蓝移效应。当然，这里所说的"高速"是大尺度的运动，属于广义相对论。我手里这支笔什么颜色？"色不自色，由心故色。"这是佛学的回答，也是庄子和爱因斯坦的回答。

最后我们总结一下。当代物理学告诉我们，外部存在物的性质是不确定的，只是人类感官的能力是确定的，所以外部存在物的性质才被人类确定。当代心理学告诉我们，人类感官的能力是有局限性的，我们只能感觉到我们能够感觉到的对象，不能感觉到的对象还有无限多。近代康德说人类认知的是现象而不是"物自体"，"物自体"对人类来说不可知。早在两千多年前，庄子早已指出外物是外物，人类的认知是认知，二者是两回事，并用"指非指"、"马非马"来表示。一言以蔽之：人类感知的万物不过是人类心灵对外部世界的镜像。庄子的"马非马"与公孙龙所说的"白马非马"是两回事:前者来自于庄子的特殊经验,是本体论、认知论命题,而后者来自于公孙龙的语言分析,是逻辑学命题。早在庄子之前,老子就指出了"前识"的存在,认为它是人类认识的先天因素,是人类不自知的主观因素,也是人类误解大道的起始:"前识者,道之华,而愚之始。"从老子的"前识"学说,到庄子的"马非马"理论,中华先贤从一个侧面最先阐明了外部存在与人类认识的微妙关系,他们的学说放射出璀璨的智慧之光。我们这里要强调指出:人类历史上指出现象与物自体区别的,不是始于康德,而是始于老子和庄子!

真人曰:你说你客观,他说你主观。客观不客观,主观不主观。

我是谁

《庄子·齐物论》讲了一个栩栩如生的"庄周梦蝶"的故事:"昔者庄周梦为胡蝶,栩栩然胡蝶也,自喻适志与! 不知周也。俄然觉,则蘧蘧然周也。不知周之梦为胡蝶与,胡蝶之梦为周与?"翩翩飞舞的蝴蝶是在我的梦境中呢,抑或我现在是在蝴蝶的梦境中?人们常说,人生如梦。庄周说,应该去掉"如"字,人生就是一场大梦,只不过当这场大梦过去的时候,做梦者彻底明白人生真相的时候,人生已然结束。人生梦一场,犹如梦黄粱,"有大觉而后知此其大梦也"。庄周甚至说,我给你们讲这样的

庄周梦蝶

大道理，本身也是在梦中，真正觉醒的人不会给别人讲这样的大道理。这实在令人困惑：我到底是谁？

我不是我，我自己也不知道我是谁，我是活死人。《齐物论》的开篇讲了一个"吾丧我"的故事。南郭子綦靠桌而坐，仰面而嘘，面无神色，心无生机，若存若亡。他的弟子颜成子游见此情景，困惑不解地问：人的身体纵然可以像枯木一样，难道人的心灵也能够像死灰一样没有活力吗？现在靠着桌子坐着的人，还是刚才靠着桌子坐着的人吗？南郭子綦的回答出人意料：吾丧失了我自己，不但丧失了我的肉体，也丧失了我的魂灵！我不知道刚才靠桌而坐的人是谁，我甚至不知道刚才听你问话的那个人是谁！在《庄子》书中，这样的人真正参破了人生，悟得人生真谛，王倪、啮缺、蒲衣子都是这样的人。啮缺向王倪问事，啮缺四问而王倪四不知，蒲衣子赞叹说，这才是真正的智者，这样的人"其卧徐徐，其觉于于；一以己为马，一以己为牛"。比死人多一口气，没有活人的灵魂，一会以为自己是马，一会以为自己是牛，这才是大彻大悟的人！世俗的人们对此困惑不解，希望让王倪这样的人"觉悟"，结果适得其反，破坏了人的真性，致人于死亡。庄子塑造了一个楷模，名字叫"混沌"，他没有别人那样的感觉器官，所以能保持自己的真心，别人给他凿出了七窍，他随之而死。

与活死人相对应，庄子更赞赏死活人。活死人好办，有肉无灵则已，死活人怎么展现？庄子的办法是让死人说话。《庄子》书中讲了一个故事。庄子到楚国，途中看见一具骷髅，于是走了过去，敲着骷髅的头问：你是怎么死的？是国家灭亡了，做坏事了，挨饿受冻了，还是年老而死？说完便头枕骷髅而眠。夜半时分，骷髅托梦于庄子说：你所说的那些事情都是活人的苦恼，死人没有那些烦事，你想听听死后的幸福吗？人死之后，无君于上，无臣于下，无四时之劳，以天地为春秋，即便是君主也没有这般快乐！人们常说"好死不如赖活着"，庄子大唱对台戏：好活着不如赖死，死了没有任何烦恼，更没有生老病死的痛苦。

庄子主张生死无别，学界称之为"齐死生"。对庄子来说，"死生为昼夜"，死生完全是自然现象，不能说黑夜不好白天好，也不能说白天不好黑夜好。妄想改变自然，或者为自然的变化而烦恼，完全徒劳无益。列子行于野外，见到一个百岁的骷髅，默默自语说：只有我和你知道不生不死的道理，你死了好吗？我活着好吗？都好。《庄子》书中有《至乐篇》，专门讨论什么是真正的快乐。在庄子看来，人生并不值得庆幸，人死也没必要悲伤。谁能说贪生不是糊涂，谁能说早死不是解脱和幸福？又有谁知道死者是如何为自己活着的时候贪生而后悔？

生死观的革命导致了对生命的无情，对社会的无义。在世俗生活中，死亡本来是悲伤的事情，但在庄子这里却变得无所谓。子桑户、孟子反、子琴张三人是莫逆之交，子桑户去世，孟子反和子琴张二人若无其事地在尸体旁唱歌："嗟来桑户乎！嗟来桑户乎！而已反其真，而我犹为人猗！"你已经归真了，留下我们还得继续当人啊！不是为死者悲伤，而是为自己还活着难过。庄子的妻子去世，庄子坐在旁边"鼓盆而歌"。别人批评他：照顾了你一辈子，给你生儿育女，不哭也罢，反而鼓盆而歌，真是不通情理！庄子回答：人的生死犹如春秋冬夏的运动，是自然规律，人回到大自然，重享自然的欢乐，旁边有人痛哭流涕地挽留，那是糊涂，是真正的不讲情义！庄子主张无情。有人问他：人应该无情吗？庄子回答：当然。别人质问：如果不讲人情，那还是人吗？庄子说：是不是人，人说了不算，老天爷说了算："道与之貌，天与之形，恶得不谓之人？"魏晋玄学家讨论圣人有情无情问题，根源在此。

生命与修行

生命是什么，生命由哪些要素构成，这是人生的根本问题，它关涉到人生的根本取向。因为，人活着是为了生命，人生所做的一切都为生命服务。

庄子极为关注生命问题。他认为生命是基本物质元素的聚集体,这个基本物质元素是"气"。在中国古代思想中,"气"表示基本的物质粒子或物质元素,"通天下一气耳",古人说生命由"气"组成,等于现代人说生命由细胞、基本粒子组成。庄子说,人的形成就是"气之聚","气"聚集起来就有了生命,"气"消散意味着生命的终结。基于这一学术立场,在物质元素聚集起来以前没有人的生命,没有人的形体。老子讲"万物生于有,有生于无",庄子说生命生于无:"杂乎芒芴之间,变而有气,气变而有形,形变而有生。"在《庄子》中,丞对舜说,每个人的生命由"天地之强阳气"构成,生命不属于自己,而是属于"天地",属于自然。这是自然主义的生命观,甚至是物质主义的生命观。

这仅仅是问题的一半。在其他场合,庄子又谈到生命由物质要素和精神要素两类成分共同构成,并且隐约谈到了二者之间相互依存、不可分割的关系。庄子说,人生天地之间如白驹过隙,转瞬即逝,"魂魄将往,乃身从之",谁也摆脱不掉谁。魂魄便是生命中的精神要素。庄子谈到了一个有趣的例子。从飞速奔跑的马车上跌落下两个人,一个人头脑清醒,结果摔死;另一个人醉了酒,结果伤而不死。醉酒者之所以不死,是因为"死生惊惧不入乎其胸中",没有恐惧,形伤而"神全"。换言之,死的那个人是因为他的精神受伤,惊吓而死。举一个眼下的例子。据媒体报道,2010年1月,广东东莞石碣镇西南管理区龙南路的一个出租屋,十九岁的广西小伙子醉酒后不慎从五层楼窗户跌落至地面,结果只是骨折,并无生命危险。在医院里记者问:你还记得昨晚发生了什么事吗?小伙子说:不记得了。记者问:当时怎么摔下来的?小伙子说:想不起来了。记者问:当时感到疼了吗?小伙子回答:当时什么也不知道。记者问:你那晚喝了多少酒?小伙子回答:四瓶。人们解释没死的原因,列出种种理由,其实重要的理由之一是"死生惊惧不入乎其胸中"。不但人由物质和精神两种要素构成,动物也是一样,所以才有鬼现象。《庄子》书中设问:这世界上有鬼吗?随后作了肯定的回答:有,沈有履,灶有髻,水有罔象,丘有峷,山有夔,野有彷徨,泽有委蛇。庄子还特别指出,屋内不同地方有不同的鬼神。人的精神与鬼神之间存在着微妙的关系:一个人做事问心无愧,对鬼便无亏欠——"无鬼责";一个人心静如水,"其鬼不祟,其魂不疲"。总之,在《庄子》中,谈精神要素的场合不多,对精神要素本身的性质基本没有讨论。

《庄子》书中有大量篇幅讨论了生命修行问题。庄子指出,生命修行首先应该"达生之情",即弄清生命的真相。世俗的人们都知道"养形",尽量吃饱穿暖,但最终未能阻止肉体的坏死。这是无效修行,或者说,对肉体的修养不是修行之本。

庄子谈到形神兼修。庄子说,修形,就要避免世俗的辛劳;修神,就要忘却自己的生命。形不劳、精不亏,才是真修行。《庄子》书中偶尔也谈到导引之术:"缘督以为经,可以保身,可以全生,可以养亲,可以尽年。"所谓"缘督以为经",就是用意念打通任督二脉,使气在周天运行,这有利于身体健康,所以庄子说"可以尽年"。但有时庄子又谈到"不导引而寿",认为"导引"并非长寿的必要条件。

《庄子》书中普遍讨论的几乎都是修心之术。修心之方,略有四端。

第一,克制欲望。庄子认为,造成人类丧失真性的是感官欲望。五色乱目,五声乱耳,五臭熏鼻,五味浊口,趣舍滑心,这五种欲望都是"生之害"。庄子提出"四无"作为根治对策:"无为名尸,无为谋府,无为事任,无为知主。"不要贪图名利,不要费尽心机,不要重任在身,不要自作聪明。与此类似的还有"四六"理论,即去除"贵富显严名利"、"容动色理气意"、"恶欲喜怒哀乐"、"去就取与知能",四六共二十四种心理因素。简言之,安贫乐道,《庄子》中的真人、至人就是这样的人,庄周本人就是楷模。

第二,抱一。所谓抱一,就是心住一定,止住念头,不胡思乱想。《庄子·庚桑楚》认为这是保卫生命的办法——"卫生之经",其中提到"勿失"、"能止"、"能已"等等。《庄子·在宥》阐述修道要诀说:不要看外界的东西,不要听外界的声音,应该平心静气守住精神,如此一来身体自然得以保养;不要使自己的躯体感到疲劳,不要动摇自己的精神,这样才可长生;因为眼睛无所见,耳朵无所听,心灵无所知,所以精神守住了躯体,躯体才得以长生。"我守其一,以处其和,故我修身千二百岁矣,吾形未常(尝)衰。"说自己能活一千二百岁,不是庄子疯了,就是现代人无知,二者必居其一。庄子的"抱一"与老子的"守一"之术一脉相承。

第三,修虚养静。克制感官欲望和抱一,都是为了心灵的虚空和宁静。忘掉世俗的一切,忘掉世间的是非对错,可以做善事,但绝不是为出名;也可以做恶事,但不是想犯罪,"为善无近名,为恶无近刑"——这话听起来很怪异,但却是静心的妙诀所在。其实,禅宗六祖慧能也是这么说的。如果心中横亘着人世间的是非道德,心中怎么能虚,又怎么能静!庄子说要使自己的心灵"纯粹而不杂",像幼儿那样干净,称这是"养神之道"。要放弃任何思虑,心如止水,"全汝形,抱汝生,无使汝思虑营营"。心灵虚空能产生特殊的精神效果,"虚室生白","白"即"魄"。

第四,忘掉自己。沿着虚静的道路走下去,然后达到忘掉自己的境界,不知道我是谁,当然更不知道你是谁。在《庄子·知北游》中,到处都是这样的例子。甲问乙:在什么场所修道?用什么方式修道?乙听后毫无反应,既忘掉了别人,也忘掉了自己。一旦乙做出了回答,他就不是忘我状态了。庄子说:"无思无虑始知道,无处无服始安道,无从无道始得道。"修道的人,"形若槁骸,心若死灰",是活死人。修道的人坐在那里却忘了自己是谁:"堕肢体,黜聪明,离形去知,同于大通,此谓坐忘。"修道的人"心养":忘却了自己的身体,忘掉了心里的意识,也忘记了外部的一切。庄子甚至刻画了一个名字叫"无有"的人,他的相貌"窅然空然",人在那里,别人的问话不答应,别人的触碰没反应。这样的人,才是真正忘掉了自己。《庄子》中的南郭子綦、啮缺和被衣,都是能够"坐忘"的人。庄子还编造了一个"呆若木鸡"的故事,用完全丧失了斗志、去掉了娇气、忘掉了自我的鸡,作为修行忘我的范例。前面谈到的"我是谁",反映的正是修道者的状态。

上述四端,步步深入,终极境界是无我,既没有思想上的自我,也没有肉体上的自我。这种无我修行路径,与后来道教修行的形神双遣、佛教修行的破法执、破我执,总的倾向一致。

真人与真知

"有真人而后有真知。"这是庄子的教训。什么是真人？什么是真知？

真人是修行得道的人。《庄子》中有圣人、真人、至人、神人,称谓不一。《庄子·逍遥游》中说:"至人无己,神人无功,圣人无名。"从这句话看,这几种人的境界似乎有差异。但是,真的不同吗？

先看圣人。庄子说,圣人鄙弃功名利禄,有内容的话不说,说的话没内容,"游乎尘垢之外"。圣人的行为像鸟飞行一样不留踪迹,在人世间生活的时间长了,厌倦了,就"乘彼白云,至于帝乡",去当神仙。

其次真人。《庄子》中对真人的描述最多。真人不为活着而高兴,不为死亡而苦恼,忽然而生,倏忽而死;真人不为世间琐事动心,不居功,不悔过,甚至忘掉了一切;真人眠而无梦,醒而无忧;真人的呼吸与俗人不同,俗人呼吸以喉,真人呼吸"以踵",用脚后跟呼吸,简直不可思议;真人像死人一样,没有任何生机,面无表情,言无声息;真人有超人的身体,登高不惧,入水不溺,入火不焚;最关键的,真人来无影,去无踪。这样的真人,绝对是超人。

再看至人。至人居于简陋的小屋,无论外面的世界多么精彩,至人一概不闻不问;至人有神奇的本领,上窥青天,下潜黄泉,挥斥八极,神气不变。至人处变不惊,大泽焚而不能热,河汉冱而不能寒,疾雷破山、飘风振海而不能惊;至人是神仙,"乘云气,骑日月,而游乎四海之外"。

最后看神人。《庄子·逍遥游》中对神人有一段精彩的描述:"藐姑射之山,有神人居焉,肌肤若冰雪,淖约若处子。不食五谷,吸风饮露。乘云气,御飞龙,而游乎四海之外。"这样的神人不受外物伤害,洪水滔天而不溺,大旱山焦而不热。这样的神人,来无影,去无踪,"与形灭亡"。

可以看出,《庄子》中的圣人、真人、至人、神人,其名为四,其实为一。只不过,《庄子》书中对真人的描述最多,一言以蔽之:真人是腾云驾雾、水火不能害、超生死、成神仙的人,是摆脱了肉体束缚的人。

真知是直觉知识,即非感官知识。就性质而言,知识分为两大类型:一类是感官知识,即经验知识;另一类是直觉知识,即超验知识。若要理解直觉知识,先要明白感官知识。

感官知识是感官经验的逻辑化。感官知识有两个构成要素:感官经验和思维逻辑。感官知识依赖于感官经验,非感官经验不是科学研究的对象。当代科学,无论是物理学、化学还是生物学,研究的对象都是客观存在,能够被人们观察和实验。感官知识也依赖于思维规则,思维规则是外部现象的因果关系在人们头脑中的投影。窗外闪过一道光,然后又传来隆隆的声音——看来是要下雨了;传来隆隆的声音,然后窗外闪过一道光——怎么回事,是地震还是出了什么事故?因果关系不同,产生的经验知识不同。数学是典型的思维逻辑,仪器与数学的结合,是现代科学的基本特征。但是,感官和仪器都是特异性的,不存在超然感官和超然仪器,不存在没有局限性的感官和仪器。建立在特定感官或仪器基础上的因果关系、思维逻辑必然有局限性。这表明,感官知识有主观性。由于感官知识有主观性,所以古今知识存在差异。

真知是直觉知识。直觉知识是一种内在经验,它排斥感官,依赖于人类天赋的本能,这种本能内嵌于人类心理记忆中。在生命修行中,人们无意中发现了这种本能。对于没有宗教经验的人们来说,所谓的宗教经验无异于痴人说梦,原始时代普遍存在的巫师和巫术被贬斥为愚昧无知。确实,对于不知梦为何物的人来说,梦必然被认为是一种子虚乌有的东西,它无法通过外部感官得到印证。直觉知识不受任何思维逻辑束缚,它本身不依赖任何规则,不受时间和空间约束,换言之超越时空,时空观念仅仅是人类感官局限性的产物。前面谈到的"马非马",反映的正是直觉知识。用感官知识分析评判直觉知识的是非对错，无异于缘木求鱼、水中寻火。

人生世间，有大智慧，有小智慧。大智明白小智，而小智却不懂得大智，此乃庄子所谓"小知不及大知"。人乃万物之一，与自然界中的众生无异，无法晓得大千世界的真相。从时间上说，众生是小智慧。有一种菌类植物叫朝菌，朝生暮死，它无法晓得月相的晦与朔；蟪蛄（俗称知了）是百日虫，它无法晓得什么是春与秋。人生百年，同样无法明白为什么彭祖活了几百岁。从空间上说，众生也是小智慧。坎井里有一只青蛙，它对东海的巨鳖说：你看我多么快活，我在井的栏杆上跳跃，在井的砖壁上休息，水托着我的脖颈，泥淹没我的脚背呢！你看那螃蟹、蝌蚪，怎么能够与我相比！你赶紧过来看看吧。巨鳖向前还没伸展右腿就触到了井底，根本没有左脚的容足之地，它犹豫地对青蛙说：我告诉你海有多大吧，千里不足以叫作大，千仞不足以称作深，大禹的时候洪水滔天海水不见多，商汤的时候八年七旱海水不见少。听了巨鳖一席话，青蛙怅然若失。即便那自以为智慧的生灵，拥有的也是小智慧。宋元君夜里做梦，梦到一个声音对他说：我是清江的使者，前往河伯那里办事，一个叫余且的渔夫逮住了我。宋元君醒后让人占卜是怎么回事，占卜官解梦说：那是一个神龟。宋元君问：国内有一个叫余且的渔夫吗？大臣回答：有。于是把余且召进宫中询问，余且回答：我捕得一只大白龟，龟甲周长有五尺！随后把白龟献给国君。如何处置呢？是把这只白龟杀了，还是把它放回河中，宋元君拿不定主意，于是又命人占卜。占卜的结果是，把这只白龟杀了制作龟甲留作占卜用。宋元君用这只白龟的龟甲占卜，百占百验。庄子说，神龟虽然聪明，但不能使自己活命，仍然是小聪明。

有大智慧的人清楚自己认识的局限性，并且能够超越这种局限性。对于每一个人来说，我们所知道的远不及我们不知道的多，人类一生的时间远不如此生之外的时间长。在这种情况下，想在有限的时间内了解无限的知识，岂不惘然！人们常说"学海无涯苦作舟"，庄子说："吾生也有涯，而知也无涯。以有涯随无涯，殆已！"真正有大智慧的人知道是非本身是怎么回事，齐万物,齐是非,不以小者为小,不以大者为大,不以对者为对,不以错者为错。真正有大智慧的人齐死生,得不喜,失不忧,生而不悦,死而不哀。庄子说,真知从别人那里学不来,真正的经验通过手脚的实践得不到,真理通过辩论得不到。看破人间是非真相,看破人生存亡真相,参破生命真相,这才是真智慧:"知止乎所不能知,至矣。"

真人有真知,真知出真人。只不过,有真知的真人千年不一出,万年不一遇,故庄子说:"万世之后而一遇大圣,知其解者,是旦暮遇之也。"如果一万年能有一个人明白庄子所说的道理,就算不错了。诸君,做一个有真知的真人吧!

赞曰:彼言马非马,此曰齐是非。蝴蝶与鲲鹏,真人有真知。

阅读参考:1. 曹础基:《庄子浅注》,北京:中华书局,1982年;2. 陈鼓应:《庄子今注今译》,北京:中华书局,1983年。

第十二讲　道教之学

宗教产生于人们祈求健康、不愿死亡的心理需求。社会人群三六九等，宗教形式多种多样。救赎宗教适应大众，自救宗教适应精英。心理的、精神的问题，只能通过心理的、精神的途径得以解决。宗教不会随着科技的进步而消亡，只要有生命，只要怕死亡，就有宗教滋生的土壤。

我们时常听到有人说：宗教是麻醉人民的鸦片。这样说来，宗教不但毫无价值，反而是精神毒品。因此，章太炎讲国学却鄙夷中国宗教，钱穆虽曾说不懂佛教、道教就难以准确把握唐代学术，可是他的《国学概论》既不谈道教思想，也不讲佛学义理。宗教真是这么毫无价值吗？即便毫无价值，也该知道它是怎么回事吧。

从宏观上说，中国本土道教分为两大体系：一个是流行于民间的符箓道教，另一个是流行于知识阶层的丹鼎道教。下面分别评说。

符箓道教

何为符箓？符是一种类似于文字但又无法识别的神秘图形，箓是类似于文字但又不可识别的秘文。信徒们相信，符箓是天界神灵的文字，包含着神

秘的信息，反映神灵的意志，具有神奇的效能，如治病救生、招神驱鬼等。即便在现代，在民间的一些活动中仍能看到道符和秘文的遗迹。符箓道教就是崇拜神灵、以符箓为治病救命手段的宗教。

1. 符箓道教的兴起

东汉晚期在民间自发产生了两个宗教组织，一个是太平道，另一个是五斗米道。组织是两个，教义内容和宗教特征大致相同，均属符箓道教。

道符

太平道的创立者是河北巨鹿人张角。张角以"大贤良师"的面貌出现。所谓"大贤良师"，可能被信徒认为是具有神通的人物，尤其是具有特殊道术的人物。太平道的信徒大多是贫苦农民，身体多病，无钱医治，希望得到"大贤良师"的救助，使身体康复。《后汉书》记载说，太平道治病救命的基本手段是"跪拜首过"、"符水咒说"。"跪拜"就是跪下磕头拜神，"首过"就是主动向神灵忏悔自己的罪过，"跪拜首过"就是信徒一边向神灵磕头一边忏悔自己的罪过。"符水咒说"，"符"是前面提到的道符，"符水"是融入道符灰烬的水，"咒说"是道师口说咒语，也称"祝说"。"符水咒说以疗病"，就是道师将道符用火烧成灰，使符灰落入一碗清水中然后搅匀，让病人饮下，同时道师口念咒语，用这种办法给人治病。在"文革"以前，我见到的符水咒说就是这种情形。《后汉书·皇甫嵩传》记载，这种办法相当有效，"病者颇愈"，"颇"是一个程度副词，相当于现代汉语的"很多"、"不少"，于是很多人相信，纷纷加入太平道。十几年光景，信徒发展到几十万人，覆盖了中原地区的许多州县。《典略》这部文献对太平道的情况也有类似记载，说太平道的法师手里拿着九节杖当法器，口中念念有词，让病人磕头认罪，并且让病人喝下符水。如果这个人病愈，就说此人信道；如果这个人病没好，就说此人心不诚，不信道。

五斗米道（教内称"天师道"）兴起的情形与太平道差不多。《典略》记载说，汉中地区有一个叫张修的人传播五斗米道。他采取了与太平道类似的传道手段，比如符水咒说等，不同之处是增加了"静室思过"，让病人在一间幽静的屋子里闭门思过。五斗米道的小头目叫"祭酒"，他带领着病人学习《老子》，为病人祷告祈福。祷告的内容是向神灵忏悔，并把忏悔的内容书写在纸上，共抄写三份：一份放到山上昭告天神，一份埋到地下昭告地神，一份沉入水中昭告水神，这被称为"三官手书"。病好之后可入道，入道须出米五斗，所以百姓俗称此道为五斗米道，称头领为五斗米师。后来，张鲁在汉中地区继续传播五斗米道。《三国志·张鲁传》说，张鲁自称"师君"，采用传统的巫术吸引信徒。来学习道术的信徒，开始称"鬼卒"，信仰坚定之后当了小头目，称为"祭酒"，统领信徒多者称为"大祭酒"。传道的内容，与太平道相似，如让病人忏悔思过等，特别是要求信徒虔诚地信奉神灵，在生活中不行欺诈之事。张鲁的五斗米道还实施了类似福利社会的制度，在交通要道设置"义舍"，即公益性的房子，义舍中储存有食物，供远行的信徒食用，当然不能放任大吃，不饿则止。否则，他们宣称鬼神会惩罚利己贪吃的人。对于犯罪者，宽恕三次，屡教不改，然后才用刑罚。在两晋南朝时期的天师道中，由原来的"三官手书"发展为范式化的"章文"，内容也由原来的自我忏悔扩大到超度祖先亡灵、驱鬼、祈求生活福祉等方面。

从太平道和五斗米道的产生可以看出，符箓道教的出现完全是自发的，是百姓自愿参加的，此类宗教的主要功能甚至唯一功能就是治病救命。有了病为什么不去看医生？贫苦百姓没钱，即便有钱，医生也有医不好的病。总之，百姓需要一条救命的出路，信神、拜神就是重要的选项之一。太平道被张角利用，导致了黄巾事变，引发被官方镇压的结局，这是一场悲剧，对信徒是悲剧，对政府也是悲剧。有人说"宗教是统治阶级压迫人民的工具"，这里的情形刚好相反，宗教被利用成了某些人反抗政府的工具。大众宗教是为民众生命健康服务的心理工具。

2. 符箓道教信仰的特点

以"符水咒说"、"跪拜首过"为表现形式的汉末符箓道教，没有形成严谨的系统化的理论体系。我们今天看到的《太平经》，其中保存着东汉后期太平道信仰的一些资料。

《太平经》认为世界上存在着众多的神灵，神灵主宰着世界和人类。"天"是造物主，世界万物是"天"创造的："凡洞无极之表里，目所见，耳所闻，蠕动之属,悉天所生也。""天"是神灵世界的最高主宰,众神是"天"的下属，都必须听从"天"的指挥调遣。"天"有意志，自然现象是天意的表现，天不高兴会使风雨不调，寒暑失常。"天君"是救世主，是天师的幕后指挥者，天师执行的都是天君的命令,《太平经》的教义就是天君意志的体现。这位天君既是一个活生生的人，也是一个神上之神。

对于无神论者来说，生命就是肉体本身，"人死如灯灭"，身外无生。但是，《太平经》不同意这样的看法，不仅是《太平经》，一切宗教都不会同意这样的看法。《太平经》认为,生命由肉体和精神两重要素构成,二者相互依存，"神"是生命之本。精神离开肉体，留下一具没有灵魂的身躯，人便死亡。精神留守在人体内，人就健康。《太平经》又说，人体内有名目不一的神灵:有时说身中有心神，有时说身中有三命之神，还有时说身内有五神，甚至人类身体内脏的每一个器官都有神灵驻守。人为什么生病？因为守卫体内特定器官的神灵离开:比如肝神离开身体会使眼睛失明；心神离开身体会使口唇青白；肺神离开身体会使鼻塞不通；肾神离开身体会使人耳聋。《太平经》中有一首诗歌，形象地反映了《太平经》的生命观：

无离舍宅及城郭，

骨节相连为阡陌，

筋主欲生坚城郭，

脉主往来为骨络，

肉在皮内为脉衣，

神在中守司人善恶。

人的一生受神灵主宰，人不是自己生命的主人。司命之神时刻监督着每个人的一行一动，有时进入人的体内伺察人的心机。一个人做了善事，司命之神为其增寿，此为"增算"。善事多多，"或得度世"。相反，如果一个人做了恶事，"辄减人年命"，是为"夺算"。《太平经》告诫信徒，司命之神那里保存着每一个人的生死簿，生死簿上记录着每个人何时出生，何时死亡。根据每个人的生平表现，做了善事著"青录"，做了恶事著"黑文"。生死簿保存在天界明堂。每年年终，司命之神根据此人的表现向天君报告。如果一个人的寿数已尽，阴曹地府的鬼神就到人间"收取形骸，考其魂神"，把此人的鬼魂押到阴曹地府，接受审判。对于那些没有承负之过且修行有道者来说，他们的仙录存于北极，他们可以"乘云驾龙，周流八极"。因为他们能够超越此生此世，故称"度世之士"。

与佛教类似，《太平经》宣称人生有四苦。第一苦，幼年孤独，依赖父母；第二苦，不胜情欲，男女不离；第三苦，生子供养，劳苦终生；第四苦，老年多病，呻吟悲切。这四苦是人生的磨难。若要摆脱磨难，就要修行。

行善是修行的要领之一。《太平经》宣称，人的性命掌握在天神手里，人命是"天之重宝"，不由人类自己决定。天神尚善，善的内容包括鄙弃名利、不取不义之财、恪守孝道、不出恶言、有一颗道德良善之心。行善的人可以获得天神的奖赏，比如得福禄，获长寿，甚至成仙。总之，行善可以使人吉利，时时刻刻想着做善事就会得善报。《太平经》卷一百保存着一幅"东壁图"：

东壁图

据说这是"上古神人戒弟子后学者为善图像",它以直观的形式劝导信徒:不但做"阳善"之事,更应做"阴善"之事;神灵时刻在暗中观察人们的一举一动,特别赞赏、福佑做善事不留名的人。天神贬恶,作恶多端者难逃天神惩罚,甚至可能遗祸后代。作恶多端者会生种种疾病,会夭死,死后会下地狱为鬼。当一个人十恶不赦、死亡不足以抵偿其罪孽时,其罪过将由后代承负。人不但不该做恶事,甚至不该有作恶的念头。《太平经》告诫信徒,神罚难逃。《太平经》卷一百零一保存着一幅"西壁图",形象地表达了天神惩恶的主题:

西壁图

《太平经》解释说这是"上古神人真人诫后学者为恶图像",并告诫信徒:为害嫉妒,令人死凶。

符水咒说是修行的要领之二。《太平经》认为,神灵具有超然的法力,神灵的语言也具有超然的法力,神灵语言中最重要、最关键者是咒语,或作祝语。本来,咒语并非人类知晓,大神差遣小神往返人间,神灵之间的咒语被人类窥听到。人们把神灵的语言记录下来,便有了咒语。《太平经》中有四卷所谓的"复文",这些复文是不可识别的文字,每个复文由若干汉字拼合而成。这里的复文可能与祝文有关。咒语具有神圣性,是人们通神的手段。咒语能治病。鬼神原本用咒语主宰人类的生死祸福,有道之士获取了鬼神使用的咒语,"传以相语,故能以治病"。符可能也与咒语、"复文"类似,因而符具有与咒语相同的效验。比如,巫师既可用咒语与神鬼打交道,也可用符治病,这便是《后汉书》中所说的"符水咒说以疗病"。《太平经》说:"欲除疾病而大开道者,取决于丹书吞字也。"据说"丹书"具有招神的功能,丹书入腹能"还精"驱邪,使人大吉。《太平经》说,祝语神效,"祝百中百,祝十中十",百应百验。健康人喝下符水,能得神灵庇护。更有甚者,饮用符水者本人也能取得超然的法力,进而能够传道治病。不是此人有特殊本事,而是"精神随而行治病"。《太平经》不能承诺每一个接受咒术的人都能恢复身体健康,某人之病不能痊愈是因为此人"不精"、不虔诚,这样的人无法入道。

忏悔是修行的要领之三。人的灾难疾病不是必然的,而是由于人自己的行为有玷,受到了神灵的惩罚。人生在世,错误难以避免,重要的是知错必改。改错的方法是悔过,在"除日"这一天,在四通八达的通衢路口,面向四方谢罪,每个方向叩头五次,先仰视天,后叩头于地。忏悔的时候,要"恳恻垂泪"地自责,向神灵悔罪。神灵闻听此人忏悔,见此人"自责自悔,不避昼夜,积有岁数",于是禀报天君。天君恩准,此人的生死簿可以移往寿曹。

在两晋时期的灵宝道教中,就《灵宝无量度人上品妙经》(简称《度人经》)反映的情形而言,符箓道教修行思想主要表现为两点。

第一,灵宝道教崇拜神灵。《度人经》说,人类生存的世界是宇宙中很多天国之一,整个宇宙都受神灵统治,人类的命运由神灵主宰。宇宙世界中有各种各样的神灵:有三十二帝,如"帝须阿那田"、"帝刘度内鲜";有五天魔王,如"青天魔王巴元丑伯"、"赤天魔王负天担石";有十方"无极飞天神王"。这些大小神灵的职责具有相似性,或是监督人类的生活,或是时刻准备着把信徒超度到天国,都与人类的生死存亡紧密相关。天界神灵虽多,但这些神灵都服从一个至高无上的大神指挥,这个至高无上的大神就是"元始上帝至尊",俗称"元始天尊"。这个元始天尊是宇宙世界的缔造者,是日月星辰的造生者,是众神的孕育者和统治者，是人类社会的引导者，是万事万物的主宰者，是道的化身。元始天尊不仅是创世主，而且是众生的拯救者。据说在很久以前，元始天尊在"始青天"中，悬坐于半空之中的五色狮子上，为人们布道传法。他讲法一遍，聋者的耳朵即刻听到了声音；他讲法二遍，盲人的眼睛立刻复明；他讲法三遍，哑巴开口说话；他讲法四遍，瘫痪病人站起行走；他讲法五遍，所有病人都恢复了健康；他讲法六遍，老年人返老还童，白发变黑，牙齿再生；他讲法七遍，老年人复归壮年，少年儿童成长到青年；他讲法八遍，妇女不知不觉有了身孕，鸟兽怀妊；他讲法九遍，遍地涌出黄金白银；他讲法十遍，田野中的枯木发芽，白骨生肉，死者复生。一句话，神灵主宰世界、神灵主宰人的生命，这是《度人经》教义的第一要素。

第二，获得神灵拯救的途径是诵经。元始天尊在天界讲法，《度人经》中的《元始灵书》就是元始天尊讲法的记录，这是神圣的话语，具有无限的魅力，能救信徒于水火，度众生到天国。要达到这一目标并不难，只要斋心诚意，坚持诵经即可。《度人经》说，凡斋心诚意、坚持诵经者，就能超度三界，成为神仙。为什么斋心诵经能升入天国？因为有了这样的诚心和敬意，念诵神圣的灵书秘语，就能被神灵听到，神灵就会来到人世间伺察，看到此人真诚皈依，就会把诵经人的事迹记录下来，禀告元始天尊。得到元始天尊恩准，神灵就会保举此人成为神仙，享受天国之乐。《度人经》说，诵经的次数越多，就越容易进入天国世界。诵经十遍，天界神灵就会来到近前，诵经人上辈祖先的亡灵就能超升到天国。到那里九年之后，就能再次转生人世，成为有身份的贵人。诵经百遍，诵经人的名字就被记录在天国。诵经千遍，魔王会主动来到近前，迎接此人升天。诵经到了万遍，立刻就能飞升太空，超越三界，成为天国中的神仙。

《度人经》还告诉信徒，当遇到灾厄的时候，可以把斋戒、烧香和诵经结合起来，这样就能消灾禳祸。天地运行有始有终，有吉有凶；日月星辰运行，有圆有缺；圣人神仙，也有吉凶祸福；至于没有学道之人，更有疾病伤痛。凡是灾祸发生之时，都是由于相同的气彼此感应的缘故。如果在每天六个时辰烧香诵经十遍，就能灾祸消除，福祉降临。

中国社会大众信仰的发展，在一定程度上发生了扭曲。道教在民间自发形成初期，最重要的修行特色是忏悔，是信徒坦白自己有罪过，静室思过、三官手书、符水咒说都与自我忏悔有关。但在后来的符箓道教经典中，这一核心要素被淡化，被诵经和斋醮代替，这在一定程度上改变了初期大众宗教信仰的特色。西方基督教重视忏悔，忏悔的原因是原罪，人类先天有罪，集体的罪，要终生忏悔。太平道和五斗米道不讲原罪，讲个人的罪和祖先的罪，这已经比西方基督教退后了一步。后来的符箓道教重斋醮，轻忏悔，这是中国救赎宗教的衰变。尽管如此，符箓道教具备救赎宗教的要件：信仰神灵，相信拯救。"救赎"一词是基督教 salvation 的汉译，原意是拯救、救助，在基督教中特指由神灵拯救信徒，超尘世入天国。在符箓道教教义中，人无法自己拯救自己，自己没有能力拯救自己，人不可能提着自己的头发离开地球，人需要神灵来拯救。可以肯定地说，信神求救是衡量古今一切宗教是否救赎宗教的根本依据。

外丹道教

与贫苦大众的符箓道教并行的另一个道教类别，是社会上层的丹鼎道教。符箓道教是救赎型的宗教，丹鼎道教是自救型的宗教。丹鼎道教的总特点，是追求永生，信仙，不大崇拜神灵，修道有术，有理性色彩。丹鼎道教内部又分为两大派别，外丹道教和内丹道教。外丹道教盛行于秦汉至隋唐时期。

1. 外丹道教的兴起和流行

外丹道教自发地产生于上层社会。据《史记·封禅书》记载，宋毋忌、正伯侨、羡门高等人都是战国时期的方士,方士是懂得方术的士人,他们传播方仙道,宣称人吃了"不死之药"就能长生,不死之药只有从仙人那里获得,而仙人云游世外。据说战国时期齐国的威王、宣王和燕国的昭王都曾派人到蓬莱寻求长生不死之药,结果不得而知。秦始皇统一天下之后,听说东部沿海地区有不死之方,他虽然是一个不大相信鬼神的帝王,但对死亡也有恐惧,他不能用唯物主义精神理性地面对自己的死亡,相反却幻想自己能够长生不死,希望自己万岁万万岁。所以,当他听说有使人不死的方法,便立即"使人乃赍童男女入海求之",结果是竹篮打水,空忙一场。

继秦始皇之后信奉方仙道的另一个著名皇帝是汉武帝。当时,有一位李少君,据说他擅长祠灶、穀道、却老之术。他宣称祠灶可以致福,穀道可以使人不食而不饿,却老之术可以使人永远年轻。李少君精通方药之术,自称七十岁,游遍天下。据《汉书·郊祀志》记载,李少君"善为巧发奇中",相当于今天人们所说的能掐会算,未卜先知。一次他参加武安侯的宴会,见有一位九十多岁的老者,李少君称老者曾与祖父在某处打猎。这位老者依稀记得少年时代曾与祖父到过此处打猎,于是坚信李少君所言不虚,参加宴会者莫不惊叹唏嘘。汉武帝听说此事后也很好奇,要亲自考察一下李少君是否确有超人的本领,于是召见李少君。汉武帝命人准备了一件古代的铜器,让少君从远处观看。少君泰然自若地说:齐桓公十年曾把这件铜器陈设在柏寝。武帝命大臣核实铜器铭文,果然是齐桓公之器。汉武帝暗自叹服,在场的大臣莫不称奇。取得了皇帝的信任,李少君于是侃侃而谈:祭祀灶神可以见到奇异现象,然后再炼丹砂就可以成为黄金,用这样的黄金做成餐具使用,不但可以延年益寿,还可以去见蓬莱山的神仙,如果再举行封禅大典,就可以不死成仙,黄帝就是这样做的,最后成了神仙。他宣称自己曾经到过蓬莱山,在那里见到了安期生,安期生送给自己一个枣,像瓜一样大。安期生是神仙,居住在蓬莱山中,只与修行有道的人相见。汉武帝听后,成仙之心实在按捺不住,他马上亲自祭灶,并派人到东海寻找安期生,还命人随李少君炼丹。不久，李少君离开尘世，汉武帝认为李少君是化作仙人而去，于是寻别人继续李少君的炼丹事业。此后自称能炼仙丹超生死者无数，其中最杰出者非齐人公孙卿莫属。公孙卿伪造了一部神书，称此书是从申公处获得，申公与安期生相识，书中记录的是黄帝的话。武帝追问申公现在何处，公孙卿答曰申公已死，申公死前曾说，汉朝皇帝应该举行封禅大典，然后就能成仙上天。黄帝曾采首山之铜在荆山之下铸鼎，鼎成之后有龙从天上下来迎接黄帝。黄帝骑上龙身，群臣后妃乘龙升天者七十余人，唯独申公没来得及上去……听了这番蛊惑人心的话语，汉武帝不胜感慨："嗟乎！诚得如黄帝，吾视去妻子如脱屣耳。"有道是："食色诚可贵，权位价更高。若为生命故，二者皆可抛。"

由于汉武帝独尊儒术，政治关怀吸引了士大夫阶层的兴趣，方仙道在汉代中期以后衰落下去。到了魏晋时期，随着政局的动荡和政治信仰的危机，士大夫阶层再次对外丹道教发生兴趣。学界喜谈"魏晋风度"，"魏晋风度"的一大表现就是士大夫服丹。魏晋名士中很多人服丹，比如何晏、王弼、夏侯玄、嵇康等，其中何晏被认为是当时士大夫服食丹药的领头人。秦丞相《寒食散论》说，汉代的时候有一种"寒食散"，曹魏时期何晏服用之后获得了神奇效果，于是士大夫纷纷尝试，在社会上层很快流行开来。这里所说的"寒食散"，本名"五石散"，是用五种石药粉末合成，因服散之后除了饮热酒之外，只能吃冷的食物，所以俗称"寒食散"。据学者研究，"五石"是礜石、紫石英、白石英、赤石脂和石钟乳五种石药。何晏为什么服用"五石散"？据何晏自己说："服五石散，非唯治病，亦觉神明开朗。"这话说得比较含蓄，晋朝人皇甫谧说得直截了当："近世尚书何晏，耽好声色，始服此药，心加开朗，体力转强。京师翕然，传以相授。"看来，何晏声色犬马过度，本想吃点药物滋补身体，未料还有精神上的奇效，可能有点像现今的摇头丸之类，于是引来达官贵人纷纷仿效。服五石散后通常需要走动，这叫"行散"、"行药"。南北朝时期的鲍明远作《行药至城东桥诗》，描述了他行药时的见闻和对人生的感慨：

鸡鸣关吏起，伐鼓早通晨；严车临迥陌，延瞰历城闉。
蔓草缘高隅，修杨夹广津；迅风首旦发，平路塞飞尘。
扰扰游宦子，营营市井人；怀金近从利，抚剑远辞亲。
争先万里途，各事百年身；开芳及稚节，含彩各惊春。
尊贤永照灼，孤贱长隐沦；容华坐销歇，端为谁苦辛！

这首诗反映的人生是灰色的，诗人的心境是黯淡的，南北朝时期士大夫阶层的心态是消极的，服用五石散的风气在消极的社会心态下流行开来。服五石散后往往伴随着药力发作，称为"散动"、"发散"、"石发"。《晋书·皇甫谧传》记载皇甫谧"服寒食散"。晋武帝诏皇甫出仕，皇甫百般推脱，其中理由之一就是他服寒食散，服散之后"隆冬裸袒食冰，当暑烦闷，加以咳逆，或若温疟，或类伤寒，浮气流肿，四肢酸重。于今困劣，救命呼嗡，父兄见出，妻息长诀"。长期服用寒食散导致了严重的生理恶果，像疟疾，像伤寒，暑天热得难受，寒天也热得难受。虽然如此，它是有钱人的游戏，贵族的炫资，人们纷纷仿效竞逐。《太平广记》记载了一个讽刺故事。一天，有个穷人倒在集市地上，大声喊热，热得难受。别人问：为何这么热？他回答：我是"石发"。"石发"就是服用五石散后药力发作。别人问：你什么时候服的石，现在"石发"？他说：我昨天买的米中有石，昨天吃了米，今天就"石发"了。于是众人哄堂大笑。这从一个侧面投射出当时服丹风气的社会影响。

南北朝时期很多帝王热衷于道教外丹。《魏书·释老志》记载，魏太祖信奉道教，念诵《道德经》。有一个朝官见此情形，讨好皇帝，献上一本《服食仙经》。太祖很高兴，于是在朝中设立"仙人博士"，负责煮药炼丹。丹成之后，不知效果如何，于是拿死囚试验，结果死囚中毒立亡。南朝的梁武帝萧衍也曾信奉道教外丹。据《南史·陶弘景传》，陶弘景得到了炼丹的秘方，想炼丹尝试，可是无钱买药。梁武帝获悉，专门赐给他黄金、朱砂、曾青、雄黄等，让陶弘景炼丹。据说，炼成的丹"色如霜雪，服之体轻"，可能是飘飘欲仙的感觉。效果不错,于是梁武帝也服用了。

唐朝李氏皇族以老子后人自居,钦定道教为皇家宗教,很多皇帝服食丹药。据学者统计,唐朝二十一位皇帝,迷恋金丹者至少有十一帝。为什么唐朝这么多皇帝迷恋道教外丹?这可能与唐朝皇帝多病有关,但更重要的是他们贪生怕死,渴望自己能够长生。清人赵翼总结唐朝皇帝服丹中毒悲剧时说,这些皇帝太贪婪,贪生怕死,服食丹药不但未能长生,反而速死。

不仅皇帝贪生怕死,沉溺于外丹,唐朝的文人学士也在极力回避死亡,幻想成仙,于是服食丹药,如王勃、卢照邻、李白、白居易等。以白居易为例。他年轻时曾经涉足道教外丹。《寻郭道士不遇》一诗,叙述了他寻访郭虚舟道士不遇的情形:

郡中乞假来相访,洞里朝元去不逢。
看院只留双白鹤,入门惟见一青松。
药炉有火丹应伏,云碓无人水自舂。
欲问《参同契》中事,更期何日得从容。

《同微之赠别郭虚舟炼师五十韵》一诗,则描述了他与道友微之(元稹)受学于郭虚舟,然后一同炼丹的情形:

我为江司马,君为荆判司。
俱当愁悴日,始识虚舟师……
自负因自叹,人生号男儿。
若不佩金印,即合翳玉芝。
高谢人间世,深结山中期。

此时白居易为江州司马,他的朋友元稹为荆州判司,他们当时都感到困惑,

为最终走进坟墓而恐惧。想一想,独自一人躺在黑洞洞的棺材里,怎能不恐惧?他们认为,男子汉如果不能高官厚禄,就当炼丹成仙。大概在中年时期,由于炼丹失败,他对修道炼丹表现出进退维谷的心情。《问韦山人》诗说:

>身名身事两蹉跎,试就先生问若何?
>
>从此神仙学得否?白须虽有未为多。

白居易

"身名"指儒家的功名利禄,"身事"指修道成仙,意思说他既没有高官厚禄,也没有修道成功,人到中年,感慨良多。大概到了晚年,他对炼丹服丹失去兴趣,也从一些友人服丹中毒的教训中悟出了道理。在《思旧》诗中,他这样陈述道:

>退之服流黄,一病讫不痊。
>
>微之炼秋石,未老身溘然。
>
>杜子得丹诀,终日断腥膻。
>
>崔君夸药力,经冬不衣绵。
>
>或疾或暴夭,悉不过中年。
>
>唯余不服食,老命反得延。

诗中提到的故人有退之（韩愈）、微之（元稹）、杜子、崔君，他们服丹本来是为了健康和长生，结果却适得其反，因药物中毒而早亡。他认为，老子自然主义人生观才是世间的真理，道教外丹不足信。

宋代以后，服丹风气逐渐衰落下去。虽然明代又有一些皇帝服丹，但总地说来，道教外丹风潮已失去昔日的辉煌。

2. 外丹道教修行的特点

外丹道教的宗旨，一言以蔽之，通过物理手段实现不死成仙。"仙"是会意字，左边是"人"字，右边是"山"字，表示离开人类社会入山修行得道者。"仙"的异体字作"僊"，也是会意字，意思差不多。仙不是神，神与仙不是一回事。后来道教不同派别之间融合影响，这两个概念的界限逐渐模糊，于是人们泛言"神仙"。根据外丹道教最重要的经典之一《抱朴子内篇》，外丹道教修行的特点主要有如下诸端。

第一，信仙不拜神。人们不免奇怪：不崇拜神还叫宗教吗？在中国古代，不但外丹道教不崇拜神，禅宗佛教甚至诅咒神。外丹道教相信世上有仙，说黄帝服灵丹之后，龙降临人间迎之上天；又说彭祖自帝喾的时候就辅佐尧，经历夏代，到商代还在当官；还说安期生在海边卖药，在琅邪好几代人都见过他，计算起来活了上千年。更有甚者，外丹道教描摹了老君的仙状：身长九尺，黄色，鸟喙，隆鼻，秀眉长五寸，耳长七寸，额有三理上下彻，足有八卦。以神龟为床，金楼玉堂，白银为阶，五色云为衣，左有十二青龙，右有二十六白虎，前有二十四朱雀，后有七十二玄武。外丹道教认为仙是得道的特殊人，是普通人的升华。

外丹道教的世界观是唯物主义的。外丹道教认为不存在救世主，宇宙万物来源于"道"，这个"道"就是老庄道学所说的"道"，它是"有"，也是"无"，这听起来很玄，所以外丹道教干脆也把"道"称为"玄"。总之，宇宙万物按照道生一、一生二、二生三、三生万物这一模式演变而来，而非神造。外丹道教批判民间流行的迷信思想，也批判社会下层流行的符箓道教，认为这些都没有科学道理，是愚昧行为。

第二，修德。若要修行得道就必须遵守社会道德。要恪守社会道德规范，如忠、孝、仁、义、信、顺等，否则不能得道。要行"善"积"德"，若要长生不死，必须不杀生，慈悲为怀，宽容别人，好善乐施，有怜悯之心，帮助弱者，不自以为是，不居功自傲，不妒忌别人，不阳奉阴违。行善愈多愈好，做三百件善事可成"地仙"，做一千二百件善事可成"天仙"。

第三，保守生命的精髓。精髓是生命的根本，应该珍惜和保养。外丹道教的"宝精"之说主要是针对男人的，因为古代修道者主要是男人。外丹道教强调，必须克制性行为，要学会适当的方法，这被称为"阴阳之术"。"阴阳之术"又称"房中术"，指人类的性技术。外丹道教认为适当的性行为必要，对修道者的健康有益。但是，修道者的性行为应该有节制，而且应该有妥当的方法。放纵欲望，荒淫无度，轻者伤身，重者殒命，谈何修道。

第四，行炁。"炁"又作"气"，是构成万物的基本元素，也是生命的要素。炁内在于人体之中。善于行炁的人，既可养生，也可避邪。行炁的主要方法是"胎息"，胎息的方法是：用鼻子将气轻轻吸入胸中，缓慢而平和，吸一次气的时间，可在心中默数，数到一百二十为宜，这大概是两分钟；然后，让气从口中徐徐呼出，也是越慢越好。无论是吸气还是呼气，都不能让自己听到，如果听到，就急促了，不达标。

第五，服丹。"丹"就是丹药，俗称金丹大药。外丹道教认为，世上的药有三品：下品治病，如人们日常得病所服用的草药；中品养生，如灵芝、人参等；上品成仙，如某些矿物粉末之类，故称丹药。外丹道教说，服食丹药能使人成为天神，遨游天界，役使鬼神。为什么丹药能使人长生不死？外丹道教相信科学：你看，草木经火一烧就成了灰烬，人体吸收此类元素怎能长生；而丹药不同，黄金具有恒久不变的性质，人体吸收了这样的元素，肉体自然不烂不死；丹砂的特性是变化，火烧之后变成水银，久而久之又能还原为丹砂，所以炼丹使用丹砂。在这里，外丹道教相信科学，只是这科学在今天看来不够科学：既然黄金、丹砂等物质具有永恒不灭且多变的性质，人服用之后就会吸收它们的物理性质，从而使肉体具有永恒性且富于变化。既然丹药如此重要，炼丹就成了修道的关键。炼丹的方法很多，这里不作详细介绍。

总之，无论是秦始皇还是汉武帝，也无论方士们宣扬的升天成仙的具体技术有何不同，但总的倾向一致，即企图依靠外部物理手段达到长生不死的目的。在长达一千年的历史进程中，中华先民进行了人类历史上规模空前的一场人体科学实验，但最终失败了。炼丹服丹并不能使人成仙，但炼丹促成了火药的发明，这是外丹道教对中华文化的意外贡献。

内丹道教

内丹道教，就是人类运用意念控制自己的思维进而取得特殊心理效应的宗教。受外丹术的影响，内丹道教把人体比作炼丹的炉具，运用自己的意念在身体内部炼丹，故称内丹。其实，内丹与外丹是完全不同的两码事。

1. 内丹道教的渊源

内丹道教源远流长，其产生可能与原始巫术有关。巫术，就是巫师用来驱鬼招魂的方术，这种方术背后隐含着特殊的心理或精神活动。进入文明社会之后，史官在相当大程度上传承了巫师的角色，故上古时代"巫史不分"。史官的职责之一是"通天人之际"，这个"天"有自然的成分，也有神秘的成分。老聃是春秋晚期周王朝的史官，他在《道德经》中就谈到"内视反听"、

"专气致柔"、"玄牝之门"、"谷神不死"、"长生久视"等,把对意念的运用、对气的调控与长生不死联系起来。战国时期的《庄子》书中,有《养生主》《刻意》《在宥》《达生》等篇,其中也有一些类似的描述。东汉晚期魏伯阳的《周易参同契》是一部丹

钟离权与吕洞宾

鼎学著作,其中也涉及内丹术,如说"耳目口三宝,固塞勿发泄……委志归虚无,无念以为常,证难以推移,心专不纵横,寝寐神相抱,觉悟候存亡"。这里所说的对耳、目、口三种重要感官的控制,对心灵"无念"的把握,对开悟的期待,都与内丹术有关。

魏晋南北朝隋唐是外丹道教的鼎盛期,但在外丹修行中也包含内丹术。魏晋时传世的《黄庭外景经》和葛洪的《抱朴子内篇》中,都包含着内丹术成分。五代时期,随着外丹道教的衰落,内丹道教迅速崛起,在此前后出现了一批著名的内丹家,如崔希范、钟离权、吕洞宾、刘操、施肩吾、陈朴、谭峭等。后世流传的"八仙过海"传说,就与这些人有关。随着内丹学的逐渐繁荣,内丹道教滋生了许多流派。南宗以张伯端为开山祖师,北宗创自金代全真教祖王重阳,元初全真道士李道纯创内丹道教中派,明万历年间陆西星创立内丹道教东派,清代道光年间李西月创立西派,内丹道教空前繁荣,一直延续至今。可以说,自古至今,内丹术具有恒久的生命力。

2. 内丹术基础知识

在内丹修行中,道士们沿用了外丹道教的一些术语,将人体比作丹炉,

形成了一套修炼理论。内丹道教认为，人体是一个复杂的系统，人体包含着"精"、"气"等精微物质，这些特殊物质是生命要素，也是炼丹的基本元素。炼丹的元素在人体内经过逐步加工，从一个部门传送到另一个部门，最后炼成"丹"。这些不同的部门，有的被称为"丹田"，有的被称为"宫"、"窍"。内丹道教认为，炼丹之所以困难，是因为在这些不同的部门之间存在着许多"关"，这些"关"阻碍着炼丹产品的传送，需要一个一个地攻克。为了有助于理解人体内部的"关"、"宫"、"窍"等，我们制作了人体关窍示意图，供参考。

人体背后沿脊椎由下向上，先是尾闾关，这是人类原先长尾巴的地方，所以叫尾闾，它是真气运行的关卡之一，所以叫"关"。沿脊椎向上，大概与膻中、中丹田平行的地方，是夹脊关。再沿脊椎向上，直到头颅后部，这是玉枕关。以上是身后的三关，这条通路称潜溪，也叫黄河，是人体阳气的上升通路。人们通常称为督脉。

在人体的内部有三"田"：上丹田，中丹田，下丹田。人的两眉之间，入内一寸是明堂宫，入内二寸是洞房宫，入内三寸是泥丸宫，即上丹田，方圆一寸二分。沿着眉心向下走，在鼻子下边，口内上腭靠近齿根的地方有两个窍，这是"鼻梁金桥"，又称"上鹊桥"。舌头下边也有两个窍，下通喉咙和气管。炼丹的时候要求舌尖抵住上腭，称"搭鹊桥"，使气路接通。人的气管有十二节，称"重楼"，多层楼的意思。沿着重楼直下肺窍和心。心为上窍，又称离宫。心的下边有一窍，称绛宫，内丹术称之为"龙虎交会处"。再径直向下三寸六分，是"土釜黄庭宫"或"养胎窍"，通常称为中丹田。中丹田的左边是明堂，右边是洞房。中丹田是炼丹过程中藏气的地方。中丹田向下有"坎宫"、"下窍"、"偃月炉"，下一寸二分是华池，是下丹田藏精之处，也是采药之所。在华池与尾闾关之间，是"玄关"。这不是真正的关，炼到精气充足的时候，玄关自然被冲开。这是大致的情形。

人体关窍示意图

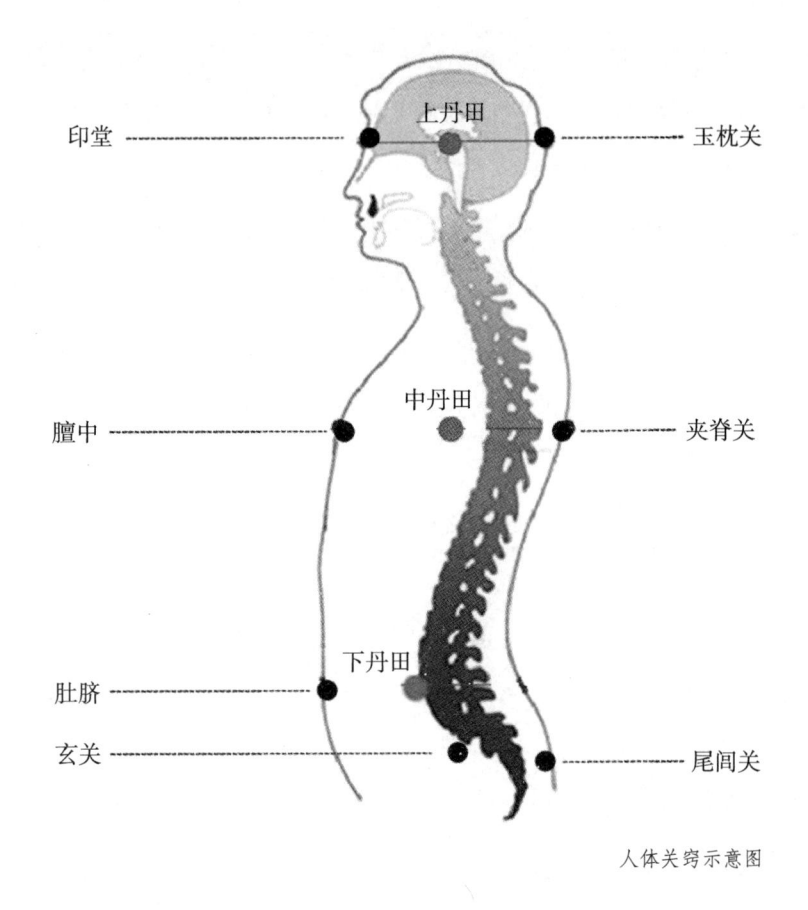

3. 内丹道教修行的特点

内丹修行的特点是主体内在经验，而非外部感官经验，这与外丹术截然不同。我们可以把外丹术作详细介绍，但对内丹术的介绍却存在极大困难。这是因为，两个具有相同经验的人才好彼此交流，如果其中一人没有一点经验，这就无法交流，也无法讲述。这不是能拿出来让别人经验的东西，而是心理实践的东西。一人说梦，另一人不知梦为何物，要求说梦者把梦拿出来看看。这很难办。自古以来，内丹修行讲究"口传心授"、"以心传心"，缘由在此。

明清时期关于内丹修行的著作很多，方法不一，语言晦涩，往往采用隐语比喻，对于没有修行经验的人来说，要想明白着实不易。这是与老子"道可道，非常道"类似的困境。下面依照清人闵一得的《上品丹法节次》，对内丹修行的方法略示一二。《上品丹法节次》述内丹修行为十二个步骤。

炼己存诚第一：清心寡欲，少说话不思虑，慎寒暑，均劳逸，将平日七情六欲种种妄想念头刻刻扫除，保持一颗诚心，意守中丹田。这一阶段修炼所需时日因人而异，根性好者一年，根性差者或需四年。

筑基培药第二：选择一个远离尘世喧嚣的修道居所，摆上若干祖师的牌位，营造出静心修炼的气氛。接下来的任务是炼精化气，精是生命之精，气是生命之气。目不外视，耳不外听，鼻不外嗅，意守中丹田，自然呼吸，绵绵若存。

坎离交媾第三：坎（肾）为水，水生虎；离（心）为火，火生龙。坎离交媾即虎龙交媾。前面所说的意守中丹田，到了一定火候，就会产生微妙的内心体验：丹田有热气上冲心头。用意念把这热气引导顺下，破玄关，经尾闾、夹脊、玉枕、泥丸，然后沿重楼顺下，自有"香似醍醐，味如甘露"的感觉。

采药归鼎第四：把修炼所得的气药送入丹田，积聚能量。据载这一阶段会发生一系列特殊的内心体验：先是爆发巨大的声音，这是"天根发动"。随后，丹田、两肾火热。有了这种体验，马上想象将全身沉入海底，热意便逐渐消退。身体中内气发动，直上泥丸，这叫"月窟风生"。随后感觉到眉间光亮，然后经由鹊桥而下重楼，感觉到清凉爽快，进入心脾，这叫"绛宫月明"。然后，用意念把感觉的东西送入土釜即中丹田，这叫"采药归还"。

周天火候第五：天根发动之后，炼丹的关键在于用意念控制这种内在经验，这是一项技术性很强的工作。在内丹道教中，这种实践通常秘不外传，师徒之间通常用口诀表达，其中多为隐语。如"周天息数微微数，玉漏声寒滴滴符"，"万籁风初起，千山月正圆，急须行正令，便可运周天"，等等，此只可意会、难以言传。

随后还有"乾坤交媾第六"、"十月养胎第七"、"移神换鼎第八"、"泥丸养慧第九"、"炼神还虚第十"、"炼虚合道第十一"、"与道合真第十二"。这些内容难以用语言表述，需要实践才能体会，故不细说。若感兴趣，可参考今人胡孚琛教授的《丹道法诀十二讲》。

　　前面简要讲述了中国本土道教的三种形态，符箓道教、外丹道教、内丹道教。从上面的讲述可以看出，宗教是一种生命观照，反映了人们对健康的追求、永生的渴望。在一个社会中，由于人们的经济状况、知识水平和环境影响不同，生命观照的方式也有差异。大略说来，没钱没文化的人们倾向于信奉神灵，接受救赎宗教；社会上层的人们倾向于信奉知识和科学，接受自救类型的宗教。有生命就有求生的愿望，有求生的愿望就有滋生宗教的土壤，心理问题的解决方案离不开心理途径，生理问题的解决方案也离不开生理途径。

　　赞曰：跪拜求康健，炼丹祈升仙。长生修得否，东海问八仙。

阅读参考：1. 卿希泰主编：《中国道教思想史》，北京：人民出版社，2009年；2. 胡孚琛：《丹道法诀十二讲》，北京：社会科学文献出版社，2009年。

第五编 佛家之学

佛教典籍浩如烟海,佛陀之教万语千言,佛教派别林林总总,佛教要旨不出二端:第一,告诉信徒做什么,即修禅;第二,告诉信徒为什么这样做,即世事无常,万象虚妄,涅槃永恒,生命超度。佛教发端于印度,传入华夏后喧宾夺主,在中国成为信徒最多的宗教。其原因,一是佛教学说博大精深,二是汉魏政府禁断本土大众道教,为佛教的传播创造了有利条件。可以说,中国佛教是中国化的外来宗教,是中国宗教的形式之一。

第十三讲　佛教禅学

佛教修禅，是为禅学。修禅之法，林林总总，简而言之，略有三途：读经念佛，修习止观，践行顿悟。念佛易行，属他力宗教；顿悟难行，属自力宗教。宗教本旨，禅宗毕现：目去五色，耳去五音，口去五味，身去情欲，心去是非。童子之心，愚人之身，无修之修，不教之教。

外来的和尚会念经，这话用在中国佛教上最合适。佛教本不是中国人的发明，但佛教从西域传入中土后喧宾夺主，迅速超过中国本土道教，成了中国宗教的主流，这是第一个"为什么"。祖师禅是中国人的发明，与如来禅不同，却后来居上，在中国影响甚大，这是第二个"为什么"。佛教典籍浩如烟海，对佛学的解释纷繁复杂。我们只须把握关键，识破真相。

佛教入华

佛教是在两汉之际传入中国的，时间是在公元前后。根据《魏略》记载，西汉哀帝的时候，一个叫景庐的太学生跟随大月氏国来访的使者伊存学习"浮屠经"，"浮屠经"就是"佛经"。伊存可能没有带来经书，只是口头传授，景庐笔录而已。当时的人们认为，"浮屠经"与老子的《道德经》相仿。东汉早期，佛教在贵族中产生了一定影响。一次汉明帝做梦,梦见一个又高又大的金人,颈部光芒四射。在朝堂之上明帝问群臣:梦到金人是怎么回事?有的大臣答道:听说西方有神,人们称之为佛,陛下梦见的可能就是佛吧。汉明帝做梦纯属偶然,但大臣却用梦见佛来解释,反映出当时佛教在贵族阶层中已有些影响,属于新鲜事物。还是在汉明帝的时候,贵族楚王刘英晚年信奉方仙道,同时也学习佛经,经常斋戒祭祀。汉明帝诏令天下:凡犯死罪者可以纳帛赎罪。刘英派人将三十匹帛献给官府,称自己罪孽深重,向官府献帛赎罪。地方官员将此事报告汉明帝,汉明帝下诏:楚王信奉方仙道,学习佛经,慈悲为怀,这没有过错。于是把楚王所献绢帛退了回去。楚王刘英说自己有罪,可能是受了佛教教义的影响。

又过了一百年,到了东汉中后期的时候,汉桓帝也加入了信奉佛教的队伍。《后汉书》中记载襄楷上书桓帝说,汉桓帝在宫中设立神像,有佛祖和老子像,并亲自祭祀。有人批评皇帝说,道教和佛教崇尚清心寡欲,慈悲为怀,而皇帝欲望太重,随意杀罚大臣,难以获得神灵的福佑。从这一事件可以看出:宫中信奉佛教是自明帝以来社会上信佛思潮的发展,佛教在上层社会已有相当大影响;同时,祭祀"浮屠"表明当时的人们是把佛陀作为神灵来膜拜的。

东汉末期,佛教在民间已有传播。据《后汉书》和《三国志》记载,笮融聚集了数百人依附徐州牧陶谦,后来势力渐大。他割据一方,铸造了巨大的铜制镏金佛像,给佛像穿上丝帛衣服,然后安放在三层的楼阁中,雄伟壮观。楼中可容纳三千人读经。他宣布:凡信佛者都可前来拜佛,并可蠲免徭役。当时很多人纷纷投奔那里。笮融还定期举行"浴佛"活动,备好斋饭,供给参加浴佛活动的信众。由于人多,沿途陈设的斋宴绵延数十里,数万人参加浴佛仪式。这反映了佛教在民间传播的盛况。从西汉末到东汉末,大约二百年光景,佛教由西域使者传入,最初在上层社会传播,后来延及社会基层民众。

随着太平道的破灭和五斗米道受到压抑,佛教的影响日益扩大,竟至一发而不可收。在中国佛教史上,有所谓"三武一宗法难",即北魏太武帝、北周武帝、唐武宗、五代时期的周世宗四位皇帝，先后实施了禁佛、灭佛政策，导致佛教几次受到沉重打击。其实，在这五百年间共有十一位皇帝有禁佛灭佛举动。为什么会发生这样的事件？根据当时主张禁佛者的指控，原因主要有两点。第一，危害政治安全。有人说寺院私藏武器；有人说僧人周游村落，结交社会无赖之徒；有人说僧人欺凌百姓，使民不聊生，甚至使百姓上吊跳河者达五十余人；有人说无赖之徒为躲避国家徭役进了寺院，名义是僧，却不修行，为非作歹，鱼肉百姓；有人说负案在身的罪犯逃入寺院，躲避国家的惩罚。第二，影响国家财政收入。有人说僧人借国家对寺院的免税政策从事商贸活动，严重违背寺院本身的慈善性质；有人说僧人不从事劳动生产，却衣食百姓，是社会蛀虫。唐武宗的时候采纳大臣的建议强制灭佛，全国范围内拆毁寺院四千六百多所，招提、兰若等小的佛教场所四万多处，还俗的僧人、女尼达二十六万之众。国家收回肥沃的农田数千万顷，增加两税户十五万人。这从反面投射出佛教迅猛发展的概貌。

有一个典型的例子可以说明南北朝隋唐佛教的繁荣。梁武帝萧衍是南朝梁代的开国皇帝，靠武力夺权建立家天下。他最初信奉道教，后来弃道归佛，对佛教教义有很深的造诣，曾为《般若经》《涅槃经》注疏作序，亲自作有《净业赋》，参与了当时灵魂灭与不灭的辩论。梁武帝人生最重大的转折发生在五十多岁的时候。在此期间，他下令太医不得使用动物入药，官府的织锦不得有仙人鸟兽花纹，祖庙祭祀不得用牲，公元519年受戒成为佛教徒。

梁武帝

梁武帝成为佛徒之后，进行了中国佛教史上的重大改革，即禁断僧尼食肉。此前，中国僧尼可以食"净肉"，所谓"净肉"，是指既没有看到或听到被杀、也不是为自己而杀的动物之肉。梁武帝在读《涅槃经》的时候发现，经典的根本精神是不赞成食肉，允许僧尼食肉只是权宜之策。在与佛教律师进行了激烈辩论之后，梁武帝颁布了《断酒肉文》，申明："今日大德僧尼，今日义学僧尼，今日寺官，宜自警戒，严净徒众。若其懈怠不遵佛教，犹是梁国编户一民，弟子今日力能治制。若犹不依佛法，是诸僧官，宜依法问。"中国佛徒素食自此开始。大约五十多岁以后，梁武帝还"断房室"，即断绝了与后妃的性生活。按照居家佛教徒的五戒来说，是禁"邪淫"，即禁止不正当的性行为，而完全禁止性生活的"不淫欲"，是十戒的要求。显然，梁武帝是遵行了沙弥戒，这是对出家人的要求。在《断酒肉文》中，梁武帝发愿：

> 弟子萧衍，从今已去，至于道场，若饮酒放逸，起诸淫欲，欺诳妄语，啖食众生，乃至饮于乳蜜及以酥酪，愿一切有大力鬼神，先当苦治萧衍身，然后将付地狱阎罗王，与种种苦，乃至众生皆成佛尽，弟子萧衍，犹在阿鼻地狱中。

梁武帝经常到同泰寺与高僧一起讨论佛经，并三次舍身同泰寺，要求出家为僧。国不可一日无君，朝廷大臣出巨资将皇帝赎回。梁武帝为什么要出家为僧？人们曾问释迦牟尼：身为王子，何苦出家？人们也曾问弘一法师：出身官宦富商之家，为什么出家？这其实是一个问题，一解而百解。由于梁武帝一身二任，既当皇帝也当佛徒，因而被佛教信徒称为"皇帝菩萨"。这在中国历史上并不多见。

回到开篇提出的第一个问题：佛教传入中国后喧宾夺主，超过中国本土道教，原因是什么？我们认为原因有二：第一是直接原因，太平道引发的黄巾事变，使本土大众信仰成了官方政治的对立物，受到排抑；第二是深层原因，中华文化比印度文化富于现实因素，中国社会比印度社会更世俗，这导致中国本土宗教自产生之日起就包含一定的政治因素，正是这些政治因素导致了黄巾事变。中国本土大众道教被禁，彻底改变了民间符箓道教的发展轨迹，恰好为外来佛教的发展创造了条件。

止观与念佛

若要理解中土的顿悟禅法，先要了解佛教传统的修行方法。佛教传统的修行方法略有二途：一是止观方法，二是念佛方法。

修止观是天台宗继承的印度佛教最传统的修行方法。"止"就是念头止住不动，"观"就是用念头观察智慧，所以，止观修行法的另一个说法就是修行戒、定、慧，戒是守戒，定就是止，慧就是观。戒而能定，定而能慧，循序渐进。根据台宗文献《摩诃止观》，止观修行主要有如下步骤。第一步，具备外部条件。要守戒，居士守三皈五戒：皈依佛、法、僧，戒杀生、偷盗、邪淫、妄语、饮酒；沙弥守十戒：在五戒的基础上，戒穿花衣、观歌舞、坐高床、非时而食、持金钱。具足戒二百五十条，面面俱到，严厉至极，对居处、处事方式均有严格规定，除必要的生活用品外，不许拥有私人财

智颛

产。第二步，遏制感官欲望，眼欲色、口欲味、耳欲声，都必须受到抑制。老子说五色令人目盲，与此类似。第三步，清除心中的障碍，比如欲望之心、嫉恨之心、贪睡之心、狐疑之心，都是修行的障碍，要逐步克服。第四步，调身，包括调整饮食、睡眠、坐禅时身体的姿势、呼吸、意念等，学会入定、住定、出定，这是基本的修道技术。此外，还有日常生活和修行中应该注意的问题，不但坐禅的时候是修行，不坐禅的时候同样是修行，随时随地保持一颗修行的心。定、慧就伴随着这一过程。

《摩诃止观》说，按照上述方法修行到一定程度，就会发现内心深处过去从不知道的内容，产生特殊的心理体验。佛教说，人类的内心深处是一个神秘奥妙的世界。孟子曾经讲过，仁义礼智根于心，王阳明讲"致良知"，良知就是人心里的先天知识。很多人不理解，认为人的道德心完全由后天学来，人心本是一张白纸。天台宗讲人类有善根，修行到一定程度，人内心深处的内容就会裸露出来，被意识到察觉到，这叫"发相"。止观修行修的是心，人类心灵的结构就像卷心菜，剥去外面的一层，里面的一层显露出来，再剥一层，更里面的一层又显露出来，一层一层深入。修行体验的过程，最先意识到的是"外善根"诸相，比如布施、持戒、孝顺父母、读经学礼等，然后意识到的是"内善根"诸相。"外善根"是外部心理区域，"内善根"是内部心理区域。比如，看到死人的尸体，有男有女，膨胀腐烂，白骨狼藉，这是"九想善根发相"；看见自己体内不干净的东西，很肮脏，外身膨胀，从头到脚节节白骨，这是"背舍善根发相"。同时，在人内心深处还有鬼魔、烦恼魔、死魔、鬼神魔等。

《摩诃止观》说，止观修行有两个结果。从短期目标来说可以治病，最终目标是入涅槃。修道是可以治病的，对于修道者来说，这是常识，治病的方法不是用药，而是采用止观的方法，涉及修行实践，这里不详谈。修道的终极目标是入涅槃。在日常生活中，经常听到有人说"凤凰涅槃"，这个词语就与佛教有关。"涅槃"一词是梵文 Nirvāna 的音译，是佛教修行预期达到的终极心理境界。前面我们说到，人类心灵的结构像卷心菜，这颗卷心菜最核心的部分就是涅槃，人类意识到这一心理区域的时候，就是入涅槃。所以，入涅槃不是信徒的肉体入，而是念头入。入涅槃的感觉无法言说，佛陀经常说"不可说，不可说"，与老子说的"道可道，非常道"，异辞同趣。按照佛教的说法，修行到这一地步，既是佛，也是人，"空假二界，往来方便"。"假"是我们肉体所在的世界，"空"是涅槃和道的世界，无形超然的世界。这是修佛的最高境界。

念佛是净土宗的主要修行方法。佛学讲"四谛"，苦、集、灭、道，苦是第一谛。净土宗告诉信徒，人生一场苦，现实世界很苦恼，现实生活也很苦恼。何以见得？第一苦是为了生存而奔波。经常听到人们说：什么都可以没有，不能没有钱！最近有了一个新说法：结婚不买房，就是耍流氓！这是房产商的恶搞，但从一个角度投射出人们面临的生存压力。人的幸福用金钱衡量，用物质财富衡量，人成了金钱的奴隶，怎能不苦！第二苦是生老病死的折磨。现代社会生活节奏越来越快，职场压力越来越大，家庭关系越来越表面化，人际关系越来越功利化。在这种情况下，心理的、生理的疾病接踵而至。小病忍，大病扛，以致连看病的时间都没有。有一句流行语：年轻的时候用健康换钱，年老的时候用钱换健康。真是悲剧。谁都知道生命无价，但在这里生命似乎隐含着价值，否则如何与金钱交换！无论是谁，无论他地位多么尊贵，也无论他有多少钱，最后也躲不掉死亡。人们常说，人有生就有死，生死乃人之常情。健康的时候说得轻松，大病临头的时候感受绝然不同，年老之后心态也不一样。所以，死亡是谁也逃不掉的悲剧和终极之苦。

与苦恼的现实世界截然相反，净土宗佛教告诉信徒在无限遥远的西方有一个极乐世界。那里是一片清静的乐土，世外的桃园，珠宝铺地，金宫银阙，牛奶成河。那里的人们心想事成，无限幸福。你进入水池中，想让水到你的脚面，水马上就涨到脚面的高度；你想让水到你的膝盖，水马上就涨到你的膝盖；你想让水到你的脖颈，水马上就到你的脖颈。水的温度也是随心所欲，你觉得水热一点好，它马上就热一点，你想凉一点，它马上就凉一点。这里的水不是用来除尘的，佛国本来就没有尘土；这里的水用来洗心，清除人们心中的尘垢。人们常说"心想事成"，在天国世界就能心想事成。现实是苦恼的世界，死后是无限幸福的世界，请问：信徒还怕死吗？现实世界与死后世界强烈的反差，有时会诱发悲剧性的后果，偶尔发生的信徒集体自杀，就是某些宗教对教义的极端宣教所致。

净土宗教义告诉信徒，若要离开苦难的现实世界进入无限美好的西方极乐世界，只有依靠阿弥陀佛的救度。阿弥陀是音译，意译无量寿，他寿命无限，从无限早就存在，能生存到无限久远之后。他大慈大悲，怜悯三界受苦的众生，曾许下宏愿，要使整个世界变成真善美的天堂。在这个世界中，没有男人与女人的差别，没有富人和穷人的差别，没有贵贱差别，没有魔鬼邪恶，没有疾病和死亡。总之，阿弥陀佛要使人类脱离苦难，他也有能力使人们摆脱苦难。世上的人们要得到阿弥陀佛的拯救有一个条件，即自己必须有迫切的愿望，有一颗诚心，必须自己有所行动，这个行动很简单，就是念佛，口诵佛号"阿弥陀佛"。这就是念佛

阿弥陀佛接引图

方法。念佛是中国佛教徒最普及的修行方式，谁都可以做，谁都有能力做。要点有二。第一，发愿。发愿就是许愿，就是袒露真心，一心一意皈依佛，心无旁骛。要发誓弃恶从善，不做坏事，多做善事，愿往西方极乐世界。第二，念佛。念佛就是执持"阿弥陀佛"名号，就是称念"阿弥陀佛"，日夜不停地念诵，次数越多越好。如能做到"日夜称说，至心不断"，没有任何杂念，只有一个念头，那么到了此人临终时刻，阿弥陀佛就会出现在念佛者跟前，引领此人前往佛国，升入极乐世界。念佛修行可以出家，也可以居家，但最好是出家。对世俗的佛徒来说，没有什么特别的要求，不要求一定斋戒施舍，但有一个最低要求，就是一心一意诚心念佛，不停地念佛。此种人临终之时，会梦见佛，同样可以往生净土。从心理效果看，一心念佛能达到心灵宁静专一，与修行止观或有异曲同工之妙。

无论是修止观还是修念佛，一切宗教都是教人向善的。宗教徒做善事不是为别人，更不是学模范，而是为自己，为了自己获得神灵的拯救，为了自己入涅槃，为了自己来生的幸福。慈善事业往往与宗教团体结合在一起，缘由在此。所以，古今中外的很多政治家认识到，宗教对整肃道德人心、维护社会和谐稳定有益，宗教信仰是社会道德的基础。没有宗教信仰，社会道德无根。

慧能事迹

佛教文献分为经、论、注疏，只有佛陀传道的语录被称为经。在中国，有一部记录中国高僧传道行迹和语录的经，这就是《坛经》，《坛经》是慧能传道的言行录。慧能之所以有如此崇高的地位，是因为他修行到了极高的境界，也正是他创立了中国化的佛教宗派——禅宗。

慧能生活在唐代前期，出家前姓卢，祖籍范阳，在今天北京大兴一带。

他的父亲被贬官岭南,到了新州,即今天广东的新兴县。慧能幼年失怙,孤儿寡母相依为命,家境十分贫寒,慧能很小就打柴卖柴以资家养。一天,慧能砍柴后把柴卖到客栈。从客栈出来的时候,听到有人诵经,慧能怦然心动。慧能问那人:你背诵的什么内容?何处能学?那人说:我在蕲州黄梅县拜弘忍和尚为师,从他那里学的《金刚经》。我听法师说,只要诵读这一卷《金刚经》,就能明心见性,顿悟成佛。

慧能

此后不久,慧能辞别母亲前往黄梅投师五祖弘忍。到黄梅东禅寺见到弘忍法师,弘忍法师问:你小小年纪到此做甚?慧能答:不为别的,只想成佛。弘忍反问:你是岭南蛮人,也能成佛吗?慧能答:人有南北,但佛性相同。随后慧能被安排在寺院做杂务。大约八个月后的一天,慧能正在做事,听到一个小和尚在背诵一首偈子,即佛教诗文。慧能问:你刚才背诵的什么内容?小和尚反问:你还不知道吗?弘忍法师将传衣钵,谁的偈子做得好,衣钵就传给谁。大师兄神秀作了一首偈子,弘忍法师说,认真背诵这首偈子并付诸实践,就能超脱生死轮回。慧能祈求小和尚:我来这里已经八个月了,从没到过堂前,你带我去一趟,让我也看一看偈子,然后背诵吧!小和尚把慧能带到书写偈子的地方,慧能向着偈子礼拜,他不识字,让人给他读了一遍,偈子的内容是:

身是菩提树,心如明镜台。时时勤拂拭,莫使有尘埃。

佛教说释迦牟尼在菩提树下成佛，所以神秀把自己的身体比作菩提树；佛教讲修心，使心灵清净，所以神秀把心灵比作镜台；人们每天照镜子，镜子会沾染风尘，需要随时擦拭干净，所以神秀说要勤拂拭才不会有尘埃。知道了神秀所作偈子的含义，慧能随后也做了一首偈子，请一个会写字的和尚帮助书写在西边的墙壁上。偈子的内容是：

菩提本无树，明镜亦非台。佛性常清净，何处有尘埃。

这首偈子的含义，我们后面再讲。弘忍法师知道了此事，暗中示意慧能半夜到他的住处。夜半时分，慧能来到弘忍法师住处，弘忍法师给慧能讲《金刚经》，讲到一半的时候，慧能大彻大悟。在佛教修行中，开悟是长期修行的结果，对修行者来说，开悟者十不有一。至于大悟者，则是万不有一。佛教说，有"大根器"的人才有可能达到这种修行境界，每个人的"根器"是天生的。随后，弘忍法师告诉慧能：带上我的衣钵，马上离开，不要耽搁，一直向南去，不要回头。于是慧能辞别法师，直奔南方而去。根据《坛经》的记载，慧能此后经历了种种艰难困苦，最终到了广东，然后开始传播顿悟禅法。中国佛教由此开启了一个新纪元。

顿悟禅法

慧能传法的主要内容，就保存在《坛经》中。《坛经》文字不多，但识破其真谛不易。《坛经》传授的是顿悟禅，顿悟禅的修行方法，我们概括为"三无二不"。抓住了这"三无二不"，就抓住了禅宗修行方法的大要。

"三无"，就是无念、无相、无住。慧能说，禅宗自从创立以来，无论是顿悟禅法还是渐悟禅法，都以"无念为宗，无相为体，无住为本"。无念，就是心中没有任何念头或想法,即使在六根接触到六尘的时候,心中也不产生任何念头。六根,指人的六种感官,即眼、耳、鼻、舌、身、意;六尘,指六根作用的对象,比如眼睛作用的对象是外界的物,耳朵作用的对象是外界的声音。能使自己的心里没有任何念头,便是无念。这又被说成念头"于一切境上不染",境就是六尘所在之处,心不染境,就是心不染尘。我的眼睛看见一个美女,就如同看见一个乞丐,我心寂然不动;我听有人在说三道四,根本不往心里去,就像耳旁风。这就是心不染尘。世俗的人们之所以产生种种妄念,就是因为自己的心对于外部世界的现象有记忆,有念头,有喜怒哀乐。如果真正做到了无念,也就进入了"般若三昧"修行状态,在这种状态下的修行者对任何事情都不会动心。孟子曾说自己"不动心"。公孙丑问他的老师孟子:如果老师有机会当齐国的相,并能借此机会实现自己的政治夙愿,对这样的机会,老师是否动心?孟子回答:我四十岁以后就不动心了。真正的不动心,就是《庄子》说的"心如死灰"。

无相,也叫无忆,就是思维器官大脑不被外界的影像投影,大脑中不留下任何影子,不被外界的气味刺激,大脑中不留下任何气味记忆。这样的话,自然也就"无相"了。用今天的知识说,人类视觉系统犹如一架摄像机,外界景物的光线透过人的瞳孔传给视网膜以及大脑并留下印象,如果人能够控制自己的意念,使外界的景象无法在大脑中留下影像,这便是无相。要做到无相,就要离开一切相,你不去看光怪陆离的影像,不看诱惑人心的矫揉造作,大脑中也就留不下那些形象,心中自然干净。

无住,就是人的意识和思维不执著或不固定在任何念头上,尤其不执著于尘世间的是是非非,有一颗彻底了脱的心。慧能要求弟子意念不要放在任何事情上,不管是好事坏事,好人坏人,道德与邪恶,美与丑,诸如此类,都不要认真,都不要执著。比如,你看到一个歹徒在行凶,不害怕;你看到一个英雄在救人,也不感动,对一切无动于衷,甚至把歹徒看成英雄,把英雄看成歹徒,似乎根本就不会区分,没有道德是非观念。这样一来,自然没有了喜怒哀乐,这便是心如死灰的状态。慧能不辨善恶、不别对错的修心方法,在禅宗后学那里得到了进一步的发挥,形成了极端的是非不分、善恶莫辨的修行方式。诃佛骂祖是极端表现。大家想一想,善恶不分、是非不辨的是怎样的人?除了疯子、傻子以外,就是未开化的儿童和完全痴呆的老年人。儿童没有被社会化的时候,直言不讳,不懂得掩饰,《皇帝的新装》中的儿童正是如此。一个幼儿在商场里要求父母给自己买喜欢的东西,父母不给买,于是躺在地上撒泼打滚,坚决不走。慧能说,像小孩子那样是非不分的心是"直心",这才是修道人应有的心。他有一段偈子是这样说的:

若真修道人,不见世间过;若见世间非,自非却是左。

无念、无相、无住,说起来是三项,其实是一回事,说是三无,其实是全无,一种全然无知无欲的纯朴状态。这种三无主义的修行方法,得其真谛并不容易。慧能的弟子神会堪为典范。据《坛经》记载,慧能告诉弟子们,自己不久就要辞世,谁有疑问尽早提出。法海等弟子跟随慧能修道多年,一听法师即将辞世,不禁潸然落泪,只有神会无动于衷。慧能赞扬神会说,只有神会做到了是非善恶喜怒哀乐无染于心,真正懂得了修禅的真谛。这种不识好歹、天真若朴的宗教行径,与老子"返璞归真"的"赤子之心",与庄子"齐是非"、"齐死生",是同样的路数。现在我们回过头来比较神秀与慧能二人当初所作的偈颂:神秀总是用一块抹布擦镜子,所以无论擦得多么干净,镜子前总有一块抹布的影子在遮挡着自己的视线,使自己看不清镜子里的东西;慧能说自己什么都没有,既没有身体,也没有任何记忆,所以心里完全是洁净的,突然开悟便能洞察涅槃真如。这与《庄子》所说的"身如槁木"、"心如死灰",可谓如出一辙。这也正是为什么弘忍法师把衣钵传给慧能、而不传给神秀的根本原因。

再看"二不"修行法。二不,就是自己的念头既不著心,也不著净。心是指人们心理区域中属于个人记忆和集体记忆的部分，属于佛教唯识学所说的"有为法"部分；净是指心理区域中的涅槃真如，属于佛教唯识学所说的"无为法"部分，那颗卷心菜的核心。在佛教的一些经典中，也表述为不著有、不著空。心相当于有，净相当于空。不著心，是说在修禅过程中，自己的念头不能执著于心理中那些记忆的内容，这些内容我们前面讲止观修行的时候已经涉及到；不著净，是说在修禅过程中，自己的意念不能执著于真如涅槃。在日常工作学习中，我们思考问题，计算数学题，都是念头在大脑内部的运动，是在心理区域的记忆体之间运动。我们心算 3+5=8，这就是意识作用的结果，是我们的念头在心灵记忆体之间做逻辑运动的结果。逻辑思维就是意念的有序运动。人的念头在不思考的时候是随机运动，在思考的时候是有序运动。顿悟修禅法不是强制性的不思考，而是"不即不离"，在佛教经典中也被称为"中道"，这是高级的开悟后的修行技术，没有开悟的人感受不到内心深处的真如法界，甚至感受不到内心浅处的记忆体。

大致说来，三无二不修禅法是修禅方法的两步。三无是初级的、没有开悟时的修行法，涉及记忆过程，追求的是"零记忆"。二不是高级的、开悟之后的修行法，追求的是念头的"零运动"。这里所说的"零记忆"和"零运动"，不是世俗所说的不记忆、不思维，假如那样的话，睡大觉就相当于修禅，瞌睡虫都能修道成功。老子说"为无为"，与此同义。

语言策略

在日常生活中，我们习惯于使用肯定式的语句，而很少使用否定性的表述。比如我问：那是什么东西？什么颜色？你回答：那是一支笔，红色的。如果你告诉我：那不是一本书，也不是绿色的。这话说了等于没说，因为我还是不知道那是什么。很少有人作这样的回答，如果真有人这样回答，别人可能会认为这个人大脑出了毛病。不过,慧能却认为这个人非同寻常,有大智慧。这样的人像六祖慧能,也像老庄,懂得宗教修行。

在《坛经》中,我们就看到了这样的语言策略。这种语言策略,被慧能称为"离两边"。所谓"离两边",就是既不认定某物的此一特征,也不认定某物的相反特征,既不说长,也不说短,既不说白,也不说黑,实际上相当于说:我不知道,什么也不知道。慧能向弟子传授了一套回答别人提问的技巧,即所谓的"三十六对"。当表述"有"的状态时,就说"非无";当表述"空"的状况时,就说"非有";有人问"什么是暗",就回答"明没则暗"。举个我们今天的例子:有人问"今天冷吗",你就回答"不热";有人问"到北京路途很远吗",你就回答"不近"。怎样的感觉叫"不热",距离多远叫"不近",鬼才知道!日常生活中,实际上存在着类似语言现象。比如在外交辞令中,在法律诉讼中,往往有人这样说话:"我不认为他说的不对。"这并不等于说"我认为他说的对",但却回避了对与错的问题,相当于说"我不知道他说的对还是不对"。又比如说:"我没看见他杀那个死者。"这也不等于说"他没有杀那个死者",或"他杀了那个死者",而是在说"我不知道"。据说美联储前主席格林斯潘在回答记者提问时,经常"语无伦次",让记者找不到北,也是类似的语言策略。

慧能的"离两边"语言策略,在此后禅宗的发展中被极端发挥。禅师在传法过程中,通常不直接回答弟子的提问。曹山本寂问洞山良价:"如何是佛?"洞山良价回答:"麻三斤。"这是答非所问。一个小和尚问马祖道一:"如何是佛西来意?"马祖道一回手就是一巴掌。这不仅是答非所问,而且是有问无答。为什么这样?学界人士往往用禅宗"不立文字,教外别传"作解释,意思说禅宗讲究以心传心,不依靠文字。我们认为这与禅宗的"三无"修行法有关,修行本身就是消除大脑中个人记忆的过程,使个人意识领域尽量成为一片空白。真正做到这一步,修行也就初步成功。可是,不明禅理的禅宗弟子想要学习,于是就问。如果禅师作了肯定的回答,必然给弟子头脑中留下一个概念，一个记忆，留下那块抹布，这恰恰与顿悟禅的修行原则相矛盾，神秀的问题就出在这里。慧能使用否定的语言方式，以求摆脱传递概念。后来的禅师明白，否定的回答也会在一定程度上留下记忆的痕迹，最彻底的办法是什么也不回答。禅宗的"言无言"与老子的"为无为"，异曲同工。当然，禅宗的"棒喝"方法还有使信徒凝神定虑的效果，使信徒念头"定于一"或"守一"，一些信徒随即开悟，这是三无禅法的再发展。

佛教革命

在中国佛教史上，禅宗的出现不啻一场宗教革命。这场革命造成了早期禅宗与传统佛教宗派表面上的对立，也使禅宗成为真正的中国佛教。

先看早期禅宗与净土宗的对立。净土宗说，信徒无法自己拯救自己，需要由佛菩萨施予救助才能到达彼岸世界。因此，净土宗要求信徒信佛、拜佛、皈依佛。不仅皈依佛，而且要皈依佛法和僧人，全面皈依佛教。早期禅宗不信神，不仅不信神，极端的禅宗僧人甚至诃佛骂祖，走到另一个极端。一个崇拜佛祖，一个诅咒佛祖，这一矛盾难以调和。

净土宗主张，人们现世的苦难是生死轮回的结果，是前世的恶业所致。要想来世脱离苦海得到幸福，首先必须修功德，包括造寺、度僧、布施等。然而，慧能却说修功德是"邪道"。《坛经》记载，梁武帝曾经问达摩祖师：我一生建造了许多佛寺，布施贫民，供养僧众，这样做是否有大功德？达摩祖师回答：对于修道来说没有任何作用。慧能随后说，造寺、布施、供养，这都是修福，不应该把修福当作修功德。修福是否值得提倡，慧能置而不论，但他强调这与修禅无关。他认为，功德是使自己的禅法进步，修自己的身是功，修自己的心是德。

净土宗主张念佛，认为口诵"阿弥陀佛"就能得到神灵的救度，自己对解救自己无能为力。在禅宗这里，没有任何神灵、任何人能救你，佛祖救不了你，师傅也救不了你，只有你自己能够救自己。这样一来，净土宗的念佛求救也就变得荒唐而无意义。在《坛经》中，慧能反对信徒念佛，说念佛之人是"迷人"。净土宗宣扬往生净土，慧能质问：哪里是西方，佛在哪里？佛不在西方，而在自己心里，念佛祈求阿弥陀佛救度丝毫无益。慧能告诫信徒，不是我慧能有能力超度你们，而是你们自己能够超度自己。

净土宗要求信徒诵经，经是佛的神圣语言，有超然的法力，诵读佛经，就能得到佛的救助。禅宗主张以心传心，修道重在内悟，不在言教字传。慧能说，每一个人的本性中自有般若之智，只需修禅者用自己的意念去观照，而不用任何文字。他强调，修禅需要脚踏实地去做，"此法须行，不在口念"，从经中了悟修行的道理，而不是昼夜不停地落实在口头上。

净土宗主张忏悔。忏悔就是信徒对自己曾经的过错予以反省，并表明自己改过自新的态度。在《坛经》教义中，既然不存在神灵，不存在是非道德观念，忏悔也就失去了对象，抽空了内容。

再看顿悟修行与渐悟修行的差异。南宗禅的修行特点是顿悟，顿悟相对于渐悟而存在。顿悟，是指修道者修行到了一定程度，顷刻间忽然开悟，然后经过坚持不懈的努力最终体验真如涅槃境界；渐悟，是指通过修禅打坐，逐步觉悟并渐进式地走向涅槃境界，止观修行方法是具体范例。顿悟修行的特点是使自己无知无欲，保持一种纯真的心理状态，把修行实践落实到日常生活的一行一动当中，时时刻刻修禅，一旦时机成熟便瓜熟蒂落。慧能以自己的亲身经历为修行顿悟禅做出了榜样，他说自己在五祖弘忍那里，听弘忍讲解《金刚经》，随后就"大悟"了。

在对待渐悟方法的态度上，慧能认为本来没有顿悟与渐悟之别，只是由于每个人的根性不同，有人大根器，有人小根器，所以才有了顿、渐之别。无论采用哪种方法，走哪条道路，只要能达到开悟、摆脱轮回，都可以。渐悟修禅方法为根性差的人提供了修行方便，当然有存在的合理性。具有"直心"

和童心的人，具有先天的优越条件，就可以采用顿悟的方法。慧能赞赏顿悟修行法，但不否定渐悟修行法的价值。

顿悟方法的最大特色在于修行者的内悟，而不是向外学习，尤其不依赖于文字的学习。不但不依赖于向外学习，而且从根本上反对文字上的学习。慧能说，每一个人的天性中都有般若智慧，需要修行者用自己的意念观照，用不着任何文字。这是对顿悟修行特点的概括。据《坛经》记载，慧能不识文字。如果说慧能曾经学习的话，也就是弘忍给他传法时，为他说《金刚经》。这种顿悟主要依赖于自悟，而不是外部传授，慧能在黄梅东禅寺几乎一无所学，就是例子。老子说，"为学日益，为道日损"，意思是说，你学习的越多，越伤害修道，与慧能的说法殊途同归。

顿悟修行方法淡化了日常行为与宗教修行的差别，无形中降低了出家修行的重要性，使行动坐卧走与打坐观禅难以区分。慧能批评说，很多人教人打坐观禅，又有很多人这样学禅，这是大错特错。如果想要修行的话，出家修行或居家修行均可，问题的关键不是人在哪里，而是心在哪里。人虽出家，心不出家，丝毫无益。

没有了渐进式的坐禅，也就没有了定慧之分、止观之别。按照渐悟修行的理论，修道者在持续不断的跏趺打坐入定中，逐渐取得并不断增强慧力。顿悟不存在这一过程，定与慧被说成是一件事情的两个侧面。慧能说，我传授的禅法，定与慧是一体，定与慧的关系就是体与用（实体与功能）的关系。比如眼睛看物体，眼睛是体，看见物体是眼睛的功能，不能说先有眼睛而后看见物体，也不能说先看见物体而后有眼睛。

最后看早期禅宗与老庄的契合。禅宗是印度佛教中国化的产物，天竺僧人达摩于南北朝时来华传教，由慧能发扬光大。老庄乃中国先秦道家，源于华夏巫史传统。无论在时间上还是空间上，二者都风马牛不相及。但是，我们发现二者之间颇多相似，当今学界对此并未注意。

老子主张"塞其兑,闭其门"，弃绝感官经验，庄子宣扬"吾丧我"，讲究"心如死灰",并描述了一个"混沌"式的人物作为修习的榜样;慧能讲"无念",告诫信徒任何事情都不要往心里去,倡导在精神上彻底洒脱。这不仅是人生态度,更是修行方法。

庄子主张"齐死生",认为死生如昼夜,乃自然现象,既没必要为出生兴高采烈,也没必要为死亡悲伤难过,正因如此,妻子死后庄子"鼓盆而歌";慧能讲无情,他批评法海等信徒的有情,赞赏神会的无情。

庄子主张"齐是非",认为在社会生活中没有绝对的是非对错,没有绝对的美好丑恶,一切都是主观感觉;慧能告诫信徒不管什么美丑善恶,一切都不往心里去,要保持一颗"直心",要"不见世间过"。

庄子主张"齐万物",认为人们感觉的万物都是假象,都是特定认识主体的感官经验,任何假象都依赖于认识主体而存在,因而都是人们的主观判断——"是";慧能告诫信徒"世界虚空",日月星辰、山河大地都是假象,要离一切相,不被假象迷惑。佛教文献中说"色不自色,由心故色",也是此义。

老子主张"抱朴守一",在修行方法上倡导"无离"和"专气致柔",庄子也主张"抱一"、"守一",倡导"我守其一以处其和";慧能讲二不,"不著心"、"不著净",用佛学话语说就是持守"中道",强调这是修禅的重要原则。

老庄不主张出家,他们自己没有脱离世俗生活,也不要求生徒离开现实生活,不仅如此,《道德经》还说出一番人生的道理;慧能也不强求信徒出家,他强调的是心不染尘,身在哪里并不重要。

老庄讲真人、神人,宣称真人能够摆脱肉体的束缚,"入水不溺","入火不热",用脚后跟呼吸,甚至能超然升天,庄子自称活了一千二百岁;慧能说"一念修行,自身等佛",修行成功就能具有佛的神通。净土宗说阿弥陀佛具有无限寿命、无限光明和无限大能,能救度一切众生。

从表面看,禅宗反对佛教传统,否定念佛修行,批评渐悟修行,但在本质上,顿悟禅是赤裸裸的宗教修行,更能反映宗教修行的根本:清除杂念,保持一颗纯洁的心灵,久而久之,就可能了悟内心深处的涅槃境界。禅宗是不修之修，不教之教。也正是从这一视角，我们才好理解老庄学说不修不教的原教旨主义精神。

现在我们回答第二个问题：顿悟禅之所以在中国流行，在于它摆脱了印度佛教的繁琐要求，简便易行，符合部分中国人的心态，中国文化有这样的传统，老庄思想与之契合。

人类的宗教形式多样，不但古今有别，而且中外不同。造成这种状况的原因，既与信徒所处的自然环境和社会状态有关，也与信徒的心理和生理因素有关。不同宗教的信徒之间需要相互理解，信教与不信教者之间更需要相互宽容，每个人的心理需求不同，只有自己最了解自己的内心需要。

赞曰：渐悟与顿悟，念佛和止观。佛国千条路，条条通涅槃。

阅读参考：1.李安:《童蒙止观校释》，北京：中华书局，1997年；2.郭朋:《坛经校释》，北京：中华书局，2009年；3.潘桂明:《中国佛教思想史稿》，南京：江苏人民出版社，2009年；4.张荣明:《信仰的考古：中国宗教思想史纲要》，天津：南开大学出版社，2010年。

第十四讲　佛教唯识学

唯识学是佛教关于人类认知要素和认知过程的学说，核心内容是"法"和"五蕴"理论。"法"阐明了人类认知的构成要素，"五蕴"揭示了人类认知的步骤和过程。佛教唯识学的宗旨，是让信徒明白人类感觉到的世界不过是人类认知机制的效应，进而识破四大皆空，以利修道入涅。

人们常问：世界万物是怎样的？

佛学的回答是：世界万物不怎样，物无定性，"四大皆空"。

佛学反问的是：人类看到的世界是怎样的？为什么会这样？

在佛学看来，世界并不奥秘，奥秘的是人类认知机制本身。揭露人类认知机制奥秘的学问，在佛学中便是唯识学，唯识学是佛学的精髓之一。什么是唯识学？立场不同，解释各异。基于佛教立场，唯识学的主张被概括为"三界唯心"、"万法唯识"，意思是，人类的认知有主体性，外部现象是人类认知范式的产物，或者说是人类主体精神的兑现；基于现代科学立场，我们认为唯识学是关于人类认知的学说，既涉及人类认知的要素，也涉及认知的过程，其中隐含着生命构成学说。总之，无论是基于佛学立场还是现代科学立场，唯识学都是心物关系之学，既关涉认识论哲学，也关涉现代认知科学。

唯识学在中国

有人不免会问：唯识学是印度的，还是中国的？这是我们首先应该回答的问题。如果唯识学不是中国的，中华国学就不应该讲唯识学。

佛教唯识学发源于古代印度。本来没有唯识学这样一门学术，只有佛教的修禅实践经验。据说释迦牟尼出家修行，在菩提树下大彻大悟，洞悉宇宙世界和人生真谛，也体验到了人类认知万物的真实过程，于是传播佛教。他布道的内容被弟子记录下来，便有了相应的佛经。释迦牟尼没有系统地阐述唯识学，但他在传教过程中，在不同的时间和地点，多次论及唯识学的一些内容，这些内容保存在佛教经典中，成为后人阐述唯识学的资源和根本依据。唯识学在古代印度的发展经历了原始佛教、部派佛教、经典时代、论典时代、分流时代几个时期，随着佛教在古代印度的繁荣，僧侣对佛经的理解也越来越深入详细。在阐发唯识思想的基础上，僧侣们写出了一系列论述唯识思想的著作，唯识学说得以阐发流行。在这一过程中，无著、世亲是两个代表性的人物，他们的论著成为唯识学的重要论典。

大约在南北朝时期，唯识学著作开始传入中国。人们最初翻译了《十地经论》，于是有了地论学派，随后翻译了《摄大乘论》，于是又有了摄论学派。由于当时传入中国的唯识学经典是个别的，所以人们对唯识思想的理解支离破碎，不成体

玄奘

系。为了探索佛学真谛，唐代早期僧人玄奘不远万里，历经千难万险，最终到达北印度，在那烂陀寺跟随戒贤论师学习佛法，遍游印度各地访学，取得卓越成就。十七年后返回长安，翻译了大量佛经，系统地阐发了法相唯识思想，创立了法相宗，也称唯识宗，玄奘也因此成为中国法相宗的创始人。明代小说家吴承恩的《西游记》，就是根据玄奘西行求法的事迹渲染而成，唐僧的原型就是唐代僧人玄奘。

古代印度有唯识学经典，但没有唯识学宗派。随着佛教在印度的衰落，唯识学在印度逐渐销声匿迹，但在中国却得以发扬光大，传承至今，虽经中落，但绵延不绝。所以有学者说，唯识学是中国的学术，这有一定道理。我们不妨说，今天流传于中国和世界的唯识学，既是印度学术，也是中国学术，这份文化遗产在中国。

唯识学的主要经典是六经（《华严经》《解深密经》《如来出现功德庄严经》《阿毗达磨经》《楞伽经》《厚严经》）、十一论（《瑜伽师地论》《显扬圣教论》《大乘庄严经论》《集量论》《摄大乘论》《十地经论》《观所缘缘论》、《阿毗达磨集论》《二十唯识论》《辨中边论》《分别瑜伽论》》）。这些经论，多数有汉译本，少数没有汉译本。讲唯识学，这些经典是根本依据。

认知要素——"法"

唯识学包含对人类认知要素的分类。所谓认知要素，就是人类认知活动所依赖的基本因子，没有这些基本因子，人类的认知便无法实现。人类的认知包含哪些基本要素，这在当代心理学和认知科学是有待探索的领域，而唯识学早就有系统的阐述。唯识学把人类认知的基本要素称为"法"。"法"是一个总称，包含许多种类。

1. 什么是"法"

唯识学最核心的概念是"法"。"法"是梵文 dhárma 的意译,音译达磨、昙无。什么是"法"？到目前为止,学术界的解释并不清晰。第一种解释,认为"法"泛指一切存在,既包括有形的存在,也包括无形的存在。丁福保编纂的《佛学大辞典》说,"法"是"通于一切之语。小者大者,有形者无形者,真实者虚妄者,事物其物者,道理其物者,皆悉为法也。"什么是"无形者",什么是"虚妄者",人们通常难以理解。《辞海》说:"通指一切事物,不论是现象的、本体的、物质的、精神的,佛典都把它们叫做法。"近年出版的周贵华先生的《唯识通论》也说,法是佛教的基本概念之一,有众多用法,其中之一"为万有之义,即指一切存在"。无论是《佛学大辞典》还是《辞海》,解释得好像很明白,但实际上无法理解,因为按照这样的定义,整个宇宙都可以被称为"法"。这显然是荒谬的。如果一切事物都可以用一个范畴概括的话,这个范畴肯定是多余的。试想,如果世界上只有一个人,这个人取个名字叫"法",诚无必要。中国古代思想家早就说过"物一不讲",《道德经》中说"长、短相形",没有长就没有短,都是相同的道理。所以,把"法"说成是对宇宙间一切存在的称呼,难以成立。第二种解释,认为"'法'就是现象","每一事物必然保持它特有的性质和相状……使人一看到便可以了解是何物",弘学居士的《唯识学概论》持这种主张。这种主张强调外部存在因素,切断了现象与认识主体之间的联系,与唯识学的基本宗旨"万法唯识"完全相反,也与古今认识论抵牾。舍尔巴茨基是专门从事印度佛学研究的西方学者,他在《小乘佛学》一书中指出,"法的观念是佛教教义的中心点",但是,他对"法"的可解性作了绝望的判断,说"法"的"最深层的本质仍然是个谜","它是不可想象的"。

若要揭开谜底,我们认为可行的办法之一是具体分析"法"包含哪些内容,这些内容的含义是什么。

2. "法"的分类

"法"包含哪些内容？有两种不同的解法。

一种是目前学界流行的解法，也是佛教传统的解法。小乘佛学的《俱舍论》把"法"归纳为七十五类，大乘佛学的《百法明门论》把"法"归纳为一百类。虽然二者分类的疏密程度不同，但大格局无异。约而言之，"法"分为"有为法"和"无为法"两大类，"有为法"是指有生灭的东西，包括色法、心法、心所有法、心不相应法；"无为法"是指永恒不变的东西，既没有产生也没有毁灭。对"法"的详细分类，如下表所示：

唯识百法表				
有为法（94）				无为法（6）
心法（8）	心所有法（51）	色法（11）	心不相应法（24）	
眼识	惭	眼	命根	虚空无为
耳识	愧	耳	生	真如无为
鼻识	无愧	鼻	老	择灭无为
舌识	贪	舌	无常	非择灭无为
身识	无贪	身	流转	不动无为
意识	嗔	色	方	想受灭无为
末那识	无嗔	声	时	
阿赖耶识	思	香	和合性	
	想	味	不和合性	
	欲	触	次第	
	……	法处所摄色	……	

这就是目前学界对"法"的内容的归类。唯识百法要说明什么？不知诸位是否明白，反正我不大明白。

另一种是我们对"法"的解法。为便于理解，我尝试着依照现代知识体系，把唯识学所说的"法"进行新的逻辑分类。唯识学所说的"法"，可以分为认知对象要素、认知硬件要素和认知软件要素三类。下面依据《百法明门论》的具体内容略作表述。

（1）认知对象。人类对外部现象的认知离不开现象本身，现象是认识的对象，没有外部现象，认知过程无法实现，所谓"体用一如"即为此意。认知对象分为六种要素：色、声、香、味、触、法处所摄色。"色"既指颜色，也指形状，是人类视觉的对象，所以，西方学者将佛学的"色"翻译成英文的 form，其实，翻译成 color 亦可。"声"是指人类听觉对象，"香"是鼻子嗅觉对象，"味"是舌头味蕾感知的对象，"触"是皮肤感觉的对象，"法处所摄色"是"意"作用的对象。由于外部现象没有确定的自性，是人类的认知效应，所以传统唯识学把这一部分归入"有为法"。通俗地说，"有为法"就是有条件的存在。

（2）认知硬件。人类对外部现象的认知依赖于人类的感官，人体感官是人类认知的硬件。简单说，认知的硬件要素分为五种：眼、耳、鼻、舌、身。根据目前的研究，人类眼睛的视网膜由一亿二千万棒体细胞和六百万锥体细胞组成，棒体细胞负责分辨昏暗条件下的物体，锥体细胞负责分辨一般条件下物体的颜色和细节。没有此类硬件，人类就无法识别外部物体的形状和颜色。耳朵、鼻子、舌头、皮肤的功能与之相仿。

（3）认知软件。人类对外部现象的认知还离不开软件，软件不是有形之体，而是信息，信息是一种特殊实在。它看不见摸不着，但确实有这种特殊的"东西"。软件要素包括心法、心所有法、心不相应法、无为法四大类。唯识学对这一部分的阐述最为详细，也最难理解。

A. 心法。"心法"是处理外部刺激信号的主程序，由八识组成：眼识、耳识、鼻识、舌识、身识、意识、末那识、阿赖耶识。"识"包含辨别、分析的意思。我问："你认识这个人吗？"你说："不认识。"这表示你的大脑中没有储存有关这个人的特征信息。前五识是区分外部现象某一方面特征的程序，如眼识辨别形色，耳识辨别声音。第六识是意识，它是内外信息交汇处理机制，是核心程序，根据第七识末那识反馈的信息，意识进行整合处理，形成以自我为中心的、整体性的认知和反应。第七识是末那识，它是"心所有法"的统摄机制，"心所有法"通过末那识投射到意识中，进而对外部信息做出主体性、个性化的反应。第八识是阿赖耶识,它是"根本识",包含着个人的人格信息。佛教讲业报,前生造业此生受报,此生造业来世受报,报应的种子就保存在阿赖耶识里,故阿赖耶识也称"种子识"。按照佛学的说法,这个阿赖耶识并非不变,一个人的此生,既是受业报种子主宰的过程,也是改造种子的过程。从"命定"的角度说,如果一个人完全顺从自己的天性,是命运主导着自己的一生;从"非命"的角度说,如果一个人发挥自己的主动精神,向着特定的目标努力,也会改变阿赖耶识,比如消除业力成为罗汉、菩萨。

B. 心所有法,简称心所法、心所。心所是对外部刺激做出特定反应的人格心理因素。心所包括惭、愧、无愧、贪、无贪、嗔、无嗔、信、无信、疑、忿、骄等,共五十一种,这些人格因素保存在人类内心深处,决定着每一个人对外界刺激的反应方式,比如是喜欢还是厌恶。大家可能注意到,有的人爱嫉妒别人,有的人爱记仇,有的人大大咧咧没心没肺,佛教说这是心所的因素在起作用。我们说有的人很懒、很无耻,其实未必是这个人愿意懒、愿意无耻,而是这个人的内心深处懒和无耻的心理因素比别人重,此人受着这种因素的主导。女士天生对人际关系感觉灵敏,就是因为女士心所的相关因素比男士发达,这是人类进化造成的。请问大家:每个人有没有本性?唯识学的回答是:当然有,而且改变起来相当困难,因为它与生俱来。宗教修行的第一步是修性,要求守戒,改造的就是这一部分人格因素。唯识学告诫热恋中的年轻人:爱情可以改变一个人,但相当不容易,对待"眼缘"务必谨慎。心所与心法的区别是:心法负责内外信息的整合处理,心所则向心法提供相关的个体人格信息,使心法做出特定的个性化的反应。心所可以被改造,听从心法指挥,比如抑制自己的坏脾气,所以唯识学认为,心法是君,心所是臣,臣听君指挥。

C. 心不相应法。心不相应法是决定个体生命存在状态的天赋心理因素,心不相应法包括命根、生、老、无常、流转、和合、不合和、方、时、数等因素,共二十四种。比如,一个人活多大年纪,是长寿还是短命,一个人的空间感如何,一个人的数学能力怎样,与这一部分天赋因素有关。有的女士空间感很差,就是记不住曾经去过的地方,甚至开车回不到自己的家;有的人数学思维差,不是这个人不努力,而是天赋因素所致。这是一种总的倾向,个人后天的努力会在一定程度上改变自己的这一部分天赋因素。请问:每个人有没有"命"?唯识学的回答是:有,就在心不相应法中。宗教修行的第二步是修命,改造的就是这一部分天赋因素。心不相应法的特点是:心所伴随着心法而运作,能被感知到,而心不相应法不随心法运作,不随每个人的自主意识运作,自己的意识感觉不到心不相应法的存在,无法用意识直接改变它们,其名称就是根据这个特点命名的。

D. 无为法。无为法超出人类感官认知范围,其内容无法用语言表述,它相当于佛学所说的真如涅槃、道家所说的"道"。"无为法"包括虚空无为、真如无为、择灭无为、非择灭无为、不动无为、想受灭无为。它被称为法界、法性、实相、佛性、菩提。"无为法"属于分析心理学家荣格所说的集体无意识因素,特别是指最原始的非生命信息,它是生命信息的基础。没有它,生命体失去能量与活力。其特点是:不随人的业报而变化,不对意识发生任何反应,但它永恒存在,处于生命信息的最底层,是生命的基础,也是人类认识外部物质世界的基础。A、B、C 三项生命软件信息,以及作为实体存在的人类感官、外部现象,都处于变化之中,都有生灭,而无为法永不改变,故名。佛教宣称,它是佛教修行所能意识到的终极心理境界。

根据上面的阐述,人类认知要素分类及结构,如下表所示:

人类认知要素结构表					
认知对象	认知硬件	认知软件			
^	^	心法	心所有法	心不相应法	无为法
色	眼	眼识	惭	命根	虚空无为
声	耳	耳识	愧	生	真如无为
香	鼻	鼻识	无愧	老	择灭无为
味	舌	舌识	贪	无常	非择灭无为
触	身	身识	无贪	流转	不动无为
法处所摄色		意识	嗔	方	想受灭无为
		末那识	无嗔	时	
		阿赖耶识	……	……	

3. 狭义与广义

现在我们回过头来分析古代僧人对"法"的传统解释。《成唯识论述记》说:"法谓轨持。轨谓轨范,可生物解;持谓住持,不舍自相。"唐代僧人良贲的《仁王护国般若波罗蜜多经疏》说得更为精辟:"任持自性,轨生物解,故名为法。""任持自性,轨生物解"这八个字,迄今为止,学者多不得要领。"自"是指认知者自身,"任持自性"就是说"法"承负着认知者自身性状的信息,特定认知者是一个男人还是一个女人,这个认知者的生命是寿还是夭,性格温和还是暴戾,均由自身的"法"决定;"物"是指外物,"轨生物解"就是说"法"包含着认知主体理解外部现象的思维规则,蜜蜂与人类对阳光的认知不同,是因为各自运作的"法"不同。概言之,"法"是决定认知者自身性状并对外部世界作出特定解释的主体因素;一个人的"法",决定了这个人的性格特征以及这个人对外部世界的理解。

有人不免要问:"法"存在于哪里? 就在我们的天赋中。据《坛经》记载,禅宗僧人慧能明确地说"自性含万法",意思是说人体内嵌着"法",决定每个人存在状态和对外部世界认知效应的那种"东西",就存在于每个人的天赋因素中,这种天赋因素当然不可能存在于人体之外。《庐山莲宗宝鉴》说"一切万法,唯心本具耳",《释禅波罗蜜次第法门》说"一切万法,悉属于心",它们都认为"法"存在于人心之中。由此可知,"法"不但存在于人体之内,而且存在于人心之中。用现代术语表述,"法"存在于生命体的思维器官中。存在于生命体思维器官中的"东西",当然是决定生命体自身性状和能力的因素。

《坛经》《庐山莲宗宝鉴》《释禅波罗蜜次第法门》说"法"存在于人类思维器官中,应该属于认知软件;而唯识百法所说的"法"不但包括认知软件,而且包括认知硬件和认知对象,上述二说并不一致,这是怎么回事? 我们推测,这是由于讨论问题的立场不同:佛教僧人通常从宗教修行立场出发,讨论"法"的非物质性,我们今天说"这事有点麻烦,得想个解决办法",这里所说的"办法"也是解决问题的思路、思维方法,思维方法当然存在于思维器官中;唯识学家从人类认知活动的整体出发,心物、体用不可断然二分,故不得不从整体上考虑,把认知对象、认知器官也包括在内。我们认为,前者是狭义的,后者是广义的,并无矛盾。区分"法"的狭义与广义,对掌握认知要素非常重要,否则对"法"的认识将永远陷于混乱不清。

认知过程——"五蕴"

接下来的问题是,上述认知要素相互之间如何发挥作用?唯识学认为,如果一个人开悟了,自然就能洞悉自己的认知过程。唯识学将人类认知的过程分为五步:色蕴、受蕴、想蕴、行蕴、识蕴,合并起来称之为"五蕴"。"蕴",或作"阴",是梵文 skandha 的意译,音译塞健陀。它有两层含义:第一层含义,从人类认知信息形成的角度说,是汇合、积聚的意思;第二层含义,从僧侣修禅的角度说,是阴覆、遮蔽的意思。下面分别阐述。

1. 认知的过程

唯识学认为,人类对外部事物的认知经历了五个步骤,这五个步骤是认知要素的相互作用、信息反馈过程。人类的知识是这一过程的最终结果,包括人类判断某物是什么,不是什么,以及应该采取的应对策略。这五步是:色蕴→受蕴→想蕴→行蕴→识蕴。

第一步,色蕴。色是指外部现象,色蕴狭义上指外部物体与眼睛之间的相互作用阶段,广义上指各种外部对象与五大感官之间的相互作用阶段。色蕴是发现并确认感官对象的过程,也是感官对象的客体化过程。说某物是什么或不是什么,是以特定的感官能力为前提的,不存在不依赖于认知主体的绝对的客观对象。由于不同的认知主体之间存在感觉能力差异,对于不同认知主体来说，感官对象大不相同。比如，人类的感官对象与犬、蝙蝠的感官对象不完全相同，不同人之间也有差别。大家考大学，其中一个要求是检查身体，比如视力。有的同学希望学习光学，但医生说是色弱、色盲，不能报考。色觉好的同学奇怪：图形数字明明就在那里，你怎么就看不出来呢？色觉不好的同学反驳说：哪里有你说的图形数字，你在说谎吧！佛教文献说："色不自色，由心故色。"正是此义。在心理学上，感觉器官被称为感受器；在唯识学当中，眼、耳、鼻、舌、身这五种感觉器官被称为"五门"，它是外部现象进入人类心中的五个门户。

第二步，受蕴。受是接受、感受，受蕴是五大感官与前五识之间相互作用阶段。眼睛、耳朵等将获得的外部信息传递给眼识、耳识等五识，从而使人知道外部是什么信息，如眼睛对有形色物体的感受，耳朵对声音的感受，鼻子对气味的感受，舌头对味道的感受，皮肤对滑涩凉热的感受。

第三步，想蕴。想是思考、综合，想蕴是前五识与第六识相互作用阶段。对前五识各具特色的具体信息（如眼睛信息、耳朵信息等），意识需要进行信息联想、整合，确认某物是什么、处于怎样的状态，如白菊、翠柳、啼鸟等。这一阶段形成的信息是相对客观的，较少带有主观性。

第四步，行蕴。行是行动、反应，行蕴是意识与末那识、末那识与心所有法和心不相应法之间彼此反馈信息、并对外界事件做出反应阶段。它是本能的反应，根据每个人的惭、愧、无愧、贪、无贪、嗔、无嗔等心理因素做出反应。反应有三种形式：喜悦、厌恶、既不喜悦也不厌恶。有的人说错一句话就脸红，有的人卖淫嫖娼被别人抓住也若无其事，缘由在此。这一阶段的认知行为具有强烈的个性特征。这一阶段的反应表达人的情感和生命诉求，不需要知识，不需要理性思考，或者说它优先于理性思考。

第五步，识蕴。识是知识，识蕴是末那识与阿赖耶识之间反馈信息、形成知识和记忆阶段。末那识将生成的新信息储存在阿赖耶识中，形成知识，成为日后对同类事件认知并做出反应的依据。知识决定着一个人对外部事件做出理性的判断，但作为种子的知识并不能被当事人直接感知，但从理性的角度说，我们可以知道它的存在。我们认识月亮，是因为心中有月亮的种子。窗外一道白色的闪光，然后传来隆隆的声音——打雷了，要下雨；先听到隆隆的声音，然后窗外闪起火光——这是怎么回事？在这里，我们做出判断的依据，就是我们内心的种子识。有的人往往用本能说话，不爱动脑子，不爱学习知识，实际上是这一认知阶段不活跃。种子识隐藏于阿赖耶中，故唯识学又称之为"藏识"。

人类认知要素结构及认知过程，见如下示意图：

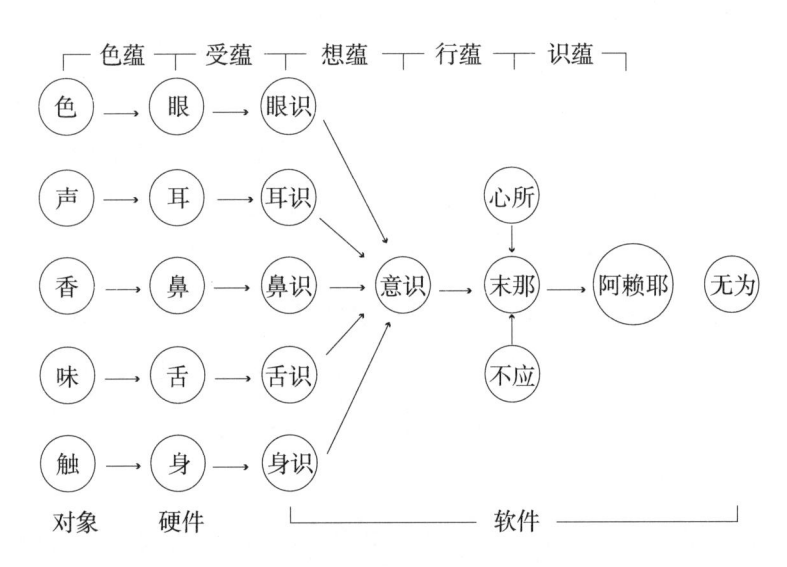

```
    ┌ 色蕴 ┐ ┌ 受蕴 ┐ ┌ 想蕴 ┐ ┌ 行蕴 ┐ ┌ 识蕴 ┐
    ( 色 ) → ( 眼 ) → ( 眼识 )
                                        ( 心所 )
    ( 声 ) → ( 耳 ) → ( 耳识 )              ↓
    ( 香 ) → ( 鼻 ) → ( 鼻识 ) → ( 意识 ) → ( 末那 ) → ( 阿赖耶 )  ( 无为 )
    ( 味 ) → ( 舌 ) → ( 舌识 )              ↑
                                        ( 不应 )
    ( 触 ) → ( 身 ) → ( 身识 )
     对象     硬件  └──────────── 软件 ────────────┘
```

认知结构、过程示意图

当代心理学认为，人类的认识经过感性认识和理性认识两个阶段，而唯识学认为人类的认知经过色蕴、受蕴、想蕴、行蕴、识蕴五个阶段，这是两种完全不同的理论体系。仔细对比可以发现，色蕴、受蕴、想蕴、行蕴相当于感性认识阶段，识蕴相当于理性认识阶段。唯识学把感性阶段细分为色、受、想、行四个过程，值得当代心理学借鉴。当代机器人科学是如何实现认知与反馈的，我是外行，不大了解，唯识学能否为现代机器人科学和认知科学提供有益的理论借鉴，这也值得思考。

2. 认知与修道

佛教讲修行，这众所周知。唯识学也不是认知科学，为什么讲人类的认知活动？答案很简单：佛教修行与人类认知有关，不过，这关系不是正向的，而是反向的。

人类文明的发展，就是借助感官不断认识外部世界的过程，也是不断形成新知识的过程。借助于不断积累的感官经验和知识，人类创造了日益丰富的物质财富和物质文明。从本质上说，人类文明史就是人类物质史和人类知识史。翻开当今的全球史、国别史，几乎无不如此。

但是，对于人类的知识和文明，佛教唯识学持消极否定态度。基于佛教修禅的立场，人类认知外界事物的过程就是在阿赖耶识中形成知识、播下种子的过程，人类认知形成的记忆是灰尘和雾霾，它遮盖了内心深处的无为法，使人类感受不到无为法内部的涅槃真如，因而知识是有害于宗教修行的东西。人们通过感官实现的认知过程，就是覆盖、遮蔽真如涅槃的过程；人类的知识史，就是在阿赖耶识中积累尘埃的历史。

在上一讲中，我们谈到的修禅方法有念佛法、止观法、顿悟法，无论哪一种方法，本质上都是抑制甚至阻断人类的感官认知，尽量使人不产生感官经验和感官知识。如果已经先行具有了感官知识的话，则要不断消除感官知识，给心灵做大扫除，使人的心灵恢复到一张白纸的状态。从唯识学的角度看，这一过程大致可分为如下两个阶段。第一阶段，清除自我本能的心理因素，为末那识做大扫除。佛教要求信徒遵守戒律，如果我们把小乘佛教的比丘戒总结一下的话，可以发现就是消除自我意识，从心理结构看就是消除末那识和末那识背后的"心所有法"和"心不相应法"，使人忘掉一切欲望，甚至忘掉自我肉体的存在。简言之，破除我执。真正做到了这一点，也就清空了末那识的内容，打通了意识与阿赖耶识之间的道路。做到了这一步，修行者也就实现了开悟，能感悟到常人感受不到的内心深处的信息。第二阶段，清除知识，为阿赖耶识做大扫除。在阿赖耶识中，既保存着后天形成的知识，也保存着天赋的人类共同的知识，这些知识隐藏在阿赖耶识中，成为生死轮回的种子。清除了这些种子，也就打通了意识与无为法之间的第二道关卡。简言之，破除法执，摆脱一切感官知识的束缚。做到了这一步，修行者也就实现了大悟，即"入涅槃"。所谓"入涅槃"，就是修行者意识到了"无为法"，意识到了心灵最深处的"道"。

由上可见，人类认知的过程就是用感官知识（八识）阻挡、覆盖无为法（涅槃、菩提）的过程，佛教修行的过程就是保持感官记忆零状态（顿悟法）或逐渐清除感官记忆（念佛法、止观法）的过程。在这里，我们可以清楚地发现，认知与修行是完全相反的两种思维活动，人类知识史就是逐渐远离内心涅槃菩提的历史。于此我们不难理解，为什么三千年前人类普遍比现代人具有宗教性，为什么原始时代普遍存在以巫师、巫术为表征的原始宗教。也只有在这里，我们才可真正理解老子"为无为"学说的宗教本质，理解老子"为学日益，为道日损"这一说教的真谛。唯识学讲五蕴，不是向信徒讲授科学知识，而是让信徒明白修行的道理，做"为无为"的工作。这是唯识学讲五蕴的根本旨趣。

生命的构成

唯识学讲人类认知的要素，但它同时蕴涵着人类生命构成的相关信息。生命是什么？人们常说，父母给了孩子生命，使孩子来到人世间；每个人有生就有死，死亡意味着生命的终结。佛教唯识学并不完全这样看。

1. 生命构成

如果我们仔细分析前面"人类认知要素结构表"和"认知结构、过程示意图"就可发现，人类的生命由生命硬件和生命软件构成，生命硬件与生命软件是两回事，不能混为一谈，更不能简单地说软件是硬件的产物。

第一，人类的生命由生命肌体和生命信息两大部分构成，前者是生命硬件，后者是生命软件。生命硬件包括人体感官，眼、耳、鼻、舌、身是生命硬件；生命软件包括心法、心所有法、心不相应法、无为法四个组成部分，这些内容是生命体维持运作的重要信息。在这里，生命硬件和生命软件相辅相成，仅仅其中一个方面，生命不能存在。也就是说，依照唯识学理论，生命软件绝非可有可无的东西。唯识学的这一主张能否成立？随着现代科学的发展，特别是认知科学和机器人科学的兴起，为我们理解这一学说提供了一个参照系。机器人由硬件和软件组成，仅有硬件，机器人是一堆废铁，没有生机；仅有软件，它无所归依，形同无物。

第二，生命信息包括狭义的有为法与无为法两部分内容。所谓狭义的有为法，是指除十一种色法之外的心法、心所有法、心不相应法，这些信息在生命的演进中不断积累，是生命体对外部世界做出何种反应的内在依据。在这些有为法之下，还存在更深层的无为法，虽然它不随狭义的有为法而变化，但却是狭义的有为法运作的基础。没有虚空无为、真如无为等信息，心法、心所有法、心不相应法会失去信息活力。机器人科学同样为我们提供了理解这一观点的参照系。机器人软件由两大部分组成，一部分是固定不变的信息，这部分信息保存在只读存储器 ROM 中，机器人本身的运作依赖这些信息；一部分是可以随时增减的信息，这部分信息运作于读写存储器 RAM 中，它主导着机器人对外部信息的反应。没有 ROM 中的信息，RAM 信息无法发挥作用；没有 RAM 信息，ROM 信息对复杂的外部信号无能为力。RAM 信息类似于有为法，ROM 信息类似于无为法。表面上无为，实际上有为，并且非常重要。

第三，个性品格由心法、心所有法、心不相应法三部分构成。心法是个体生命的主导机制，它整合内外信息，依据个体特性做出个性化的反应。在心法八识中，前五识分别反馈外部信息，第七识和第八识反馈个体内部信息，意识是外部信息和内部信息的整体处理机制，类似于电脑的 CPU。心所有法和心不相应法是个体生命的特征信息，心所有法决定着一个人的性情特征，每个人都知道自己的性情好坏；心不相应法决定着一个人的生命状态，每个人都不知道自己能活多大年纪，会生什么病。心所有法类似于人们常说的心理情感因素，它决定着一个人对外部信息做出何种反馈，是激烈还是温和，是友善还是敌意；心不相应法类似于人们常说的身体素质或生命素质，一个人身体健康还是多病，是长寿还是短命，受心不相应法制约。人类生命的要素构成，如下表所示：

人类生命构成要素表				
生命硬件	生命软件			
^	个体信息			集体信息
^	心法	心所有法	心不相应法	无为法
眼	眼识	惭	命根	虚空无为
耳	耳识	愧	生	真如无为
鼻	鼻识	无愧	老	择灭无为
舌	舌识	贪	无常	非择灭无为
身	身识	无贪	流转	不动无为
	意识	嗔	方	想受灭无为
	末那识	无嗔	时	
	阿赖耶识	……	……	

2. 肌体与信息

在上述"人类生命构成要素表"中，人类的生命由硬件（生命肌体）和软件（生命信息）二者共同构成，缺一不可。下面需要继续讨论的，是生命肌体与生命信息之间的关系。

依照唯识学理论，人类的生命是生命信息与生命肌体的结合，这种结合是随机的，但并非随意的，需要二者之间适当的匹配度。如果二者之间的匹配度误差超过了常规的限度，将会产生严重的生命问题。比如，一个女性信息与一个男性胚胎结合，那么生成的这个人便是女人心男人身，将来成为

gay 的可能性很大；反之亦然。生命信息与生命肌体的结合发生于生命胚胎生成的一刹那，然后伴随着生命胚胎发育直到肌体坏死为止的全部过程。由于生命信息不是生命肌体的固有因素，所以不会伴随生命肌体而消亡。生命信息与人工信息类似，不是硬件本身的产物，不依赖于生命肌体而存在，在特定生命体产生以前和生命体失去活力之后，生命信息能够独自存在。一个失去生命信息而仅有生命肌体的人，比如一个躺在水晶棺里的死人，一个躺在殡仪馆内被别人追悼的死人，没有生命活力。一个脱离生命肌体的生命信息，虽有信息活力但无肌体活力，是超越感官能力的存在。

佛教唯识学宣称，肌体是生命信息寄存的一个空壳子，生命的主导因素是生命信息，生命信息与生命肌体是两种"东西"，生命肌体会消亡，但生命信息不是物质性的实体，因而不会消亡，通常以六种方式之一继续存在，俗称"六道轮回"。第一天道，第二人道，第三阿修罗道，第四畜生道，第五恶鬼道，第六地狱道。轮回于六道中的哪一道，取决于生命信息中的因和业。六道皆苦，但苦的程度不同，天道最轻，地狱最重。佛教劝告人们修行，宗旨就是消除生命信息中的业力，进而摆脱轮回，进入极乐世界或涅槃真如，成菩萨成佛。

佛教唯识学宣称生命的主体是生命信息，但几乎所有的人都感觉不到生命信息存在，所以人们不大相信佛教唯识学说，而是相信科学。现代科学认为，人的心理活动或精神现象是人类肉体的机制，是大脑的功能，肌体存在功能存在，肌体消亡功能丧失。当代哲学家把这一主张表述为"体用"不分。这是物质一元论，否定存在着独立于肌体之外的生命信息。人们的批评简单有力：如果谁能把生命信息拿出来展示给我，说"这就是生命信息"，我马上就信；如果谁说世界上存在某种东西，却又不能把这种东西拿出来证明，无论如何我也不信。佛教唯识学家则说，生命信息不是用感官能够感知的东西，它存在于心灵内部的种子识当中，就像机器人可以感知外部存在物，却无法感知自身的软件一样。你感觉不到人有生命信息，是因为你没有开悟，如果你开悟了，不用别人说，你自会晓得。这是内证，不是外证，永远也不可能由别人证明给你看，只能由你自己证明给自己。历史上的佛教徒曾举出一些特殊的例证。《左传》中记载着这样一件事情。公元前543年，郑国的伯有任执政大臣，因生活腐败被他的同族兄弟公孙带等人杀死。伯有被杀后，郑国开始闹伯有鬼，人心惶惶。有人梦到伯有身穿铠甲游走于大街上，扬言："我今年壬子这天一定要杀死公孙带，明年壬寅这天还要杀死公孙段。"到了壬子这天，公孙带果然无故死去；到了壬寅这天，公孙段又不明不白地死去。在这种情况下，作为执政大臣的子产册封了伯有的儿子公孙洩为大夫，闹伯有鬼的事情才逐渐平息。有人问子产：你这样做有什么道理？子产解释说：鬼的意思就是"归"，回归了自己应该去的地方，就不会在人间为非作歹。人又问：那你册封伯有的儿子公孙洩是何道理？子产说：是为了安抚伯有，使他得到子孙祭祀。后来，子产到晋国访问，晋国的大夫又问及此事。子产解释说，人死之后，鬼魂仍然存在。人的生命刚刚产生之时便有魂魄，如果一个人保养得好，魂魄就强，甚至能产生神明的能力。一个年轻体壮的人暴死，魂魄往往不肯离去，而是依附在别人身上为非作歹，更何况伯有家族三世执政，魂魄超强，突然暴死，他的魂魄依附在别人身上，干出为非作歹的事情，不足为怪。另一个例子。《楚辞》中有《招魂》，其中有这样的句子：

　　魂兮归来，东方不可以托些……

　　魂兮归来，南方不可以止些……

　　魂兮归来，西方之害流沙千里些……

　　魂兮归来，北方不可以止些……

　　魂兮归来，君无上天些……

　　魂兮归来，君无下幽都些……

　　魂兮归来，入修门些……

　　魂兮归来，反故居些。

东汉王逸作《楚辞章句》,他在《招魂》的开篇说:"魂者,身之精也。"《招魂》就是要把魂魄招回来,回到自己的躯体内,不要在外游荡。《楚辞·招魂》仅仅是千百年来民间文化的一个例子。佛教徒说,你看,早在佛教传入之前,灵魂学说在中国已经存在。

僧人和历史上的唯识学家举的都是过去的例子,历史上是否真的发生过这样的事情,今天没人能够证明。对我们来说,与其说有,不如说是迷信和编造。要让我们相信有生命信息存在,必须拿出当代的证据。当代的佛教徒又举出了现代生活中的例子。20世纪70年代,一个农村妇女得了一种怪病。一日黄昏时刻,这个妇女家的狗趴在院子门口,不停地叫唤,声音略显凄惨。女主人见状很是生气,走过去用脚踢,狗起来跑走,这妇女却从此落病。看过许多医生,久治不愈。她家的邻居,男主人姓张,在该县另一个公社任党委书记。那个时候,党委书记佩带手枪。有时候,这位张书记高兴就在自家院子里放两枪。只要这位张书记放假回家,邻居女主人的病马上就好;这位书记一离开家,邻居的女主人马上故态复萌,精神恍惚的样子。村子里的乡亲说,她得的是鬼病。还有一个女童的故事。事情发生在1990年,女童大概两三岁。周末的时候,一家三口到奶奶家去。吃完晚饭回家,夜里孩子就生了病,发烧很厉害。天津儿童医院去了两次,打针、吃药就是不管用。邻居的一位大嫂是工厂的医生,听说邻居的孩子病了,前去关心安慰。这位医生问:怎么得的病?女孩的母亲回答:就是五天前去她奶奶家,晚上回来就病了。医生又问:你们去奶奶家是否发生了什么事?女孩的母亲说:什么事也没有。医生说:你再仔细想想?女孩母亲说:就是晚上回来下楼的时候,楼道里漆黑,孩子绊了一跤摔倒了。医生说:我听人讲过一个办法,不妨试试,不管用的话,就当没这回事。于是,如此这般交待了一番。当天晚上,女孩的父亲按照医生的指点,带着孩子的衣服,骑上自行车到了孩子摔倒的地方,口中念念有词,提着衣服照法实施,然后把衣服收起,头也不回地赶回家中,然后把衣服盖在孩子身上。到了后半夜,小孩便不再发烧,病也就好了。佛教徒说,上述两个事例，来自当事人自述，应当可信。我们不免仍然存疑：上述事件是否真的存在这样的因果关系？到底能有多少这样的案例？

在人们质疑生命信息真实性的同时，佛教徒也向我们提出了类似的反问。一个佛教徒问一个软件工程师：请问专家，这世界上是否存在人工信息？软件工程师斩钉截铁地回答：当然，我们就靠编制人工信息吃饭。佛教徒说：你说存在人工信息这种"东西"，请你把它拿出来让大家瞧瞧。软件工程师随手拿起一个光碟说：这很简单，你看，你去购买电脑软件，比如你买 Microsoft Office，软件信息就在光盘里。佛教徒说：你说这张光盘里面是 Microsoft Office，而不是 Microsoft Windows，何以证明？工程师说：这很简单，把它安装到电脑里面，然后看它如何运作，不言自明。佛教徒说：你说的有理，不过我要求你把软件程序从光盘里面直接拿出来让我看看，你可以把光盘研磨成粉末放到电子显微镜下让我观察，也可以送到化学实验室或生物学实验室分析，我想看看软件是何种实实在在的"东西"。工程师愕然：软件不是"东西"……佛教徒大笑：看，你们让我证明生命软件存在的思路，恰恰违背了现代科学的道理！你们说人类的意识是大脑的产物，这无异于说机器人的软件程序是机器人硬件的产物，而不是你们软件工程师的劳动成果，你是否同意？

我们面临着一个严峻的学术困局：如果我们否定存在生命信息，就将自己置于在逻辑上否定信息科学真实性的境地；如果我们否定存在生命信息，也将自己置于否定中国唯识学的境地。如果我们承认存在生命信息，将把自己置于迷信无知的尴尬境地。这是一个古今中外、千古未解的学术困局。耶鲁大学的公开课中，有一门课程的名称是"死亡"，主讲人是谢利·卡根，其中有几讲专门讨论关于灵魂是否存在的争论，从柏拉图到近代哲学家，大家可以参照。人生有限，知识无涯，我们所知仅仅是知识海洋的一点一滴。那些我们所不知道的内容未必完全正确，也未必完全没有道理。妥当的策略是：存疑。

最后我们略作总结。什么是唯识学？基于现代科学立场，唯识学与人类的认知要素、认知过程和生命性质有关。人类认知的要素由认知对象、认知硬件和认知软件三大部分构成，人类认知的过程经过确认对象、感官觉察、个体化思考、个体化反应、形成个体知识五个步骤，人类生命由生命肌体和生命信息结合构成，生命肌体和生命信息是两类异质的实体。

赞曰：色声香味触，眼耳鼻舌身。五尘入五门，尘覆如来心。

阅读参考：1. 释印顺：《唯识学探源》，北京：中华书局，2011年；2. 释惟贤：《唯识札记》，北京：宗教文化出版社，2006年；3. 周贵华：《唯识通论》，北京：中国社会科学出版社，2009年；4. 弘学：《唯识学概论》，成都：巴蜀书社，2009年。

第六编　三教融合

在中国传统文化中，有一种隐性的士大夫宗教，或者说一种别具特色的士大夫政治精神，把入世与出世巧妙地结合起来。它有两大要素：一大要素是立足于现实生活，甚至立足于政治生活，肩负政治使命；另一大要素是追求心灵的宁静，尽力摆脱物欲和名利的诱惑，从而践行特定的修心方法，具有某种程度的宗教特征。这种士大夫宗教的具体表现，早期是儒道融合的魏晋玄学，晚期是儒释道融合的宋明理学。

第十五讲　魏晋玄学

财富的集中和权力向财富的偏移是无法改变的历史进程,与之伴生的是社会道德风气的世俗化和性情耿介的知识分子的愤世嫉俗。他们虽曾努力却无法改变现实,于是逐渐疏离政治,士而不仕、仕而不事——这是他们洁身自好的表现形式。在内心焦灼与痛苦的同时,他们开始思索生命的价值和人生的意义,在治世与治身之间徘徊犹豫。玄学,正是这种踌躇心理的学术形态。

人生世间,名利与生命孰重?表面看,这个道理尽人皆知;但实际上,名利场上的多数人都难于取舍。特别是政府官员和公共知识分子,他们始终徘徊于二者之间,踌躇于抉择,犹豫于得失——这确实是两难选择。驱使魏晋士人做出选择的直接力量是官场的腐败,以及由此带来的心理危机。在心理危机的驱迫下,他们逐渐脱离儒教传统的轨道,走向道家和道教,从而形成了别具时代特色、融政治信仰与生命信仰于一体的魏晋玄学。

竹林七贤与魏晋社会

谈到魏晋玄学,我们首先想到的是所谓"竹林七贤"。据说在曹魏正始年间,即公元3世纪中期,阮籍、嵇康、山涛、向秀、刘伶、王戎、阮咸七人经常聚集在山阳的竹林之中,他们远离官场,肆意酣饮,后人谓之"竹林七贤"。历史上是否真有其事,学界有意见分歧,但重要的是,在"竹林七贤"这一历史故事背后,到底隐藏着怎样的历史真相,具有怎样鲜为人知的历史内幕,值得深入分析。要理解魏晋玄学和竹林七贤,需要从魏晋时期的政局说起。

在"汉代经学"一讲中,我们比较详细地阐述了以五经为核心的儒家思想上升为官方意识形态的过程,新的官方意识形态对社会各阶层产生了广泛而深刻的影响。经过汉代几百年的政治建设,儒家的忠孝纲常观念深入人心,皇权被神圣化。但与此同时,伴随着两汉经济的发展,资本不断集中,政治权力也逐渐向豪门大族集中,这成为难以逆转的历史大趋势。经济上,田庄力量日益强大,侵蚀着作为皇权基础的小农经济;政治上,公门有公、卿门有卿,更是直接削弱了皇权。在中国古代,重心的下移是经济、政治发展的总趋势,这是一股削弱中央集权的力量。经济、政治重心的下移,使至高无上的皇权产生了危机,于是在世家大族与皇族之间形成了尖锐的矛盾。为了夺回失去的权力,皇帝把宦官作为心腹,利用宦官直接向地方政府传递政令,弃国家权力中枢于不顾,这引起朝中大臣不满,并引发了朝臣与宦官之间的冲突。在这场斗争中,由于有皇帝作为后盾,宦官占了优势,在朝大臣及其拥护者先后两次遭受重创,这便是发生在桓帝、灵帝时期的两次党锢之祸。党锢之祸暴露了帝制时代的根本矛盾:作为国家政治、经济最高权威的皇帝与作为经济、政治发展趋势代表的世家大族之间的乖离。如果说皇权代表旧势力的话,大族代表着社会发展的新方向,是一种进步的势力。遗憾的是,汉代的党锢和明代东林党人的失败,意味着帝制时代的世家大族始终是失败者,旧势力一直没有被新势力取代。

两次党锢事件的发生,使士大夫心态发生了微妙变化,他们中的一些人由原来的皇权拥护者变成了政治批评者。东汉末年开始,一些士大夫针砭时弊、品评人物,形成一股新的政治风气,这被学界称为"清议"。曹操得到"清平之奸贼,乱世之英雄"的评语,正是基于这样的思想背景。军阀混战,曹操"挟天子以令诸侯",把汉献帝牢牢把控在自己手里。曹操和他的儿子曹丕对忠于刘家皇帝的朝臣大开杀戒,在一片血腥镇压中曹魏政权于公元220年建立。当时三国鼎立,战争连年不断,在曹魏政权内部锻炼出一员大将,他就是司马懿。司马懿父子重施曹操父子故伎,在控制曹魏政权之后,大肆杀戮忠于曹魏政权的大臣,再次导演了一出禅让闹剧,于公元265年建立晋帝国。这两次频繁而血腥的改朝换代,使当时部分士大夫在心理、肉体上受到沉重打击,他们对政治感到绝望,无奈之下又迈出了第二步:怀疑既存的政治制度,向道家靠拢。当时人们赞赏的所谓"竹林七贤",就是一批对政治悲观失望、在一定程度上自暴自弃的官僚知识分子。

在今天看来,他们的政治态度是畸形的,在《世说新语》中这被称为"放诞",荒诞不经之义。刘伶是典型之一。据《晋书·刘伶传》,刘伶身长七尺,容貌丑陋,鄙弃世俗伦理和功名利禄,"不以家产有无介意"。他经常乘坐一辆鹿车,随身携酒一壶,让仆人提锸跟随,并吩咐:我死在哪里,就地挖坑埋在哪里!一次酒瘾发作,向妻子讨酒,妻子涕泪相劝:夫君嗜酒太过伤身害体,无论如何不可再饮!刘伶说:好!我自己控制不住自己,我要对鬼神发誓,让鬼神监督,你准备酒肉。妻子准备了酒肉,刘伶举杯对鬼神说:"天生刘伶,以酒为名。一饮一斛,五斗解酲。妇人之言,慎不可听。"于是举杯痛饮,酩酊大醉。他曾与别人发生冲突,对方挥拳要打,刘伶戏言调侃:"鸡肋不足以安尊拳。"对方转怒为笑。刘伶故意践踏儒教道德,竟至在自己家中袒形露体。有人到他家做客,见此情形严厉批评,刘伶不以为然地说:天地是我屋,房子是我衣,谁让你钻到我的衣服里!

关于魏晋玄学,学界讨论已久。文学家谈玄学,周树人曾写过一篇题为《魏晋风度及文学与药及酒之关系》的文章,说魏晋时期的名士不但痛饮酒,而且服丹,指出这是当时知识阶层中流行的风气。这样的陈述固然不错,但这现象背后隐藏的真相却多有未及。哲学家谈玄学,宣称玄学是对两汉经学的革命,标志着知识分子的觉醒和思想解放。到底是思想解放还是进一步的自我思想禁锢,也有再斟酌的余地。什么是玄学,到目前为止仍未真正揭破谜底。下面我们通过两个例子进行剖析。

阮籍与玄学

阮籍,字嗣宗,生卒年代约在公元 210 年至公元 263 年。陈留尉氏(今河南尉氏)人,出身于士大夫之家,其父阮瑀是建安七子之一。他不但是竹林七贤的典型代表,也是魏晋玄学的开山者之一。

1. 徘徊于官场边缘

阮籍的一生徘徊于仕与不仕之间。太尉蒋济征天下才隽之士,阮籍呈上态度含糊的奏记一篇,未料引起蒋济兴趣,蒋济久闻阮籍才华出众,于是辟他为吏。阮籍不肯,蒋济大怒,阮籍不得已而就职,不久借病辞官。曹爽辅政,召阮籍为参军,阮籍以疾病推辞,隐居乡里。司马懿任太傅,命阮籍为从事中郎;司马懿死后,又任司马师的从事中郎,高贵乡公即位,封关内侯,任散骑常侍。在司马昭篡夺曹魏政权的过程中,曾上演公卿大臣劝司马昭受"九锡"的一幕,司马昭命阮籍撰写《劝进表》,这使阮籍陷于进退两难境地:他的儒教信条告诉他应该恪守君臣之义,但拒绝作《劝进

阮籍

表》又会使自己陷于危险境地。《晋书》记载，封赐典礼即将举行，司马昭派人去取《劝进表》，阮籍"方据案醉眠"。见使臣来取，阮籍操笔疾书，一气呵成，"辞甚清壮"。我们分析，这是阮籍早已做好准备，故意拖延而已，此等大事怎么可能忘记。他这样做，既表明了自己的政治态度，也给司马昭留了面子。《晋书·阮籍传》说，阮籍本有报国之志，"属魏晋之际，天下多故，名士少有全者，籍由是不与世事，遂酣饮为常"，透露的也是同样的信息。身在朝堂，不乐其事，这反映了阮籍身仕而心不仕的状态。套用一句俗语：身在朝堂之上，心在草莽之中。

阮籍徘徊于名利场边缘，时刻感到莫名的危机。在《咏怀诗》第六首中，他说人们为了财富而奔波，但财富并不一定能给人带来欢乐，相反往往带来灾祸："膏火自煎熬，多财为患害。布衣可终身，宠禄岂足赖。"既然政局险恶，就应该从中解脱出来。在《猕猴赋》中，阮籍说汲汲于功名利禄的人们就像铤而走险的动物，只见利益不见危害。熊为了获得猎物而临江乘危，夔为了取得好处而临渊肆志，鼹鼠经不住食饵的诱惑而命丧黄泉。在《大人先生传》中，阮籍借大人先生之口告诫自己："李牧功而身死，伯宗忠而世绝。进求利以丧身，营爵赏而家灭。"

阮籍思想的底色是儒家的，只不过儒家思想被表面的道家思想淹没。在阮籍的少数诗篇中，显现出他曾经像建安时期的父辈那样胸怀政治抱负。在《咏怀诗》第三十九首中，他固守着"忠"、"义"等官方政治道德，表示宁可为国捐躯，也不计较个人的性命得失；《咏怀诗》第二十一首表现了他胸怀凌云志、不与凡俗同的英雄气概；在《咏怀诗》第三十八首中，他讥讽当时流行的庄子自然主义，蔑视庄周，赞赏儒家的"雄杰士"：

炎光延万里，洪川荡湍濑。
弯弓挂扶桑，长剑倚天外。
泰山成砥砺，黄河为裳带。

> 视彼庄周子，荣枯何足赖。
>
> 捐身弃中野，乌鸢作患害。
>
> 岂若雄杰士，功名从此大。

阮籍思想中的儒家思想因素，还反映为他向司马昭举荐卢播。他说卢播"躭道悦礼，仗义依仁……忠敬足以肃朝"，这是政治品格评鉴；他又说卢播"研精坟典，升堂睹奥，聪鉴物理，心通玄妙，贞固足以干事"，这是能力评鉴。可以看出，官方所要求的忠臣孝子品德，卢播大都具备。阮籍推荐此类人才，意味着他对此类政治人格的认同。他路过广武，这里曾是刘邦与项羽相争之处，阮籍触景生情，感慨万千：世无英雄，竟使竖子成名！无论他是直斥刘邦还是暗讽司马氏，都表明他胸怀平治天下的理想和英雄气魄。

2. 隐晦的现实批判

阮籍是现实政治批判者，而不是现实政治讴歌者。不过，在血腥的政治统治下，他的政治批判不得不采用间接的、隐晦的方式。这有两种表现形式：行为的和文学的。

第一种是行为表达。据说阮籍有一种特殊的本事，能为"青白眼"，大概是用白眼珠或黑眼珠看人，见到志同道合者以黑眼珠相视，见到利禄之徒以翻白眼相向。比如嵇康之兄嵇喜是利禄之徒，他到阮籍家中吊唁，阮籍以白眼相眄，嵇喜自讨没趣尴尬而退。嵇康听到消息十分高兴，提酒挟琴赶到阮籍家里，阮籍内心喜悦以黑眼相视。阮籍此举招致"礼法之士"的极为恼怒。还有一事颇为耐人寻味，他任司马氏从事中郎的时候，有官员向司马氏报告发生了一起儿子杀母事件。大庭广众之下，阮籍故作惊人之语：杀父尚可，难道有人杀母！在场官员都很惊愕，司马氏质问：杀父乃十恶不赦，难道你认为可以？阮籍从容作答：禽兽知母而不知父，杀父是禽兽，杀母连禽兽都不如！其实，阮籍话里有话：父为子纲，君为臣纲，是谁废掉了皇帝曹芳？难道不是你司马氏，司马氏岂不是禽兽不如！

第二种是文学表达。阮籍著《大人先生传》，借大人先生之口对官场上的伪君子作了淋漓尽致的鞭挞。他说伪君子们表面上循规蹈矩，内心深处汲汲于私利，"上欲图三公，下不失九州牧"，他讽刺这些人就像寄生在裤裆里的虱子，虽然暂时尽情享受春风得意，但终究躲不掉与破棉裤一起毁灭的命运。他曾任东平相，但在《东平赋》中，东平被描绘成一片死亡之地，这里"背险向水，垢污多私"，东平的人们不辨是非，性情暴戾。阮籍还作《亢父赋》，在阮籍笔下，亢父是一个比东平更糟糕的地域，地形险恶，"不肖群聚，屋空无贤"，这里的人们是连野蛮人都不如的顽凶暴民，当与禽兽为伍。赋是文学作品，未必写实，但问题的关键是，它袒露的是阮籍的心迹，是阮籍心中的现实社会。与现实政治的格格不入，导致他从根本上否定现行的制度，他说"君立而虐兴，臣设而贼生，坐制礼法，束缚下民"，这与道家否定人类文明几乎是同样的口吻。

3. 道家思想因素

阮籍思想中有浓厚的道家因素。据《晋书》记载，阮籍对世俗生活日益不感兴趣，他或是闭门读老庄之书，或是投身自然，尽量脱离现实生活。他著《达庄论》，表达了自己对庄子的倾慕和对道家思想的期许。阮籍也接近道士，据说他曾到苏门山寻访道士孙登，向孙登请教"栖神导气之术"。所以，有人说他是"方外之士"，一些人表示认可，也就事在情理之中。

阮籍关怀生命，并对死亡不无恐惧。在阮籍的诗文中，我们看到一种自相矛盾的心态。在一些诗篇中，他谈到衰老和死亡，认为谁也逃不掉：

朝为媚少年，夕暮成丑老。
自非王子晋，谁能常美好。

既然谁也改变不了生死定律，也就没有必要为此悲戚。《咏怀诗》第七十一首说，花有凋零，日有没落，蟋蟀、蠛蠓、蜉蝣，哪一个不是在生死途中奔波。哀莫大于心死，这样的生命关怀，是政治上负面心理的映射。在一些诗篇中，阮籍对死亡深为恐惧。《咏怀诗》第十八首说：

> 岂知穷达士，一死不再生……
> 瞻仰景山松，可以慰吾情。

面对一天天衰老，阮籍发出了"子在川上曰，逝者如斯夫"般的感慨，他感到了人生无可奈何之苦：

> 世务何缤纷，人道苦不遑。
> 壮年以时逝，朝露待太阳。

这不是一时一事之苦，而是面对衰老和死亡而产生的悲观情绪，是没有出路的令人绝望的苦，一种类似于佛教"苦谛"的苦。

  阮籍渴望解脱痛苦并羡慕长生不死的神仙。人是有灵性的动物，人难以长期在痛苦中煎熬，坐待死亡不是本能的选择，人类有一种自我解脱的心理机制，从表象看，这种心理机制便是投入宗教的怀抱。不过，在阮籍思想中道教思想还仅仅是萌芽因素。魏晋时代部分知识分子从关怀政治转向关怀生命，经历了激烈的心理矛盾和冲突。为什么要离开现实社会和功名利禄？因为这个社会太污浊、太腐败。阮籍对世道的败坏心怀愤懑，这种愤懑不仅消解了他参政的热情，而且导致他否定现实社会。他赞赏弃官不仕的隐士巢父和许由：

> 季叶道陵迟，驰骛纷垢尘……
> 巢由抗高节，从此适河滨。

他更崇拜摆脱了功名利禄的罗网而长生不死的神仙赤松子和王乔：

> 纶深鱼渊潜，矰设鸟高翔……
> 兹年在松乔，恍惚诚未央。

到了此时，功名利禄对阮籍来说已经无足轻重，长生不死的神仙才得人生真谛，同神仙羡门高相比，他自感惭愧：

> 丘墓蔽山冈，万代同一时。
> 千秋万岁后，荣名安所之。
> 乃悟羡门子，噭噭今自嗤。

在阮籍眼里，这漫山遍野的丘坟令人心灰意冷，功名利禄又有何用！他把这种对现实社会的厌弃和对超然世界的追求称为"超世"，他要超离污浊的此岸世界，前往清净的彼岸世界："休息晏清都，超世又谁禁！"在阮籍的想象中，彼岸世界一片淳和，无忧无虑：

> 将言归于羡俗兮，请王子与俱游。
> 漱玉液之滋怡兮，饮白水之清流。
> 遂虚心而后已兮，又何怀乎患忧。

4. 人格分裂与心理苦闷

从心怀儒家理想到理想破灭，从政治批判到信奉道家学说，阮籍走出了一条清晰的人生轨迹。在这一过程中，阮籍内心充满了焦灼与矛盾，焦灼带来的是难言的苦痛，他的后半生就是经受煎熬的痛苦过程。

阮籍的社会人格是分裂的，这种分裂的社会人格表现在一系列行为中。

《晋书·阮籍传》说阮籍"不拘礼教",行为放荡"任性不羁",但又说他"喜怒不形于色","口不臧否人物"。这无异于说,阮籍既任性又谨慎,既心胸坦荡又深藏不露。这样的人怎能不心理抑郁?文献记载说,阮籍是个孝子,家人报信母亲去世,阮籍正与人对弈,对方闻听马上驻棋,阮籍却无动于衷,执意决出输赢,然后饮酒二斗,"举声一号,吐血数升"。母亲将要下葬,阮籍"食一蒸肫,饮二斗酒","举声一号,因又吐血数升"。表面上,阮籍行为放荡不守礼教:嫂子回娘家,阮籍不顾时俗与嫂子道别;邻居少妇卖酒,阮籍买酒醉卧其侧;一个未婚的年轻女子去世,阮籍无亲无故却去哭丧。在这一系列看似荒诞的行为背后,隐匿的是阮籍内心深处极度的痛苦和精神危机。文献记载说,阮籍独自驱车而行,任牛所至,行至绝路,于是放声恸哭。他的《咏怀诗》道出了此中的原委:

驱车出门去,意欲远征行。
征行安所如,背弃夸与名。

原来,他要离开这个虚伪肮脏的世界,但他却寻不到一条出路,他为此彷徨和痛苦,这便是他放声恸哭的缘由。

阮籍的《咏怀诗》在文学史上颇负盛名,诗文所咏之怀,要点有二。其一,阮籍自认为是君子,却未被世人理解:

感慨怀辛酸,怨毒常苦多……
求仁自得仁,岂复叹咨嗟。

他以屈原自况:

丹心失恩泽,重德丧所宜……

> 高子怨新诗，三闾悼乖离。

这是何等的孤独与凄苦。其二，怀才不遇，心情抑郁。他自比凤凰：

> 林中有奇鸟，自言是凤凰……
> 但恨处非位，怆恨使心伤。

他为自己的不平遭遇陷入深深的苦闷：

> 失势在须臾，带剑上吾丘。
> 悼彼桑林子，涕下自交流。

阮籍的痛苦是孤独的，他与主流社会陷入了尖锐的对立，他有苦闷却无处倾诉。世俗君子伏义对阮籍的行为困惑不解：听说你阮籍慷慨激昂，目空一切，却又痛哭流涕，充满悲伤，这到底是怎么回事？伏义的质疑从反面印证了阮籍的境况。

有痛苦便有宣泄，阮籍宣泄抑郁略有三途。第一是作诗，通过诗歌发泄。抑郁出诗人，抑郁是阮籍创作出近百篇《咏怀诗》的不竭动力。第二是饮酒，通过饮酒发泄被压抑的情绪。抑郁出酒徒，酒可以麻痹人的神经，使痛苦的神经得到缓解。阮籍酗酒颇负盛名，他的好友嵇康也说他"饮酒过差"。其实，现代的吸毒与此同理。第三是啸歌，通过啸歌发泄。文献记载阮籍"能啸"，他独自一人在山中大声吼叫，他也曾对着隐士孙登吼叫。当代人吼歌与此同理。

由上可见，阮籍思想的底色是儒家的，他心怀儒家的政治理想，但他的理想与现实之间发生了尖锐的冲突，于是他以隐晦的方式对现实作了激烈的批判，并逐步走向老庄道家。他的一生就是在儒道两家之间犹豫徘徊难以自拔的痛苦过程，也是从儒家逐渐向道家靠拢的过程。

嵇康与玄学

人们不免会感到奇怪：在过去的印象中，"竹林七贤"和魏晋士人是一批风流倜傥、潇洒超俗之士，阮籍怎么成了心情抑郁、恪守正统的知识分子？阮籍能否代表"竹林七贤"？为了弄清事情的真相，我们不妨再对嵇康的人格做进一步分析。

嵇康，字叔夜，谯国铚(今安徽宿州境内)人，生卒年约在公元224年至263年之间。嵇康博学多识有奇才，风姿倜傥不修边幅，与曹魏宗室联姻，曾在曹魏政权任中散大夫。嵇康比阮籍年轻十几岁，思想上也比阮籍向前走了一步。他坚决不仕，并对现实政治进行了直接而猛烈的攻击，思想中具有了更多的道家和道教因素，显示出从儒家名教向道教靠拢的动向。

1. 不仕安贫

与阮籍徘徊于官场边缘不同，嵇康的态度是不仕。嵇康早期曾经担任过朝中的闲散官职——中散大夫，但随着局势的恶化，嵇康逐渐淡出政坛。山涛调离吏部郎职位，他向司马氏推荐由嵇康继任，嵇康的

嵇康

反应极为强烈，以致声言与山涛绝交。按照嵇康自己所说，无论从哪方面讲，自己都不具备当官的素质，也不愿当官。《晋书·嵇康传》说，"此书既行，知其不可羁屈也"，暗示嵇康不肯向当权的司马氏妥协。社会上不当官的人是绝大多数，但嵇康与当政者公开对着干，无疑触犯了司马氏改朝换代的大忌，所以，当与嵇康有个人恩怨的钟会诬告嵇康暗中帮助毌丘俭对抗司马氏的时候，无疑点中了嵇康的死穴，而嵇康为吕安的不孝行为辩护云云，不过是司马氏冠冕堂皇的杀人借口。

对于古代知识分子来说，不仕意味着放弃富裕的生活，意味着艰辛和困苦。在嵇康所作的诗歌以及文献对嵇康生平的记载中，就透露出这方面的信息。《文士传》记嵇康"性绝巧，能锻铁……家虽贫，有人就锻者，康不受直"。一个与皇族有姻缘关系且才华堪为士林翘楚的知识分子，竟然沦落到如此地步，这本身就能说明问题。他作诗安慰自己：

富贵尊荣，忧患谅独多。
富贵尊荣，忧患谅独多。
古人所惧，丰屋蔀家。
人害其上，兽恶网罗。
惟有贫贱，可以无他。
歌以言之，富贵忧患多。

为了排遣因不仕造成的贫困和孤独，嵇康把不仕的先贤作为榜样宽慰自己。在他仰慕的先贤中，有的具有儒家品格，如颜渊、原宪；有的具有道家风范，如不肯为官的隐士，以及污身以求自安的东方朔。嵇康撰《高士传赞》，显然是把那些不肯出仕的"高士"作为自己的楷模，"欲友其人于千载也"。

问题的关键是，嵇康为什么坚决不仕？这是由于他的理想与现实之间的尖锐对立。同阮籍一样，嵇康思想的底色也是儒家的，尽管这个底色很浅淡，以致往往被学者们忽略。嵇康的君道观是儒家的，他理想的君主是尧舜那样的圣人，尧舜时代天下为公，社会和谐。那时的人们简朴纯洁，没有尔虞我诈，过着怡然自得的生活。嵇康的臣道观也是儒家的，他理想的为臣之道是，一心奉公，忠信不贰，尊君守职，兢兢业业。为了曹魏王朝，嵇康自己做了忠臣烈士；他也教育儿子嵇绍做忠臣烈士，结果，嵇绍为护卫有杀父之仇的司马氏皇帝而殉职。从表面看这很悖谬，但在忠君这一关键问题上，嵇康、嵇绍父子如出一辙。与此同时，嵇康对乱臣贼子作了无情的鞭笞。嵇康作《管蔡论》，在司马氏专擅曹魏权力的时局下，公然讨论周公是否篡权问题，嵇康的"司马昭之心"昭然若揭：你司马氏不是像周公那样真心辅政，而是阴谋改朝换代！从根本上说，嵇康被杀是他正统的君臣观念的后果，只是这一后果被一系列表象所掩盖。嵇康重孝道，是个孝子，他在《思亲诗》中表达的对父母的怀念是那样的肝肠寸断：

奈何愁兮愁无聊，恒恻恻兮心若抽。
愁奈何兮悲思多，情郁结兮不可化。
奄失恃兮孤茕茕，内自悼兮啼失声。
思报德兮邈已绝，感鞠育兮情剥裂。

对待朋友，嵇康讲信用，也正由于他讲信用，给了司马氏杀他的机会。嵇康被杀的直接原因是他为吕安作证。嵇康与吕巽、吕安兄弟为友，吕巽奸污了吕安之妻徐氏，吕安欲控告吕巽，嵇康作为好友从中斡旋劝解，兄弟二人就此作罢。岂料事后吕巽倒打一耙，反诬吕安不孝，结果吕安被判流放。嵇康认为是自己当初的劝解害了吕安，自愧于心，于是愤然写下了《与吕长悌绝交书》。早年的嵇康曾有建功立业的政治抱负，在教训嵇绍的《家诫》中，他期望儿子要有远大的政治抱负，赞赏申包胥、苏武等人的赤子之心。但是，嵇康的政治信念与政治现实格格不入。东汉晚期以后，在经济、政治双重因素的作用下，社会日益偏离儒家教条的轨道。嵇康把儒家理想的社会称为"大道"，而把当下败坏的社会称为"季世"。他认为社会已然堕落，人们唯利是图，弃大义于不顾。嵇康不愿与这些人同流合污，不愿与司马氏这样的乱臣贼子为伍，他选择了不仕。只不过，在《与山巨源绝交书》中，他不便直接表达而已。

2. 现实批判

面对一个与自己的理想背道而驰的社会，嵇康的选择是抗议和抨击。嵇康作《太师箴》，对现实进行了严厉批判。《晋书》说《太师箴》"足以明帝王之道"，也看出了此中的端倪。在嵇康看来，君臣之道已然破坏，大臣擅权，人人为己，国家机器已成祸害贤良的工具。正因如此，他在《与山巨源绝交书》中公开宣称自己"薄周孔"，与官方的宣教（他称之为"世教"）决裂。嵇康"薄周孔"是假象，维护孔教才是目的，因为就在这封信中，他批评人们对士风败坏默不作声。他借用《庄子》的语言，把这些人比作"斥鷃"和"蟭蛥"，揭露他们的自私和卑鄙。在与现实的抗争中，嵇康是个孤独者，陷入了深深的苦闷。到底应该何去何从？在《卜疑集》中，他以问卜者的身份，向太史贞父道出了困惑自己人生的十四个难题：

吾宁发愤陈诚，谠言帝庭，不屈王公乎？将卑懦委随，承旨倚靡，为面从乎？

宁恺悌弘覆，施而不德乎？将进趣世利，苟容偷合乎？

这是开头的两问，其他十二问与此类似。这是嵇康的难题，也是每一个正直的知识分子的难题，却不是投机钻营之徒的问题。也正是这些难题，彻底袒露了嵇康作为一个正直知识分子的心迹。嵇康愤世嫉俗导致了他与主流社会的势不两立，引起了伪君子们对他的群起非议。他在《幽愤诗》中说："欲寡其过,谤议沸腾,性不伤物,频致怨憎。"与世俗社会对立而不悔不改,这既是嵇康的大义,也是嵇康的悲剧。

嵇康否定现实社会。他认为社会的变化不是进步,而是退步和堕落,今不如昔。嵇康憧憬远古时代天性自然、质朴无华的社会。最初是赫胥氏、皇羲氏时代,那时人们"默静无文,大朴未亏。万物熙熙,不夭不离"。尧舜时代的君主以天下为公,权不为私,奉行禅让。只是到了后来,人们逐渐有了私心贪欲,社会败坏。为了维护社会秩序,于是人们有了道德观念,并建立了礼乐和刑罚制度。然而,这不但没有使天下为公,反而使政治制度成为掌权者宰割天下的利器。嵇康宣称,官方试图以"六经"维护社会秩序,然而,"六经"却成了世俗之徒牟利的工具,成了当官发财的阶梯。他给利禄之徒作了一幅惟妙惟肖的画像:"游心极视,不睹其外;终年驰骋,思不出位。聚族献议,唯学为贵,执书擿句,俛仰咨嗟,使服膺其言,以为荣华。"既然名教的六经成为俗人牟利的工具,嵇康便对名教经典及其教义进行了大肆谩骂和猛烈攻击,他"以六经为芜秽,以仁义为臭腐"。作为社会道德标准的名教经典及其教义被否定,人们的是非、公私观念自然也要重新定义。嵇康作《释私论》,用大量篇幅讨论是非、公私、君子与小人问题。他说,有的事情表面看不对但实际上对,有的事情表面看对但实际上不对,需要仔细甄别。借用嵇康的思维逻辑,我们不妨这样说:嵇康鄙薄周孔、否定礼教表面上不对,但本质上对,是嵇康而不是伪君子们真正维护周孔之道!

3. 道家和道教因素

嵇康思想中有浓厚的老庄道家思想因素。《三国志》《晋书》都说嵇康"好言《老》《庄》"、"长好《老》《庄》",嵇康自己在《幽愤诗》中也说"爰及冠带……托好《老》《庄》"。在嵇康的作品中,充斥着道家话语。《老子》主张"绝圣弃智",嵇康则说"绝智弃学";《老子》说"前识者,道之华而愚之始",嵇康则说"前识丧道华";《老子》说"法令滋彰,盗贼多有",嵇康则说"法令滋章寇生"。

《庄子》主张无情,嵇康论声无哀乐。习惯上,人们高兴就敲锣打鼓手舞足蹈,悲哀的时候沉默寡语。嵇康反驳说,假如有一个地方人们用哭表示高兴,用歌表示悲伤,难道说哭、歌本身就包含悲喜?他认为这是名实问题。据《晋书》记载,王戎说自己与嵇康相识二十年,未见嵇康有"喜愠之色",正是老庄思想在起作用。

嵇康受老庄学说影响的另一表现是怡情自然。退出官场回到自然世界,他感受到官场上不曾有的平静和欣慰。嵇康作了不少描写自然景色的诗篇,比如有缠绵的鸳鸯:

婉彼鸳鸯,戢翼而游。
俯唼绿藻,托身洪流。
朝翔素濑,夕栖灵洲。

有流逝的河水与泛舟:

淡淡流水,沦胥而逝。
泛泛柏舟,载浮载滞。

还有花园中的百花争艳:

乐哉苑中游,周览无穷已。
百卉吐芳华,崇基邈高跱。

在自然世界中,他似乎找到了自己的归宿:

采薇山阿,散发岩岫。

永啸长吟，颐性养寿。

嵇康思想中也有浓厚的外丹道教因素。在魏晋之际的士人中，嵇康较早倡导修行道术和追求成仙。嵇喜《嵇康传》、《晋书·嵇康传》都说嵇康"常修养性服食之事……以为神仙禀之自然，非积学所得。至于导养得理，则安期、彭祖之伦可及，乃著《养生论》"。这概括反映了嵇康的修道成仙思想。嵇康在《与山巨源绝交书》中已明确提到"吾顷学养生之术"，在一些诗篇中，他也表达了出世以求长生的殷切愿望。《述志诗》描述了自己的求道生涯：

岩穴多隐逸，轻举求吾师。
晨登箕山巅，日夕不知饥。
玄居养营魄，千载长自绥。

如何"营魄"，不得其详。在《养生论》中，他讨论了去欲、养神和服丹，主张三者兼行，不可或缺；在《答难养生论》中，嵇康又先后谈到了平神气、不运智御世、辟谷、内视凝神等内容。

嵇康讨论了去欲问题。他承认人的欲望出自本能，是肌体的要求。有人说："感而思室，饥而求食，自然之理也。"嵇康说，这话不错，养生并非完全断绝食色，而是应该食色有度，不可放纵情欲。人的情欲就像树木寄生的蝎子，"蝎盛则木朽，欲胜则身枯"，二者之间是反向关系。人之欲望，食色为本，酒色为极，嵇康作诗警告说：

纵体淫恣，莫不早徂。
酒色何物，今自不辜。
歌以言之，酒色令人枯。

这样的人生态度，已经具有了宗教禁欲主义色彩。佛教讲"五戒"，嵇康讲"五难"：名利、喜怒、声色、滋味、神虑，五难不去，养生枉然。

嵇康养生学说的重要内容之一是服食丹药。魏晋时期，人们认为药分三品，丹药为上品，令人长生；芝药为中品，令人益寿；草药为下品，医人疾病。嵇康称神农曰："上药养命，中药养性。"他还谈道："又闻道士遗言，饵术黄精，令人久寿，意甚信之。"在关于养生的讨论中，嵇康反复强调服食上药的功效，与东晋道士葛洪相近。

嵇康倾向于认为世上有神仙。人们通常不相信世上有神仙，谁能证明世上有神仙，那他就把神仙请出来让大家瞧瞧！嵇康辩解说，问题不在于世上有无神仙，而在于谁有能力辨别神仙。如果从相貌区分，神仙的相貌与常人无异；如果从年龄考察，普通人没有神仙寿命长，没能力验证。彭祖活了七百岁，安期生寿命千年，文献中多有记载，可是人们偏偏不信。在个别诗篇中，嵇康对到底是否有神仙，又显得底气不足：

人生譬朝露，世变多百罗。
苟必有终极，彭聃不足多。

如果人必定死亡，彭祖、老聃并不值得称道。这与他宣称的世上有神仙，期冀着自己成仙，显得不尽一致。

嵇康认为服丹是成仙的必要条件，服丹可以使人长生。有人宣称通过修习可以成仙不死，也有人说人的寿命最长不过百余岁，嵇康认为这两种说法都不正确。他说，仅仅服丹不能确保成为神仙，要成仙还需要具备天赋。通过修行道术，即便不能成仙，也能使人长生："导养得理，以尽性命，上获千余岁，下可数百年，可有之耳。"他期冀着自己能够成为神仙，在诗中他描写道：

人生寿促，天地长久。

百年之期，孰云其寿？

思欲登仙，以济不朽。

揽辔踟蹰，仰顾我友。

嵇康还对他所憧憬的神仙世界作了栩栩如生的描摹。神仙的世界无限美好，它远在五岳八极之外，有无边的园林，动听的仙乐，只有幸福没有烦恼。在这个世界里，有修道成功、超然仙登的王乔、黄帝和老聃：

王乔弃我去，乘云驾六龙。

飘飖戏玄圃，黄老路相逢。

有王母娘娘：

徘徊钟山，息驾于层城。

上荫华盖，下采若英。

受道王母，遂升紫庭。

逍遥天衢，千载长生。

嵇康是魏晋士人走向神仙道教的先驱之一，嵇康的养生思想是葛洪修道思想的先声。嵇康自己便以先知先觉者自居："请以先觉，语将来之觉者。"当时有人便把嵇康看得神乎其神："嵇康作《养生论》，入洛，京师谓之神人。"《晋书》中说嵇康曾到山泽采药，"时有樵苏者遇之，咸谓神"。南朝初年颜延年作《五君咏》，更将嵇康之死说成是形解仙登：

中散不偶世，本自餐霞人。

形解验默仙，吐论知凝神。

总之，嵇康讨论"养生"问题，主张修行道术能够长生甚至成仙。嵇康之"养生"非现代人之养生，而是魏晋时代外丹道教之养生。他不但作理论上的探讨，而且身体力行。道家和道教本是一家，大同而小异，这两种因素在嵇康这里融为一体，表明嵇康玄学是从正统儒学向外丹道教的过渡。

4. 不幸与悲剧

《晋书·嵇康传》说嵇康天性谨慎，但嵇康在《与山巨源绝交书》中却说自己不如阮籍谨慎；《晋书·嵇康传》说嵇康"有奇才"，英俊卓群，同时又说他不尚修饰，"天质自然"。在这朦胧不清的记载中，我们自然要问：嵇康到底是怎样的人？

与阮籍相似，嵇康是一个徘徊于儒道之间、充满自我矛盾的公共知识分子。这种矛盾，既直接反映在他自己的思想体系中，也反映在他所塑造的文学人物身上。

嵇康思想的本色属于儒家，这既是他人生的起点，也是他生命的归宿。他自幼受儒家思想熏陶，奠定了他政治道德观念的基础。当他带着这样的道德理想步入政坛的时候，却发现现实中的情形与名教教条截然对立。自己到底应该何去何从，嵇康陷入了严重的心理危机。他严厉地批判社会腐败，认为现世是末世，他毅然走上了不仕的道路，既拒绝与不臣的司马氏合作，也不与利禄之徒同流合污。与东汉晚期的党锢不同，嵇康是自己禁锢自己。从这个角度不难理解，为什么钟会诬陷嵇康与反司马氏的毌丘俭同流合污。

嵇康思想的外层是道家和道教的。人难以持久地生活在内心的痛苦中，生命难以在无法忍受中忍受。对于现实中的人们来说，通常有两种截然相反的选择：一种是抗争，其表现形式或是他戕，或是自戕；一种是屈服，其表现形式或是随波逐流，或是信命、信教。对于嵇康来说，到底是抗争还是屈服，他始终在徘徊踌躇。嵇康怡情自然，在山水景色中排遣内心的落寞与苦楚，并初步走上了道教修行之路。在这里，我们看到了嵇康心灵世界的另一个侧面，并窥见了他从世俗世界走向宗教世界的心迹。

嵇康的后半生，就是他儒教信仰与道教信仰之间矛盾纠结的过程。由于他身处世俗社会之中，时刻感受到世俗生活的刺激，这使他走向道家的进程变得徘徊不定。静态地看，嵇康思想的特色正在于具有双重性，在《卜疑集》中他所塑造的儒道兼备的宏达先生，毋宁说就是嵇康理想化的自己：

> 恢廓其度，寂寥疏阔。方而不制，廉而不割。超世独步，怀玉被褐。交不苟合，仕不期达。常以为忠、信、笃、敬，直道而行之，可以居九夷，游八蛮，浮沧海，践河源，甲兵不足忌，猛兽不为患。是以机心不存，泊然纯素；从容纵肆，遗忘好恶。

嵇康徘徊儒道之间，这早就引起了古人的误解和质疑。干宝《晋书》批评说："康有潜遁之志，不能被褐怀宝，矜才而上人。"元代盛如梓也指出："康著《养生论》，颇言性情。及观《绝交书》，如出二人。"这恰是嵇康人生悲剧的症结所在。

嵇康的悲剧结局，是他自己的抉择。按照名教教义，义不负心，杀身成仁；按照道家教训，人生苦短，生命至上。到底应该选择保名还是保命，嵇康在人生的终点不无犹豫。面对死亡，嵇康流露出自怨自艾的情绪，在狱中所作的《幽愤诗》中，他责备自己咎由自取；另一方面，嵇康临刑大义凛然，一曲《广陵散》千百年来令无数志士仁人回肠荡气。盛如梓说嵇康"处魏晋之际，不能晦迹韬光而傲慢忤物……竟致杀身，哀哉"，道士孙登说嵇康"性烈而才俊"，悲剧在所难免，可谓一语中的。嵇康的不幸与悲剧，既是他个人的不幸，也是魏晋时代公共知识分子的悲剧，在当时政局下，与执政者作对的知识分子被杀是大概率事件，被杀者可以是嵇康，也可以是任何别人，只要他敢与现政权不合作！

高士与名士

嵇康之死无法改变历史的进程，西晋王朝在一片血腥中建立。随之而来虽有短暂的歌舞升平，但社会发展的总方向没有改变。西晋晚期政治极度腐败，贿赂公行，权钱交易，人们称为"互市"。时人王沉作《释时论》，鲁褒作《钱神论》，杜嵩作《任子春秋》，痛斥时弊。且看《钱神论》的片断：

> 钱之为体，有乾坤之象，内则其方，外则其圆……亲之如兄，字曰"孔方"，失之则贫弱，得之则富昌……危可使安，死可使活，贵可使贱，生可使杀……谚曰："钱无耳，可使鬼。"凡今之人，惟钱而已。

与社会沉沦形成鲜明反照的，是出现了一个隐逸群体，当时的人们称之为"高士"，即道德高尚之士。所谓隐逸，就是公共知识分子厌恶官场污浊，拒绝入仕，有些人甚至遁入山林潜心修道，为人生另谋出路。隐逸现象古已有之，但作为一股社会思潮，魏晋尤甚。走上隐逸之路者，不是头脑灵活、变色龙般的山涛、王戎之徒，更不是势利小人，而是那些狷介不阿、耿直质朴之士。有一个典型的事例。范粲，曹魏时期曾任太尉掾、尚书郎、征西司马、武威太守等职。司马氏擅权，皇帝曹芳被废，迁于金墉城，范粲素服拜送，哀恸左右。当时司马师专权，召集群官会议，范粲自称有病拒不出席。司马氏对他百般宽容，任命范粲为侍中，派他出使雍州。去雍州的路上，范粲佯狂不语，此后三十六年，竟然"足不履地"而终。三十六年不肯言语，不肯脚踏司马氏主宰的国土，范粲对曹魏皇帝是何等忠贞！对范粲来说，自己认为对的，一定坚持到底。

与社会沉沦形成鲜明反照的，还有一个名士群体。何为名士，学者理解各异，但我们认为有两个必不可少的要素：不谈金钱，少谈政治。这是因为，金钱和政治与肮脏卑鄙交织在一起。西晋晚期大臣王衍是典型人物。父亲去世，故旧好友送礼甚丰，有亲朋来借，王衍干脆相送。他老婆郭氏贪财如命，利用与皇后贾氏的亲属关系聚敛钱财。为了使王衍口言"钱"字，她让奴婢趁王衍睡觉之际在床周围洒满铜钱。王衍醒来见状大惊，连忙唤来奴婢："举却阿堵物！"用今天的话说，就是"赶紧把这些东西弄走"，结果还是未说"钱"字，一时传为美谈。位居三公，手操权柄，王衍"唯谈《老》《庄》为事"，不以国事累心，故《晋书·王衍传》说他"希心玄远，未尝语利"。名士淡泊政治是西晋亡于胡族的原因之一，所以当王衍被石勒害死的时候，自己反省说：如果当初不崇尚玄虚，用心政治，恐怕国家不会落到这等境地！

魏晋玄学家属于名士，名士的特质是兼备儒道两种思想因素。名士既放不下世俗政治，也眷恋永恒的生命；既鄙弃世俗之徒，又不能彻底抛弃功名利禄。因而，玄学是一种介于儒道之间的学术形态，是既包含政治因素、也包含宗教因素的思想形态。玄学是一个动态的思想体系，玄学名士既有可能重归儒教，成为名教之士；也有可能走向一般宗教，成为宗教信徒，名士本身就蕴涵着高士的思想因素。

部分公共知识分子不肯从政也好，部分政府官员耻于谈钱论政也好，表明当时社会、政治出现了严重问题。长期以来有一个说法是"清谈误国"，认为玄学导致了国家的贫弱。确实，玄学与国家衰弱之间存在直接关系，但值得深思的是，玄学是东汉晚期以来政治衰变的结果之一，导致社会败坏、士人隐逸、名士清谈的根本原因，是资本的集中和权力的下移，而这恰恰是谁也改变不了的社会进程和发展趋势。于此可知，在一个常态的社会中，政治的世俗化与知识分子思想的宗教化成正比，这是中国士人宗教发生和发展的基本规律。

赞曰:功名与性命,儒道互对冲。七贤哪里去,二教相折中。

阅读参考:1. 陈伯君:《阮籍集校注》,北京:中华书局,1987年;2. 戴明扬:《嵇康集校注》,北京:人民文学出版社,1962年;3. 余敦康:《魏晋玄学史》,北京:北京大学出版社,2004年。

第十六讲　宋明理学

　　人是社会动物。因为人生活于社会中，所以关心政治；因为人是动物，所以眷恋生命。但是，在政教分离的国度中，忠诚的政府官员与虔诚的宗教信徒是两种互不兼容的角色，一个具有坚定政治信念的政治家，难以同时成为一个十分虔诚的宗教信徒。在这种情况下，一种兼具政治理念与生命信念的混合型宗教应运而生，宋明理学便是这一进程的产物。

　　魏晋玄学显示了一种新的倾向，这便是儒道二教的融合，本质是政治信仰与宗教信仰的融合。但是，这一融合并没有完成，佛教的传入和流行给这一过程增添了新的因素，三教关系应运而生。在南北朝隋唐时期，虽存在三教之争，但最重要的是政治信仰与生命信仰之争，儒与释道之争，宋明理学便是三教融合的产物。

程朱理学

　　汉唐时期，政治信仰与生命信仰是完全不同、相互对立的两大思想体系。政治信仰的表现形式是"名教"或"儒教"，名教的根本宗旨是安邦治国，为政治服务，要求信徒为了民族和国家利益不惜杀身成仁；生命信仰的表现形式多种多样，如道教、佛教等，根本宗旨是维护个人身心健康，告诉信徒生命重于一切。一个宣扬为集体，一个主张为个人，二者之间冰炭不容。因为不容，所以在两晋到隋唐时期发生了严重的政教冲突，在政治层面，是接连不断的"法难"，在思想层面，是三教之争与三教融合，尤其是儒教与一般宗教之间的磨合。

三教之争的后果之一是三教融合。早在中唐时期，儒佛融合就已悄然开始，最显著的例子是韩愈的弟子李翱的《复性论》。韩愈以儒家道统继承者自居，他作《原道》，旗帜鲜明地主张复兴儒家道统，坚决反对当时社会上的佛教思潮。唐宪宗迎佛骨，他上《论迎佛骨表》，把信佛与亡家亡国相提并论。由于韩愈的主张有违众愿，特别是忤逆皇帝意愿，险遭杀身之祸。他的学生李翱作《从道论》《去佛斋》，同样坚决排斥佛教，秉持儒家道统。李翱以《中庸》为依据，对儒家的性命学说进行了发掘，提出了一种新的性情论。孟子道性善，荀子言性恶，韩愈论性三品，儒家先贤同室操戈，这使儒家的人性论陷入窘境。李翱的解决方案是把人性与人情分开，他说性、情是两回事，人性生来就有，所有人天性相同，本质均善，"性无不善"；人情是人们生活实践的产物，具体表现为喜、怒、哀、惧、爱、恶、欲，即人们通常所说的七情。圣人能抑制自己的七情，故为圣人；俗人放纵自己的七情，故为小人。他主张恢复每个人本来的善性，克服情欲，这是宋代程朱理学"存天理、去人欲"的先声。恢复善性有两步：第一步是"斋戒其心"，清洁自己的心灵，"无虑无思"，不思考任何世俗杂务，使自己七情不生；第二步是心灵"寂然不动"，经过不断修行达到"至诚"状态，在这种状态下，"感而遂通天下之故"，洞彻世间真理，他说这是"知之至也"。这是李翱《复性论》的主旨。李翱的这一主张与后来陆王心学的"致良知"颇为相似，所以受到朱熹的激烈批评，朱熹说李翱的学说涉嫌佛学，"是从佛中来"。虽然李翱反佛，虽然他宣称自己的思想承自儒家先圣，但朱熹的批评撕开了李翱学说的一角，显露出儒佛合流的契机。

在三教融合的大环境下，程朱理学登上历史舞台。程颢、程颐兄弟是北宋中期人，朱熹是南宋中期人。程朱理学，哲学家们往往把它表述为探讨理气关系的哲学。其实，从整体看，程朱理学是融政治关怀和生命关怀为一体的思想体系，是以入世为主同时具有出世因素的意识形态体系。我们把程朱理学简要概括为一个中心、两个基本点。

1. 以天理为中心

什么是天理？天理是主宰宇宙世界和人类社会的绝对精神或最高意志。程朱理学的终极概念是天理，天理这一概念是理学大厦的基石。周敦颐发掘出"无极与太极"作为宇宙世界的终极起点，建立了一个与汉唐官方神圣的"天"不同的世界观体系。二程公开反对天神论，不承认人格化的"天"。儒家经典中有"皇天震怒"的说法，二程却说"终不是有人在上震怒，只是理如此"，于是他们"体贴"出"天理"作为宇宙世界的主宰。在无极与太极、天理等概念的基础上，朱熹进一步把"理"强化为宇宙世界的主宰，这个"理"概念兼容上帝、皇天、无极与太极、天理等，有很强的包容性，标志着理学的形成。朱熹论证理气关系，目的是证明理为万物之本，是万物存在的依据，是既定社会秩序存在的依据，也是人性存在的依据。他说，天下万事万物必有存在的依据，这个依据就是理。

但是，作为程朱理学核心概念的"理"存在着致命的缺陷，它并非严谨的逻辑概念。其一，朱熹的"理"未能完全代替与之并行的相关概念。为什么？他没办法、没能力，官方经典中包含着上帝、天、太极等概念，他没有能力做更大的手术，他无法把儒家经典中的这些概念全部剔除。在《大学章句序》中，朱熹说"《大学》之书，古之大学所以教人之法也。盖自天降生民……"，"天降烝民"是《尚书》中的句子，朱熹无法把它改造成"理降烝民"。其二，朱熹无法确定理与气的关系。为了论证理与物质世界的关系，朱熹在理气关系上费尽了心机，耗尽了力气。在"阴阳五行学说"一讲中我们谈到，在中国古代，"气"表示构成物质世界的最小元素。那么，这最小的物质元素从哪里来？朱熹的论述自相矛盾：他一会儿说理与气"本无先后之可言"，也就是说理与气二者亘古并存，没有先后；他一会儿又说"先有是理"，理在气先。有人问他：理在先、气在后，这样说对吗？朱熹回答："理与气本无先后之可言，但推上去时，却如理在先、气在后相似。"这是车轱辘话，朱熹自己也只能用"如……相似"这样的字眼打马虎眼。其三，朱熹所说的理徘徊于认识的客体与主体之间，既是外在的又是内在的。学界通常认为，朱熹所说的理是客观性的存在，主要依据是朱熹把理与气联系在一起，强调"理一分殊"，主张"格物穷理"。这是朱熹理学的一个侧面。但与此同时，朱熹也把理说成是主体性的因素，认为理内在于人心之中。比如他说："一心具万理。能存心，而后可以穷理。""许多道理，皆是人身自有底。"在《朱子语类》中，此类话语甚多，不烦例举。理的客观性与主观性纠缠在一起，这是朱熹理学的特点之一。上述三个缺陷，换个角度看也是长处，使程朱理学具有了包容性。

2. 以治世、修心为基本点

两个基本点，一个是治世，另一个是修心。没有这两个基本点，朱熹的天理学说便失去意义，玄如浮云。

第一个基本点，治世，为现实政治服务。朱熹说，形而上者谓之道，形而下者谓之器。人和由人组成的社会属于器的范畴，受道、理之类的绝对精

神主宰。因此,"存天理"就是守秩序,三纲五常便是这一秩序的具体表现。他说:

> 三纲五常,礼之大体,三代相继,皆因之而不能变。
> 君臣父子,定位不易,事之常也。
> 纲常万年,磨灭不得。

汉代董仲舒论证"王道之三纲可求于天",宋代朱熹则拐弯抹角地论证政治秩序有"所以然之故"。社会上有尊卑贵贱,是由于每个人的禀赋不同,这由每个人的性命决定。朱熹不否定革命,但他更主张遵守既定社会秩序。他说,父亲有不慈的时候,但儿子不可不孝;君主有不明白的时候,但臣子不可不忠。

第二个基本点,修心,即修养心灵。程颢主张定性,定性的方法是使自己"无心"、"无情"。在《答横渠先生定性书》中,程颢说,天地养育万物而无心,圣人情顺万事而无情。"无心"、"无情"既是老庄道学精神,也是禅学因素。程颐主张"敬"或"主一",名异而实同,"敬"就是精神专一没有杂念,有一颗虔诚心。所以程颐说,所谓的敬,就是主一;所谓的一,就是心无旁骛。这与老子的守一之术同趣。"定性"也好,"主一"也好,都是修心活动,基本实践方式都是静坐。二程讲静坐。朱熹几次提到程颢教人静坐,把静坐作为一种实践,一种修心工夫。朱熹继承了二程的静坐工夫,他说"看来须是静坐","须是静坐,方能收敛"。胡叔器请教静坐的方法,朱熹回答说:静坐就是静坐,不想乱七八糟的事情,没什么具体方法。胡叔器又问:静坐的时候意念落在某一处,心才能静默,若意念没有着落,难免胡思乱想攀缘不止,这该怎么办?朱熹回答:意念不需要着落,如果一定找个着落处,比如目视鼻端,默数呼吸,岂不成了道家的坐忘!静坐的时候有些杂念,也没有什么大关系。为了达到静心的效果,朱熹阐述了"持静"的方法。有人问:静坐的时候总是浮想联翩,静不下心。朱熹答:静坐时心不能静,是因为没有一颗敬畏之心。也有人问:静坐的工夫久了,难免一念发动,又该怎么办？朱熹回答:要看发动的是什么念头,善的念头就去实践,不善的念头坚决不做。朱熹强调,静坐既不是道家的打坐,也不是佛教的修禅,而是儒家先贤的"求放心"、"存心"。有人问:疲倦的时候是否可以静坐,朱熹回答:不要像和尚那样坐禅,也不是一定断绝思虑,只是收敛心思,使心灵清静。为什么要静坐,静坐是修工夫:"始学工夫,须是静坐。"修工夫不是为了别的,而是为了获得真理,"见得道理渐次分晓"。他说这是自己的切身体会,并非空谈。这道理不是别的,就是朱熹所说的天理和天道。朱熹说探索真理"以虚心静虑为本","虚心"之后才能看到内心深处的道理。一般人不晓内心深处有道理,是因为内心有杂念阻挡了真理,只要去掉胸中"恶杂",道理自现。也正因如此,朱熹对弟子郭友仁说:如果条件许可,平时"半日静坐,半日读书",如此坚持一二载,肯定会有大进步。

需要追问的是:朱熹主张静坐的真相是什么？朱熹反复说二程以来的静坐不是道家的打坐,也不是佛家的观禅。无论是二程还是朱熹,都不曾说静坐是他们的发明,而孔孟之学中并无静坐的教训,汉唐儒者也少有静坐之事。还有,在朱熹的著作中,不乏佛教话语。他在《答陈同甫书》中说:"盖修身事君……此是千圣相传正法眼藏。""正法眼藏"是典型的佛教话语。于是我们不得不说:理学家的静坐肯定受到道教、佛教的影响,静坐是佛道二教修心之术在理学阵营中的投射。"无心"、"无情"、"诚"、"敬"、"一"之类的概念,多少带有佛道二教的痕迹。清儒颜元基于儒家立场曾对朱熹主张静坐提出激烈批评:"朱子'半日静坐',是半日达磨也;'半日读书',是半日汉儒也。"只不过,在修心的道路上,理学家刚刚起步,他们还高举着"天理"的旗帜,还没有真正跨进宗教修行的门槛。

于是我们看到了程朱理学在三教融合进程中的真相。理学家激烈反佛,但他们却在实践上涉佛,并崭露了宗教修行的端倪。原本作为政治宗教的儒教，在理学家这里隐约地掺入了生命宗教的因素。程朱理学是宋明时期三教融合的第一波，是初级阶段。

陆王心学

紧随其后的是陆王心学。陆九渊与朱熹大约同时，王守仁（阳明）是明代中期人，他们都反对程朱理学，主张心学，由此开启了三教融合的第二波，这也是三教融合的中级阶段。心学的基本学术主张是：理在我心，探索真理就是深入我心，深入我心的功夫就是修身工夫，有了这种工夫不但可以获得真知，而且可以获得神秘经验，洞晓人类的认知机制。

1. 理在我心

朱熹主张理在心外，一个物体的道理存在于此物之中。现代人的说法是：你想知道梨子的滋味，你就必须亲口尝一尝。陆王不同意这样的看法，他们认为真理不在外部世界，而在每个人的心里。鹅湖之会，陆九渊主张践行"发明本心"、"切己自反"的简易工夫。王阳明则说，他早年按照朱熹的教导观察庭院的竹子，一连数日，非但没有观察出任何道理，反而因此大病一场。他们认为，把事物的道理与人们的认知机制截然分开，宣称事物的道理存在于事物本身，这根本说不通。如果孝敬父母的道理存在于父母身上，父母殁后，孝的道理自会消失。但实际情况是，即便父母去世，孝敬父母的道理依然存在于子女心中。陆王学说被称为"心学"，就是因为他们的学说以"心"为核心，他们认为没有"心"便没有人类的知识，甚至没有外部特定化的事物。

陆九渊说存在着一个绝对精神或"理"，这个"理"变化多端，无所不在、无所不包，宇宙间的任何事物都逃不出"理"的主宰，万事万物都不得不顺从理的意志。陆氏说这个"理"不在外部世界，而在人心之内，"人皆有是心，心皆具是理",因此"心即理也"。这个存在于人心内部的绝对主宰,既是外部事物存在的依据——"宇宙便是吾心,吾心便是宇宙",也是社会伦理存在的依据。杨敬仲曾向陆九渊请教心的内容,陆九渊说孟子的"四端"之心"即是本心"。他强调,现存的政治秩序和人伦秩序植根于每个人的内心深处,体现了天赋的真理,每个人都有这样的天赋真理,我心里有,你心里也有,古今圣贤的心里都有,无一例外。

王阳明继承并发扬光大了陆氏心学。他说天理就在人心之中,人的天赋之心就是天理:"心即理也。"这里所说的心,不是物质性的生理器官(心脏或大脑),而是指思维的内容,这些内容被称为"心之本体"。这个本体就是"天理","天理"就是"良知",良知就是天理的自然显现。这个良知在性质上"至善",它可以是孝,也可以是忠、信、诚等儒家道德要素。王阳明认为,理也是人类思维的规则,主导着人们的思维方式:"理也者,心之条理也。"总之,天理当中包括外物的道理,外物的道理离不开人们的心理因素和心理机制,到外部世界寻求真理,永远也找不到。这一观点,与康德《纯粹理性批判》的看法十分接近:时空是人类认知的先天要素,思维是人类的认知机制。

与陆氏不同的是,王阳明同时又说人心之中没有任何东西,人心空无一物。王阳明晚年教育弟子有所谓"四句教",第一句便是"无善无恶心之体"。弟子们感到困惑,并为此发生争执。王畿认为老师有时说心中有天理,有时说心中无物,自相矛盾。钱德洪为老师辩护说,心体原本没有善恶,善恶乃后天习染,所以修学就是行善去恶。争论无果,

王守仁

于是他们请老师裁决。阳明说:我教导你们的时候,根据每个人根性的情况因人施教,对少数"利根之人",我就教他从根本上觉悟,去体验那个"未发之中""明莹"的人心本体,一旦觉悟就很彻底;但对绝大多数人来说,由于心地受到严重污染,内心深处的"本体"被遮蔽,所以我四句教的后三句说"有善有恶意之动,知善知恶是良知,为善去恶是格物",让他们实践为善去恶的工夫,使污染心灵的东西逐渐被清除,那个清莹的本体才会逐渐显露。王阳明认为,人心中存在着深浅两个不同区域,深层是明莹的本体,表层是遮盖本体的杂念。正因如此,当弟子薛侃问老师为何养善、除恶那么困难的时候,王阳明回答:如果你是一个利根之人,或者是一个顿悟了内心本体的人,根本不需要养善、除恶,不存在花善、草恶的问题,善恶都是由个人内心的好恶而生。王阳明说"至善"无善,一个纯然天真的人根本就不知道什么是恶,"无善无恶者理之静",在深层的"理"的区域,根本没有善恶之分。

2. 修身工夫

既然知识和真理都先天地内嵌于人心,那么探索宇宙知识和真理的方向自然转向人心内部。在这一点上,陆王心学走上了与程朱理学截然相反的实践道路。陆九渊主张去欲、不读经以存心,王阳明主张静坐正心并在日常生活中修心,这是心学先后迈出的两步。

陆九渊认为,修行就是存心、养心、求放心的过程,这里所说的心是本心,不是私心杂念之心。他宣称,先贤教导别人不过是存心、养心、求放心,人们往往不知道保养自己这颗本心,反而使其受到伤害。只要注意日常的保养,这颗本心就能发扬光大,使人至善。与存心并重的是去欲。陆氏认为,欲与心势不两立,有心无欲,有欲无心。虽然每个人都有一颗永恒的本心,但这颗本心往往受到人的欲望之心排挤,因此需要将人的欲望之心清除,才能给天理之心腾出位置:"欲去则心自存矣。"陆氏认为人的欲望是疾病,有疾病就要治疗,治疗的办法是学习,不经过学习难以复原人的本心。陆氏所说的学习,主要是一种实践工夫,他称之为"剥落",把人的欲望剥掉。"剥落"是一个持续不断的过程,需要长久的努力。

被"剥落"的对象之一是世俗的知识。陆九渊不反对读书,但也不赞成读书,主张采取任其自然的学习方法:"读书不必穷索,平易读之,识其可识,久将自明。"这种牧羊式的学习会取得怎样的成效大可怀疑,陆氏对此并不在意,他告诉学生"毋耻不知",没有取得成绩不要感到耻辱,这多少有了老子"为学日益,为道日损"的韵味。他还说,读经也是如此,不必太较真,随心自然,他甚至说"注不可信"。其实,这不是经典注疏可信与否的问题,而是要不要官方经学的问题。他说抛弃注释是为了减轻学习负担,他把这称为"格物",与朱熹的"格物致知"路径截然相反。更有甚者,他透露出不赞成读经之意。他反对终日"簸弄"经典,认为一个人内心不净,读书也不会有收获,弄不好适得其反,"假寇兵,资盗粮"。使用"簸弄"这样的字眼,把读经说成做坏事,对汉唐经学家来说简直是大逆不道。他甚至说,即便我陆九渊一字不识,"亦须还我堂堂地做个人"。曾有学生问陆氏为何不著书立说,陆氏很不高兴地反问:"六经注我?我注六经?"这态度极鲜明:应该让儒家的六经围着我转,甚至可以干脆抛弃任何经典,由我自己主宰知识的权威性。心学背叛传统经学的真面目,于此毕现。

不要读书,不必读经,只要身体力行"剥落"欲望的实践,保养好自己的本心,就可能成为圣人。这种路径与儒家传统的修齐路线大相径庭。所以,朱熹尖锐地抨击陆九渊:"陆子静之贤闻之盖久,然似闻有脱略文字、直趋本根之意,不知其与《中庸》学问思辨然后笃行之旨,又如何耳?"在后人编纂的陆氏《年谱》中,也有类似记载:"鹅湖之后,论及教人,元晦之意欲令人泛观博览而后归之约,二陆之意欲先发明人之本心而后使之博览。朱以陆之教人为太简,陆以朱之教人为支离,此颇不合。""而后使之博览"是陆氏后学的弥合之辞,"发明人之本心"才是事情真相。去欲、不读经都是为了存心。

王阳明比陆氏更进一步，主张静坐以修心，静坐修心的技术主要是正心、正念。虽然阳明也曾提到"格物以致其知"，但与朱熹的"格物致知"截然相反，他反对格外在之物，主张格内心之恶，致内心之善。有学生问怎样"格物"、"致知"，阳明说：你心中自有良知，良知是你行为的准则，只要你依照良知去做，存善去恶，这便是格物的"真诀"和致知的"实功"。如何存善去恶？需要静坐，这被阳明称为学习和工夫。他说通过学习和用功，即便凡夫俗子也有可能成为圣人。不过，他所说的学习和用功不是儒家传统的安邦治国之术，而是修养心灵的工夫，是使自己心地纯正、合乎天理的工夫。为达此目标，王阳明主张静坐。一个朋友问：我想在静坐的时候把功名利禄之心统统扫除，这种方法是否妥当？阳明作色曰：这是我教人修行的方子，能够去除人的病根啊！可见，扫除传统士人的功名利禄之心，这是阳明教书育人的重心所在。他主张在静坐中"省察克治"。一次在讨论如何修行的时候，王阳明谈到静坐以平静自己的内心，因为最初学习的时候不免心猿意马，念头难抑，经过"省察克治"，心中才能逐渐平静下来。他声称，这种修学工夫与僧人、道士槁木死灰般的忘我坐禅不同。弟子孟源问：静坐的时候，我的念头开小差，无法静下来怎么办？阳明开导说：你不必硬想着保持内心清静，可以采取"省察克治"的办法，时间久了杂念自然消除。《大学》中说"知止而后有定"，就是这样的意思。王阳明谈到要克制妄念。有弟子问：近来用功后妄念减少，我也没想着怎样用功，不知这样是否修身的工夫？阳明说：你尽管用功，想着用功也无妨，时间久了自会有所收获。王阳明还谈到正心。先圣讲"非礼勿视，非礼勿听，非礼勿言，非礼勿动"，心是视、听、言、动的主宰，"修身在正其心"，有一颗堂堂正正的心。与正心相似的还有正念。陈九川问王阳明：我静坐以求把念头止住，念头不但没止住，心里反而更乱，该怎么办？王阳明说：念头怎么会止住？只要念头正就行。陈九川继续问：是否有没念头的时候？阳明回答：没有这样的时候。陈九川问：那为什么叫入静？阳明说：静不是念头不动，念头动也不是不静，念头不分动静,只要保持一颗"戒谨恐惧"之心就行,有时他也称之为"敬畏"之心、"真诚恻怛"之心。

王阳明倡导在日常生活中修心。他说自己在龙兴寺讲学时所说的静坐,不是佛家的坐禅入定,而是孟子所说的"收放心"工夫。有弟子问:我静坐用功的时候能够把心收回来,但在日常生活中遇到事情的时候受到干扰,收不住心,收心与放心不能贯穿于日常生活中,这如何是好?阳明说:你还没有真正明白如何格物,心没有内外,比如现在你在这里讨论问题,难道还有一颗心在里面照管着?问题的关键是,你在日常生活中要有一颗专一、敬畏的心,你静坐的时候要一以贯之,工夫要在日常生活中磨炼。刘君亮要到山中静坐修工夫,王阳明批评:如果你厌倦世间生活,躲到山里求静,这大错特错!儒者修学绝非如此,应该在日常生活中涵养自己。龙场悟道的七年之后,王阳明总结自己的修学经历说,自己早年曾经热衷于科举功名,后来因厌倦繁琐的注疏之学而涉足道教和佛教,并且颇有心得,以为这就是圣人之学。但在日常生活中,圣人之学与道佛二教多有不合,这使自己苦恼不已。谪官龙场之后,在艰难困苦环境下,自己"动心忍性"然后开悟,证之以儒家的五经,心中豁然开朗,才真正明白在日常生活中修学工夫的道理。

3. 神秘经验

与程朱理学不同,陆王心学显现出强烈的主体经验,由于这些主体经验难以被没有获得此类经验的人理解,故通常被称之为"神秘经验"。当然,对修行有道的人来说,这没有什么神秘,一点也不神秘。

在有关陆氏的资料中,这种特殊经验有时被称为"觉"或"大觉"。杨敬仲向陆九渊请教什么是本心,陆氏反复解释,杨敬仲仍不得其解。一日杨敬仲断案,陆九渊对他说:断案的时候,你知道哪一方对,哪一方错,你断案的依据就是你的本心。听完这话,"敬仲大觉,忽省此心之物始末,忽省此心之无所不通。"杨敬仲是如何觉悟到自己本心"始末"的,他的心是如何"无所不通"的,没有进一步说明。有的时候这种特殊经验被称为内心"澄莹"。陆氏弟子詹子南根据陆氏的教导"安坐瞑目",努力用功,夜以继日,半个多月后的一天,下楼的时候"忽觉此心已复澄莹",自己十分惊奇,于是去问老师。陆氏见到詹子南兴高采烈的样子,对詹子南说:你内心的天理显现了。这本心如何"澄莹",陆氏洞晓,我们却难以明白。

通过静坐有可能窥见内心的特殊景象,这在王阳明和弟子们的修学实践中屡见不鲜。一个朋友静坐中看到了内心景象,于是兴奋地跑去告诉王阳明,王阳明若无其事地说:从前我在滁州的时候,弟子们辩论不休,我让他们静坐,时间不久就有人"窥见光景",取得了不错的效果。有弟子问:近来用功已经没有了妄想念头,但内心黑漆漆一片,怎样才能修出内心光明?阳明说:你刚开始用功,怎么会立即出现光明!比如一缸浑水,虽然静止不动,但仍旧是浑水。时间长久杂质沉淀,水自会清净。你只要在良知上用功,时间久了自会放出光明。显然,这与陆氏所谓"澄莹"相似。

阳明学包含着顿悟经验。在"天泉证道"公案中,王阳明对王畿谈到修行工夫然后顿悟的经验。他暗示自己是利根之人,顿悟到了内心深处的本体,心内心外豁然贯通:"上根之人,世亦难遇,一悟本体,即见功夫,物我内外,一齐尽透。"他说这种顿悟工夫普通人难以达到,即便是颜回、程颢这样的圣人也不曾言及。据《王文成全书·年谱·附录》,弟子又谈到阳明在龙兴寺静坐并"悟见心体":"师昔还自龙场,与门人冀元亨、蒋信、唐愈贤等讲学于龙兴寺,使静坐密室,悟见心体。"伴随着王阳明顿悟后"物我内外,一齐尽透"经验的,是"心外无物"、"心外无理"这一心学宗旨的阐发。他宣称"圣人之道,吾性自足",人们向心外寻求圣人之道是误入歧途。阳明高举"五无"旗帜:"心外无物,心外无事,心外无理,心外无义,心外无善。"没有内在先验知识,就没有外部现象,也就没有关于现象的道理。由于先验知识是理解外部现象的依据,所以阳明把人心比作认识外部现象的"定盘针",他作诗曰:"人人自有定盘针,万化根缘总在心。却笑从前颠倒见,枝枝叶叶外头寻。"在开悟之前,阴明同别人一样认为外部现象不依赖于人类感官和前识而存在，顿悟之后发现情形刚好相反，外部现象是人类感官的认知效应，原来的看法乃是非颠倒。一些弟子对"心外无理"、"心外无物"的说法颇为困惑，于是问他：南山上的花自开自落，与我心有何关系？阳明开示道："尔未看此花时，此花与尔心同归于寂。尔来看此花时，则此花颜色一时明白起来，便知此花不在尔的心外。"这样的解释，不但我们今天的绝大多数人难以明白，当时在场的弟子也是一脸茫然。其实，这句话中的"尔"若改成"我"更为合适，因为王阳明是开悟的人。对没有开悟的人来说，王阳明的话无异痴人说梦，不可理喻。因为，这既不是感官经验问题，也不是逻辑思维问题，而事关宗教经验。修行功夫到了一定程度，这道理别人不讲，你自会明白。

据说陆、王都有不可思议的超然能力。陆九渊说自己无事可做的时候，是一个无知无能的人，一旦有事要做，自己就会是一个"无所不知、无所不能"的人。据南宋杨简《慈湖遗书》卷五记载，陆氏似有读心术，该书谈到陆九渊能够知道别人心中隐私，有时会令对方感到汗颜。也有人内心有困惑的问题，陆氏为其"条析其故，悉如其心"。明代罗钦顺《困知记》载陆九渊诗云："仰首攀南斗，翻身倚北辰。举头天外望，无我这般人。"显然，陆氏自认是超人。王阳明谈到过自己顿悟的特殊经历，也有前述"观花"公案。弟子说阳明在修行道术后有未卜先知的能力。《阳明先生行状》记载阳明创立书院，在这里他"究极仙经密旨，静坐为长生久视之道"，能够"预知其友王思裕等四人欲访"。王思裕等人刚刚出五云门，王阳明的弟子已在此迎候。王思裕等人奇怪地问：你们怎么知道我们要来？迎候者道出原委，"四人惊以为神"。《年谱》记载，王阳明三十一岁时在阳明洞中修习导引之术，"久之遂前知"，"前知"就是事先知道。

4. 认知机制

与心学神秘主义并存的，还有心学认知学说。顿悟后的王阳明强调，人的身体、心灵、意念、知识、外部现象之间密不可分，是一件事情的不同侧面，缺一不可："只要知身、心、意、知、物是一件。"

首先，他阐述了人类的感官功能与心灵功能不可分割，离开了心灵功能就没有感官功能。人的感官属于物质性的实体，感官听从心灵指挥，没有心灵，感官就失去效力："耳、目、口、鼻、四肢，身也，非心安能视、听、言、动？心欲视、听、言、动，无耳、目、口、鼻、四肢亦不能。故无心则无身，无身则无心。"这很合乎现代医学道理。医院里有这样一个病人，六十岁，眼睛睁得大大的，张着嘴，不会吞咽，亲属说是由于患者得了脑溢血，大脑出了问题，这相当于电脑的 CPU 出了问题，口腔虽然健康却不会吃东西。所以王阳明说："心者身之主宰，目虽视而所以视者心也，耳虽听而所以听者心也，口与四肢虽言、动，而所以言、动者心也。"这是阳明版的五蕴学说，只是更为通俗而已。

其次，他说外部现象与人的心灵功能分不开。对物的感知与人类感官功能分不开，感官功能与心灵功能分不开，由此必然发现对外物的感知与心灵的功能分不开。这是我们逻辑上的推论，却不是王阳明的解释方式，他的解释方式对我们来说耐人寻味，令人困惑。学生陈九川疑惑地问：一个物体存在于我的身外，怎会与我的身心分不开？阳明的解释是，对现象的感知是意识的作用，心物不分，实质是意物不分："心之发动处谓之意"，"意之灵明处谓之知"，"意之涉著处谓之物"。在这里，"意"具有主导性，"心"、"知"与"物"彼此关联。正因如此，他说心与物"只是一件"。你有某一物的前识，才会辨识出该物存在；你没有该物的前识，便意识不到该物存在："有是意即有是物，无是意即无是物矣。"这表述，恰好是阳明"观花"公案的理论注脚。在这里，王阳明跳过了人类的感官，直接讨论心物关系。这或许暗示着，只有跳过感官知觉，直接建立起心物之间的联系，用心直接感知外物，才能真正体验并理解王阳明的心物关系学说。在有的时候，王阳明又说外部存在物是人类内心先验知识的"发用"："天地万物俱在我真知的发用流行中,何尝又有一物起于良知之外能作得障碍？"在日常生活中,人们批评性情固执的人"不撞南墙不回头",难道南墙不是人感觉到的障碍物吗？难道南墙是人类认知的产物吗？佛教说"面壁十年图破壁",你有了修行的工夫,南墙就可以不是你直觉能力的障碍。在这里,王阳明的主张与人们常规的感官知识截然相反,而与佛教唯识学说豁然相通。佛教讲修禅,同时讲唯识学；心学讲修心,同时讲心物关系。不难发现,唯识学与心学之间存在惊人的类似。

5. 与佛道的关系

心学与宗教的关系是一个很诡谲的问题。一方面,像理学家一样,心学家也宣称心学是儒家自己的东西,与宗教无涉；另一方面,在局外人看来,心学具有显而易见的佛、道因素。

陆九渊坚决否认心学与佛教、道教相涉,他认为自己的学说直承孟子。孟子主张"仁义礼智根于心",认为人心天生具有上述"四端"。陆九渊则说:"四端者,即此心也,天之所以与我者,即此心也。"曾有学生问:老师的学说是从哪里传承而来？陆氏回答:是从《孟子》书中继承。陆氏强调,心学的宗旨是为天下,而佛学的宗旨是为个人,佛教徒所做的一切,都是为了自己那条命,不管社会和政治,而儒家圣人教育人,"只是就人日用处开端",不离开日常生活。简言之,陆氏认为心学的宗旨是安邦治国,而不是像佛家那样为了自己的性命。

阳明强调心学决不背离先王圣道,心学以治世为指归。但他又说"圣人无善无恶",这与儒教宣扬的道德规训显然不合,而与禅宗的善恶不辨相近,这导致了弟子的困惑。有人问:佛家主张善恶不分,先生的学说与佛家学说何以区别？阳明说:佛家的不分善恶表现在对一切事情的态度上,难以克治天下。儒家的不分善恶仅仅是在善上有动作,不在恶上有动作,内心不为所动,但在遵守先王圣道这一原则上不可动摇:"无有作好,无有作恶,不动于气,然遵王之道，会其有极。"为什么圣人之道不可动摇？因为圣人之道是天理所在，是治世所必需。阳明一方面主张不分善恶，另一方面又坚持先王之道的纲常原则，显然是自相矛盾，说车轱辘话。

基于局外人的立场，心学与佛教、道教有摆脱不掉的干系，心学具有显而易见的宗教因素。朱熹批评陆九渊的学说"全是禅学"，《宋元学案·象山学案》也谈到"宗朱者诋陆为狂禅"，甚至陆九渊的学生也说"天下皆说先生是禅学"，可见在当时认为陆氏学说有禅学成分者不在少数。陆九渊宣扬"宇宙便是吾心，吾心便是宇宙"，王阳明宣扬"心外无物，心外无事，心外无理，心外无义，心外无善"的"五无"，一句话，心是外部现象的依据，心中自有道理。把心作为世界万物存在的依据，这与佛教五蕴学说同趣。《大乘开心显性顿悟真空论》说："心是道，心是理，则是心外无理，理外无心。"晚明僧人智旭说："心外无法，祖师所以示即法之心；法外无心，大士所以阐即心之法。"那么，王阳明的说法与佛学的主张之间是否有关？当然有关。比如他说："不思善，不思恶，时认本来面目，此佛氏为未识本来面目者设此方便。本来面目，即吾圣门所谓良知。"这是阳明学说涉佛融佛的不打自招。他还把良知说成是"圣门正法眼藏"、"学者的究竟话头"，这是地道的禅宗话语。在佛教中，渐悟修行讲究戒定慧，顿悟修行讲究在担水劈柴中心不染尘。阳明反对修订，倡导在日常生活中修心，与禅宗修行有所契合。阳明学中包含对人类认知机制的阐述，这与佛教唯识学又是相似的因素。阳明也与道教有涉。幼年时期他曾经涉足道术，《年谱》记载他三十一岁时"筑室阳明洞中行导引术"，导引术是道家的修行技术。他得罪刘瑾贬官龙场，担心性命不保，准备远遁他乡，路遇道士，经道士指点最终决定到龙场赴任。这是他与道士的际会。在与学生的讨论中，他的说教充斥着道教话语。有学生问精、气、神，他答复："只是一件，流行为气，凝聚为精，妙用为神。"有人问阴气、阳气，他回答："真阴之精，即真阳之气之母；真阳之气，即真阴之精之父。"所以，在弟子们的记录中，往往谈到阳明修行工夫与道家修行的联系。

三一教

讲程朱理学，讲陆王心学，为什么讲三一教？如果我们从特定的概念出发，比如心性、理气等，自然与三一教无干；但如果我们从三教融合的角度出发，了解三一教对认清理学和心学的真面目，具有重要的学术意义。

明代后期自发产生了三一教。三一教的教主林兆恩，人称"三教先生"。三一教以儒教为本，吸收道教和佛教的某些修行方法，使三教融合为一。明清时期，三一教在福建、浙江、安徽、江西等地产生了相当大的影响。

林兆恩

1. 道一教三

三一教宣称，儒、道、佛三教的宗旨都是为现实服务，为社会政治服务，只不过传道的内容各有侧重，所以说"道一教三"。所谓"道"，是立教的宗旨和基本原则；所谓"教"，是传"道"侧重的具体内容。"道一"是说儒道佛三家都以现实生活为本。一个学生问，道佛二教与儒教是否有相同之处？林兆恩说，当然有，三家都秉持忠孝伦理。自古以来，不守忠孝无法成为神仙。

他讲了一个故事,有一个叫张顺的道士,自幼孝敬母亲,张顺经常说,不忠不孝之人难以成仙。林兆恩还说,黄帝和老子讲人伦,史书记载黄帝有四妃二十五子,若抛弃人伦,如何能有妃有子?老子的儿子名宗,曾任魏国之相,其后世子孙在汉文帝时为臣。天师道创立者张陵的后代世世不绝,此乃人所共知。据此可知,老子之教并不抛弃人伦。林兆恩又谈到佛家,释迦牟尼曾娶耶输氏多罗,生子罗睺罗。高僧鸠摩罗什已证大乘,又生二男。据此可知,佛教也未必断弃人伦。在三一教的学说里,道教和佛教原本主张入世。佛教讲度人,三一教讲"度世"。佛教的度人,是把人超度到天国世界;三一教的度世,是把庸俗的社会改造成圣洁的国度。《金刚经》中说,"一切众生,若卵生胎生有色无色等,我皆令入无余涅槃而灭度之"。林氏说,这是释迦牟尼的"度世"。《道德经》说,"我无为而民自化"《常清静经》说,"大道无名,长养万物"。林氏说,这是道教的"度世"。孔子说,"己欲立而立人,己欲达而达人",这是孔子的"度世"。

三一教所说的"教三",是说儒道佛三家在为现实社会服务这个根本宗旨上虽然一致,但教化人民的具体内容各有侧重。孔子之教的基本内容有两方面。一方面是三纲四业,这是入世之法;另一方面是性与天道,这是出世之法。在这二者当中,以入世之法为先。林氏又宣称,老子之教的内容是谈人的"精神",这是人的"一点灵光"。佛教的内容是谈人的来源,谈虚空。他认为,在入世和出世问题上,儒、道、佛一致。只不过,道教先入世,娶妻生子,然后出世;佛教先出世,出世之后不能得道者,回归家庭,娶妻生子。

在三一教中,三教冲突被折中调和。一方面,三教都为现实社会服务;另一方面,三教都有超世精神。不过,三教之间有高下先后,以儒为先,以道居次,以释为后。

2. 以儒为本

从主流看,三一教以儒教的三纲五常为基本原则,把儒教经典作为三一教的经典，要求信徒宗孔学圣，使信徒成为践履纲常、为现实政治服务的人。

三一教最基本的教义是遵守"三纲四业"原则。三纲，君为臣纲，父为子纲，夫为妻纲；四业，士农工商。三一教宣称，三纲原则天经地义，容不得丝毫怀疑，就像宇宙间有阴阳一样，人世间一定有君臣、父子、夫妇，没有秩序就没有人类文明。林兆恩说，如果不奉行社会道德，只知修炼心性，即使体验到虚空境界，这样的人也算不得三一教徒。三一教讲"立本"，对朋友应该讲信用，对君主应该忠诚，对父母应该孝顺，兄弟之间应该有兄弟之道，应该有一颗仁义之心，应该"见利思义"。他说，仁义礼智不是由外部植入人的内心，而是内心本来固有，所以应该反思，应该内求。仁义之心是人的"良心"，没有这颗良心，人与禽兽无异。三一教强调政治重于生命，为了政治信仰应该不惜抛弃自己的生命，这叫"以身殉道"。

立足儒教，儒教的经典就是三一教的经典。《林子全集》分元、亨、利、贞四部，其中的亨部是对八种经典的阐释，其中四种是儒教经典，即《论语》、《大学》、《中庸》、《孟子》。《林子全集》卷三十二"经传释略"，是对儒家重要经典的阐释。对三一教信徒来说，这些经典具有神圣的性质，乃万世准则。比如《易经》，林兆恩说该书由伏羲制作、周文王完成，阐明了自然界和人类社会运动变化的真理。三一教的基本宗旨是宗孔学圣，故林府有"宗孔堂"，又有"心圣轩"。"宗孔"是以孔子为祖师，以孔子思想为指归；"心圣"是以圣人为榜样，培养圣人之心。有人问他：你倡导三教合一，却不称玄学或禅学，仅称圣学，为什么？他回答：因为我"归儒宗孔"。别人说：干脆就别谈佛教、道教罢了。林子回答：不行，没有佛教和道教，孔圣之教的精神就难以阐发出来，三一教的宗旨也会变得残缺不全。

三一教主张宗孔学圣，又尊崇老子和释迦牟尼，彼此之间不无矛盾。要走出这一困境，林氏的对策之一是将孔子加以改造，把孔子塑造成符合三一教需要的新圣人。三一教宣称，虽然孔子身在世间，却有一颗超俗、出世的心。别人问：孔子是否超越世俗社会？林氏作了一个圆滑的回答："孔子游于方之外而遗世者，以心不以迹。"意思是，孔子虽然身在红尘，但心不染尘。类似的话语，魏晋玄学家早就讲过。

三一教不排斥世间生活。排斥世间生活、追求天堂世界和真如涅槃是生命宗教的基本特征，佛教、道教皆然。三一教则不然，它要人们积极投身日常生活，鼓励人们为政治献身，要求信徒过婚姻生活。

第一，四业为本。三一教主张，仰事父母，俯畜妻子，此为常道；士农工商，此为常业。三纲原则天经地义，乃人道根本。道教徒和佛教徒违背三纲原则，就是违背人道。林氏声称：道教和佛教主张抛弃君臣之义、夫妇之别、父子之亲，不肯从事士农工商四业，这不可接受！林兆恩把出家修行说成是歪门邪道。在致友人的一封信中，林氏说："三教合一者，以合今之和尚、道士而三纲之，而五常之，士之，农之，工之，商之，以与儒者为一、孔子为一也。"

第二，出仕。君为臣纲是三纲之首，君纲若要存在，前提是要存在君臣关系。但是，道士和僧人僻处深山，不臣不民，这是对君为臣纲的践踏。他举例说，有一个叫韩崇的人，从小就对道教感兴趣，遇到一位叫王玮玄的仙人教他成仙之法。仙人告诉韩崇，按这样的方法修行，既可成仙，也不妨碍当官。韩崇勤奋修道，同时也出仕当官。他任宛陵县令，虎狼不入县界，蝗灾不生。后来升任海南太守，任职十四年，政绩卓著。此外，林氏还举了北海逢萌、严君平的例子。

第三，婚姻。父为子纲和夫为妻纲都离不开婚姻和家庭。僧人和道士出家修行，原因之一就是为了摆脱婚姻和家庭的束缚。因而，不婚成为王纲解纽的要害。三一教说，僧人道士云游世外，不婚不育，这对人类文明有害。在致友人的一封信中，他说婚姻家庭关系到人类的存亡。见到不婚之人，林氏往往劝导：你的生命承负着延续子孙后代的使命，应该珍惜！他对别人说，无论道教还是佛教，最初都不主张出家，也不反对结婚。最初道教徒皆有妻孥，虽居宫观，而婚娶生子与俗人无异。佛教徒也是这样，释迦牟尼、维摩诘和傅大士都曾结婚。《坛经》就说:"人欲修行,在家亦得,出家亦得。"林氏的结论是:不出家同样可以修道,结婚生子同样可以成仙入涅。

3. 世间修行

宗教必讲修道,修道大多要求出世。儒教主张入世,一般宗教主张出世,这是冰炭不容的根本矛盾,现代学者也把是否出世作为判断是否宗教的依据。三一教的解决方案是:出世以心不以迹。

三一教主张,判断一个人入世还是出世,要看这个人的"心",而不是看这个人的"迹"——行为表现。一个人的行迹与他的内心未必是一回事,出世在心不在迹。一个人他的身体在哪里并不重要,重要的是他的心在哪里。有人问,什么是出世之心?林子回答,就是心不沉迷于世间的私利,不被尘俗迷惑。有了这种全新的解释,居家与出家、入世与出世之间的矛盾涣然冰释。按照他的说法,一个人虽在世间,身处朝堂,只要精神上摆脱了世间的欲望,就是出世间人,所谓"禄之天下弗顾,系马千驷弗视","声色不迩,货利不殖"。一句话,有了出世之心,便不受声色犬马、功名利禄的诱惑。

三一教主张在世间修行。对修行的要求主要有三条。第一条,遵守教戒,三一教的教戒是"五不可":

> 一切不可为古先圣人之言以济其私;
> 一切不可流于荒唐枯槁以断弃纲常;
> 一切不可以讲学为名结交贵显者流;
> 一切不可谈及理乱黜陟、言人阴私之事;
> 一切不可不知立本而遽用入门之功。

这类似佛教五戒。第二条,口诵三教先生名号,即口诵"孔老释迦"四字。他说,孔子主时中,老子主清净,释迦主寂定。时时刻刻口诵三教先生名号,如同侍立在三教先生之侧。最初是口诵，久而久之则意念在心，由口诵变成心诵，意念内守在心。"以此持念，以此摄心，而耳之听，目之视，自能中乎礼而不违矣。"林氏说这是修行三一教的门径。这颇似净土宗口诵"阿弥陀佛"名号。第三条，"孔门心法"。"心法"就是修心之法。有九个步骤，故称"九序心法"。这九个步骤是：第一步——"艮背"，即"以念止念以求心"；第二步——"周天"，即周天运气；第三步——"通关"，即行气打通关窍；第四步——"安土敦仁，以结阴丹"；第五步——采取天地阴阳之气，以收药物；第六步——"凝神气穴，以媾阳丹"；第七步——"脱离生死，以身天地"；第八步——"超出天地，以身太虚"；第九步——"虚空粉碎，以证极则"。这颇似道教内丹之术，读一读《上品丹法节次》便知。

林子谆谆教诲弟子说：我传授给你们的方法，只要你们坚持去做，不怕辛苦，定能有所收获，这种收获是真知识，是性命的知识。

综上，三一教以入世为原则，宣扬三教并重，以儒为主，改造并吸收禅宗顿悟法、净土念佛法、道教内丹法，建立了一种全新的基于现世生活的宗教。这是三教融合的基本形式之一，也是魏晋以来知识型官僚信仰的形态之一。同一般民众相比，知识型官僚入世更深，更难以从名利场中摆脱出来，这一人群的宗教化过程远比一般民众滞后，其宗教的世俗性更强。三一教一只脚站在现世，一只脚站在世外，左手画圆，右手画方，满足了部分知识型官僚的精神需要。但反过来看，三一教方不成方、圆不成圆，既不是标准形态的生命宗教，也不是标准形态的政治宗教，而是政治与宗教两栖的思想文化形态。

士大夫宗教

分析三一教的构成要素，确定三一教的思想坐标，对认清不同类型的宗教及其中间形态具有重要的理论意义。长期以来，理学、心学是否宗教颇存争议，如果从宏观视角来考察，这一争议自当冰释。

1. 理学与宗教

程朱理学、陆王心学、三一教之间存在着显而易见的内在联系，这种内在联系可分为时间、空间两个维度。

首先，理学、心学、三一教之间存在着时间维度的联系，或者说发展进程的关系。程朱理学出现于北宋，陆王心学出现于南宋到明代，三一教比王学晚大约半个世纪，三者之间存在着明显的时间序列关系。在这一进程中，宗教因素不断增加，或者说，政治信仰对生命信仰的包容度不断扩展。从魏晋玄学到宋明理学再到三一教，这是一个总的发展趋势。

其次，理学、心学、三一教之间存在着空间维度的逻辑关系。如果我们把宋明时代作为一个大的空间，就会发现当时存在着一个巨大的宗教文化网络，每一种宗教都是这张大网上的一个网结。就理学、心学、三一教彼此关系而言，三者包含的政治因素、宗教因素各不相同，各种因素的强度也各异：理学政治因素最多，宗教因素最少；心学比理学政治因素减少，宗教因素增多；三一教政治因素最少，宗教因素最多。简言之，政治因素与宗教因素是此消彼长的关系，理学、心学、三一教构成了政治信仰与宗教信仰之间的若干环节，可示之如下：

政治信仰 ⟷ 程朱理学 ⟷ 陆王心学 ⟷ 三一教 ⟷ 生命信仰

2. 士大夫宗教

在三一教出现之前，中国早已存在着道教和佛教等各种形式的宗教，为什么还会出现理学、三一教？为什么理学家向儒教中注入宗教因素？我们的答案是：道教、佛教未能宽容士大夫阶层的参政需求。

所谓"士大夫"，是指知识型官僚，他们属于公共知识分子。士大夫与士不同，士指纯粹的知识分子，他们无官一身轻，可以离开政坛，甚至可以遁入山林修行。即便是曾经当官的知识分子，也可以辞掉官职潜心修行，东晋葛洪就是一个例子。士大夫也与大夫不同，大夫指纯粹的官僚，比如所谓的"刀笔吏"，他们不善思辨，容易接受宗教信仰，而不必深究其中的道理。知识型官僚的困境在于，他们既思考政治的价值，又关注生命的意义；既立足于现实政治生活，又要解决个体的心理需求。这，恰恰是两种彼此对立的因素。因为对立，葛洪不得不弃官修道，梁武帝不得不屡次舍身寺院。总之，从政与修道通常难以兼得。理学、心学、三一教所致力于解决的正是这一难题，当时对理学、心学、三一教感兴趣的，既不是纯粹的知识分子，也不是纯粹的官僚，而是秉持官方信念、同时又关心自己生死命运的知识型官僚或公共知识分子。就其本来面目而言，理学是初级的士大夫宗教，心学是中级的士大夫宗教，三一教是高级的士大夫宗教。在后来的发展中，一些民众成为三一教信徒，表明士大夫信仰与一般民众信仰未必对立。

3. 三教融合的完成

这里所说的三教融合，主要是理论上的。三教融合的实质，是政治信仰与生命信仰的融合，通俗地说，是政治信念与宗教信念的融合。

为什么魏晋南北朝时期有三教之争？因为当时在官方意识形态与宗教信仰之间存在着尖锐的冲突，在守纲常与弃人伦之间发生了不可调和的矛盾。在这场冲突中，无论是道教教义还是佛教教义，都必须向官方意识形态妥协。三教之争的真相，是官方意识形态对各种宗教教义的改造，二者之间从不是平等的竞争。为什么隋唐时期有三教之争？因为士大夫的信仰问题没有彻底解决，他们需要一种既能使自己从事现实工作，又能满足心性修行的精神工具。为什么有朱陆之争？因为他们使用的心理工具不同，在方法上存在竞争。

中国古代的政教融合先后经历了两个阶段。第一阶段是儒道融合，具体表现是魏晋玄学；第二阶段是儒道佛融合，具体表现是宋明理学。三一教的出现标志着第二阶段的完成，也标志着政治信仰与生命信仰之间矛盾冲突的最终解决，中国古代的士大夫信仰进入了一个新时代。只不过随着明朝的灭亡和清朝的建立，政教关系再次遭遇了新的变局。

赞曰：佛学传中土，三教复纷争。理学和心学，三教共折中。

阅读参考：1.黎靖德编：《朱子语类》，王星贤点校，北京：中华书局，1986年；2.王守仁：《阳明传习录》，上海：上海古籍出版社，2000年；3.侯外庐等主编：《宋明理学史》，北京：人民出版社，1997年。

跋

本书虽为课程讲义，间有个人多年学术心得。大略而言，或有如下诸端：

其一，谓诸子政治学说，墨家主人本，法家主物本，儒家兼儒墨，但偏向于人本。

其二，谓老庄之学乃人类宗教之朴素形态。当代学者多谓宗教必具若干要素，有信念、教团、教戒、宗教体验、宗教仪式诸端。此乃就现代宗教形态而言，以之框定上古宗教、原始宗教，大有问题。《道德经》《南华真经》之为道教经典，固有其理。

其三，谓佛教禅宗乃人类宗教之朴素形态。禅宗修行乃不修之修，禅宗之学乃不学之学，此与老庄之修、老庄之学同趣。若谓禅宗学说为宗教，必谓老庄学说为宗教；若谓《坛经》为教典，必谓《道德经》《南华真经》为教典。

其四，谓唯识学虽为佛教心识学说，然自现代科学立场视之，则从相反立场揭示了人类认知要素及结构。唯识学说，其于现代心理科学、认知科学，或不无启益。

其五，谓世上有两类宗教，一类是人们通常所说的宗教，若道教、佛教者是；一类是特殊形态的宗教，若中世儒教者是。前者的功能是为生命服务，后者的功能是为政治服务。功能虽异，神秘主义则其同也，故名之为教。此中同异，不可不察。

其六，谓魏晋玄学、宋明理学和心学乃三教融合之产物，是政治宗教与生命宗教的两栖形态，既是政治学说，也是宗教学说。玄学、理学、心学近世为显学，学术焦点俱在所谓理性或哲学，先圣时贤言之谔谔。吾谓魏晋玄学之真相乃儒道二教融合，理学、心学之真相乃儒道佛三教融合。从玄学到理学，乃三教融合先后走过的两步。

其七，谓中国传统文化之大格局，自学术分野言之，四部之学是也；自社会思潮言之，三教之学是也。

癸巳仲春

著者谨识